TUTTO
MA PRETE MAI

Introduzione

Tutto è determinato da forze sulle quali
non abbiamo alcun controllo.
Vale per l'insetto come per gli astri.
Esseri umani, vegetali o polvere cosmica,
tutti danziamo al ritmo di una musica misteriosa,
suonata in lontananza da un pifferaio invisibile.
ALBERT EINSTEIN

Chi ha visto il film *Sliding Doors*, con l'attrice Gwyneth Paltrow, ricorderà l'intuizione di interrogarsi sull'esistenza o meno del *destino* potendo osservare la vita della protagonista su un doppio binario. Tutto cambia a seconda che sia riuscita o no a prendere la metropolitana. Da quella scena in poi la trama si sdoppia in due vite parallele con i possibili svolgimenti della storia. Per chi non avesse visto il film non posso svelare il finale ma prendo questo spunto per introdurci in queste pagine che ci faranno camminare insieme riflettendo. La nostra vita è predestinata a qualcosa? C'è un destino già scritto? Quanta libertà abbiamo davvero? Quanto le nostre scelte concrete nel quotidiano influenzano il corso degli eventi? Possiamo sempre tornare indietro oppure a volte ciò che scegliamo ci condizionerà tutta la vita?

Sono tante le possibili risposte a quesiti come questi, che da sempre l'uomo si è posto. Credo fermamente che anche tu, che ora mi stai leggendo, potresti essere al mio posto a scrivere di te, perché ogni storia è unica e irripetibile e merita la dovuta attenzione. Questo libro vuole essere una semplice condivisione della mia esperienza personale, rileggendo i *segnali* che mi hanno permesso di salire su alcuni treni al momento giusto. Come per tutti, anche la mia storia è ricca di incidenti, coincidenze prese e perse, gioie e dolori, amori e tradimenti, sconfitte e vittorie... Da buon competitivo ho fatto mia questa verità: *non perdo mai, o vinco o imparo.* Spero che queste pagine possano aiutare tanti nel proprio cammino di ricerca, potendocisi specchiare per ritrovarsi o distanziarsi, poco importa, ma sicuramente per collocarsi in una precisa posizione, indagando dentro di sé. Con fatica ho vinto una certa ritrosia nel raccontarmi, spinto solo dal desiderio di essere a servizio di tanti che spesso mi hanno posto domande simili: «Come hai fatto a capire cosa Dio voleva da te? Come fai a essere certo di non aver sbagliato strada? Come posso capire la mia vocazione? Che senso ha vivere?». Non ho certo le risposte per tutto, ma posso offrire la mia piccola esperienza, sapendo che sono sempre in crescita e divenire, aperto alle novità e agli imprevisti della vita.

Raccontando la mia storia cercherò di mostrare quali passaggi, indicatori e criteri sono stati per me determinanti nel prendere contatto con la mia anima e mi hanno concesso di crescere cercando di comprendere cosa Dio mi chiedeva.

I treni che ho saputo cogliere mi hanno portato dove sono ora, riuscendo a intuire dietro ad apparenti casualità un filo d'oro e segnali dal Cielo. Ho riflettuto molto sul raccontare o meno determinati episodi, ma ho pensato che non importa se sarò preso per folle. Non so se sarò in grado di raggiungere l'obiettivo prefissato, ma spero almeno di innescare processi di riflessione. Mi auguro che in qualcuno si accenda il desiderio di scandagliare all'interno del proprio cuore e della propria storia, decidendo di abbassare i volumi dell'assordante confusione che costantemente soffoca la voce dello Spirito. Proprio come per il segnale Wi-Fi, ciascuno di noi ha la potenzialità di "connettersi" con Dio ovunque si trovi. La password è inscritta nella scintilla divina che ci caratterizza. La linea è *free* e la connessione stabile si chiama *preghiera del cuore*: se si arriva a viverla costantemente, allora la

Sua Grazia d'Amore può operare miracoli in noi e attraverso di noi. Basta aprire il cuore. Basta allenare i sensi spirituali atrofizzati. Come per ogni autentica disciplina è un po' faticoso all'inizio ma è davvero indispensabile. Se mi espongo così tanto raccontando di me è perché c'è in ballo la nostra felicità. Spero che per tanti queste pagine possano davvero segnare una svolta per iniziare o ripartire. A chi volesse poi approfondire un percorso che parta dai primi passi nella preghiera fino alle alte vette dello spirito, consiglio come strumento un libro che amo molto, scritto da Chiara Amirante: *Dialogare con Dio*[1].

Un tratto della mia storia è stato davvero un *eterno precipitare*. In un determinato periodo ho smesso di credere in Dio, anzi mi sono proprio ribellato a Lui, allontanandomi e sfidandolo. Ero arrabbiato con Dio perché ero ferito. Ho davvero vissuto l'esperienza di *uccidere Dio* nel mio cuore.

Oggi mi sembra impossibile pensare che sia stato capace di percorrere certi sentieri. Eppure, è successo. Mai dire *mai*. Gli eventi cruciali che mi hanno portato a essere ciò che sono oggi sono tutti segnati da scelte o non scelte determinanti, da tanti "fattori x" che alcuni appunto chiamano caso, destino o fortuna. Nella comunità Nuovi Orizzonti – la realtà che sento essere la mia vocazione dove vivo da quando ho 18 anni – la fondatrice Chiara Amirante mi ha insegnato a chiamare questi eventi con la simpatica parola "Dio-incidenze". Non credo in un Dio *ex machina* che predetermina il nostro futuro. Credo che ci sia un progetto d'amore per ciascuno di noi pensato fin dall'eternità e che spetti a noi interpretarlo e realizzarlo. Sarà la nostra capacità a determinare se questo mosaico meraviglioso e unico verrà a tinte sbiadite, con qualche sbavatura o nel pieno della sua bellezza e luminosità. Sicuramente in potenza ciascuno di noi è un capolavoro unico che porta la firma di Dio Amore.

1 C. Amirante, *Dialogare con Dio. La preghiera del cuore: una via per la pace*, , Piemme, 2015.

Ognuno di noi ha dei desideri profondi nel cuore da realizzare, alcuni superficiali e altri esistenziali, ma ricordiamoci che anche Dio ha fatto un sogno su ciascuno di noi. Proviamo per una volta a crederci o almeno ad ammettere il beneficio del dubbio che, fino a prova contraria, sia possibile.

Mettiamo da parte le mortificazioni, i tradimenti, le disillusioni e la mentalità pragmatica odierna, che ci ha portato a esibire la vita anziché viverla, a consumare tutto anziché a gustare e proteggere ciò che è importante, con una voracità insaziabile che – per paura della fine di tutte le cose belle – ci ha indotto a vivere con una profonda paura per ogni scelta definitiva. Proviamo per un attimo ad ammettere la possibilità che esistiamo perché abbiamo una missione. Proviamo a dare a noi stessi la possibilità di dare significato a ciò che viviamo e alla nostra esistenza, anche se per ora non ne abbiamo magari consapevolezza o se tutto sembra essersi accanito contro di noi e i nostri sogni più profondi… Il nostro sguardo sulla realtà potrebbe piano piano iniziare a cambiare… In queste pagine condividerò una parte della mia mia vita, in particolare le motivazioni del «Tutto, ma non prete!» urlato a Dio con rabbia e cosa mi ha portato a cambiare idea. Non ho la pretesa di insegnare niente a nessuno perché *uno solo è il maestro e il Signore*, noi siamo tutti discepoli in cammino. Vorrei condividere un'esperienza e donare parte di una "storia d'amore" travagliata, a volte simile a una battaglia, però autentica e ricca di tenerezza e misericordia.

La mia è forse una storia vocazionale un po' anomala, ma spero possa essere utile a qualcuno. È ciò che mi auguro e ciò che mi ha motivato a scrivere queste pagine. Certi passaggi interiori sono stati frutto di anni immersi nel percorso Spiritherapy di Chiara Amirante, il cammino di conoscenza di sé e guarigione del cuore proposto da Nuovi Orizzonti. Molti che hanno potuto leggere i libri di Chiara, o seguirne i corsi, ritroveranno i tanti punti divenuti carne e sangue in me. Vi lascio con una sua citazione: «Non dimenticarti mai che il dono più grande che Dio ti ha fatto è la libertà e che tu puoi in ogni istante dire il tuo sì o il tuo no a Dio, ma ricorda sempre che ogni no a Dio chiude un pezzetto di Cielo e ogni sì dischiude un nuovo pezzetto di Cielo sulla Terra». Vi auguro di poter aprire ogni giorno più *pezzetti di Cielo* possibile!

Non è il cammino che è difficile,
è la difficoltà che è il cammino.
SØREN KIERKEGAARD

PRE-VOCAZIONE

Non ci è dato di scegliere
la cornice del nostro destino,
ma ciò che vi mettiamo dentro
è nostro.

DAG HAMMARSKJÖLD

La vita è un viaggio e il percorso è la vita stessa

La vita è sicuramente il dono più grande che Dio abbia fatto a ciascuno di noi. Si tratta di qualcosa di unico e di incommensurabile. Nessuno di noi ha scelto di nascere. Eppure siamo depositari di questo dono e di questo seme da custodire, proteggere, alimentare. Quanta fiducia in noi e quanta responsabilità. Possiamo decidere quale direzione dare alla nostra vita, dove investire tempo ed energie per qualificarla. La possiamo sciupare o addirittura sprecare.

La vita è il primo dono che ho sempre avuto la consapevolezza di aver ricevuto gratuitamente. Tale percezione mi ha sempre portato a pensare di dover rispondere a qualcosa o a Qualcuno. La gratuità stessa della vita è stata per me da sempre un grande punto interrogativo che mi rimandava a domande esistenziali che puntualmente mettevano in crisi i miei genitori.

Prima di arrivare a fare l'esperienza di un Dio che è sempre pronto a perdonarci e ad amarci così come siamo, prima di arrivare a comprendere che senza di Lui non posso davvero farcela, prima di capire che la nostra vita si realizza pienamente nel dono di sé perché è l'amore la chiave di tutto, ho dovuto faticare molto in sentieri impervi, cedendo a ripensamenti, dubbi, tentazioni e cadute.

C'è una pagina de La gaia scienza *di Friedrich Nietzsche che mi ha sempre impressionato e che un tempo ho sentito profondamente mia. Mi riferisco all'aforisma 125:*

> *«Avete sentito di quel folle uomo che accese una lanterna alla chiara luce del mattino, corse al mercato e si mise a gridare incessantemente: "Cerco Dio! Cerco Dio!". E poiché proprio là si trovavano raccolti molti di quelli che non credevano in Dio, suscitò grandi risa. "È forse perduto?" disse uno. "Si è perduto come un bambino?" fece un altro. "Oppure sta ben nascosto? Ha paura di noi? Si è imbarcato? È emigrato?" gridavano e ridevano in una gran confusione. Il folle uomo balzò in mezzo a loro e li trapassò con i suoi sguardi: "Dove se n'è andato Dio?" gridò "ve lo voglio dire! Siamo stati noi a ucciderlo: voi e io!»*

L'uomo folle grida: «Vengo troppo presto, non è ancora il mio tempo». Per me questo evento è arrivato molto presto, con tutte le sue estreme conseguenze. Ecco perché sento il dovere morale di condividere la mia lotta interiore, perché tanti possano riflettere e trattenersi dal sacrificare sull'altare di una presunta libertà ciò che di più prezioso abbiamo dentro di noi: un'anima capace di conoscere e amare Dio. Troppo spesso viviamo etsi Deus non daretur *– come se Dio non esistesse – ma prima o poi tutti dobbiamo fare i conti con il senso dato o meno alla nostra vita, raccogliendo le conseguenze delle nostre scelte avvenute in un susseguirsi apparentemente casuale di vicende.*

Definirei tutto questo tempo una vera battaglia interiore che fondamentalmente combatto con me stesso, ma anche con Dio. Sono ormai persuaso che ogni nostra crisi in realtà non sia altro che un riflesso di un unico conflitto che tutti, consapevolmente o meno, viviamo e che si riduce alla guerra tra l'io e Dio.

Nel mio eterno precipitare ciò che mi ha aiutato sono stati i semi, i segni e i sogni del mio periodo di pre-vocazione, ma anche gli incidenti e le ferite che mi hanno permesso di essere ciò che sono. Il mio io originario e antico, dopo il primo vagito, ha iniziato a custodire preziose gemme nello zaino della vita.

La vita è un viaggio e il percorso è la vita stessa, ma a volte ci illudiamo di poterci fermare e sostare, mentre lo scorrere del tempo inesorabile prosegue lasciandoci indietro. In questa meravigliosa avventura che è la vita non esistono pause e non esistono strade in piano, ci sono continue vette da raggiungere in un cammino inesorabile fatto di salite e discese da saper gustare ciascuna nella propria essenza come attimi unici che non torneranno mai più. È proprio vero che si vive ogni giorno e si muore una volta sola, questa è l'unica vera meta che determina, insieme alla nascita, un nuovo inizio e una fine dalla quale trarre tutta la forza necessaria per dare senso a ogni nostro singolo giorno.

Dio ti chiama al suo progetto
ma tu sei sordo e Dio allora
ti manda l'inquietudine,
affinché tu cominci a cercare
la centralità della tua anima.
SANT'AGOSTINO

Le mie radici

Nessuno è nato sotto una cattiva stella;
ci sono semmai uomini
che guardano male il cielo.
DALAI LAMA

Sono nato a Padova e sono il quarto di cinque figli. Michele è il primogenito, Barbara è andata subito in Cielo ed è stato un parto difficile, che ha sicuramente segnato i miei genitori avendo dovuto dare alla luce la mia sorellina già morta, poi siamo arrivati in successione Chiara, io e Serena. Se c'è una domanda fondamentale che mi ha sempre caratterizzato penso sia stata proprio il capire il senso della vita dinnanzi a un mistero che mi sembrava insondabile. A mamma chiedevo il perché di ogni cosa non accontentandomi di risposte superficiali, volevo capire e investigavo sempre. Ero molto curioso. Forse troppo. Essendo abile nel disegnare replicavo i modellini del corpo umano e degli organi che studiavo cercando di fare mia ogni conoscenza. Mi chiedevo il perché dell'esistenza e facevo tantissime domande su ogni cosa. Fin da piccolo mi ripetevo mentalmente: «Voglio spendere la vita per qualcosa che vale davvero la pena, così quando un giorno mi girerò indietro, potrò dire di essere soddisfatto di come l'ho vissuta!». Questa convinzione ha orientato ogni scelta da sempre.

Si potrebbe pensare che fossi già proteso su vie altamente spirituali. Niente di tutto ciò. Giocavo alle biglie barando appena potevo pur di vincere. Costruivo i castelli di sabbia innervosendomi se quelli degli altri erano più belli. Giravo sempre con un piccolo pettine in tasca per curare al meglio il ciuffo alla *Fonzie*. E soprattutto stavo ore e ore per strada come tutti i bambini di quegli anni. Tornavo sempre tardi e spesso infangato, cercando di preparare psicologicamente la mamma, grazie al mitico gettone con cui telefonavo da una cabina per avvertire del ritardo e del mio stato. Ero un po' furbetto e di marachelle ne ho combinate molte. Giusto per rendere l'idea: una volta in preda a uno scatto di rabbia avevo lanciato le cartucce della penna stilografica contro la parete dei vicini imbrattando tutto il muro del condominio. Poi ero stato capace di negare davanti all'evidenza, perdendo così la fiducia di mia mamma, che ho dovuto riconquistare con sudore negli anni. Invece durante un'estate avevo rubato delle macchinine che assolutamente desideravo e dopo averle rovinate, per farle sembrare usate, le avevo nascoste sotto la sabbia del mio ombrellone, così fingevo di trovarle magicamente la mattina seguente come dono della divina provvidenza. Quella volta mia nonna mi aveva scoperto spingendomi a confessare il tutto alla mamma. La punizione era stata esemplare: nell'unica settimana che papà era venuto al mare per stare insieme, con sguardo severo non mi aveva rivolto più la parola e aveva annullato le gite previste con il metal detector in cerca di cimeli storici in Friuli. Quel metal detector doveva essere il mio regalo di promozione scolastica e non l'ho mai più ricevuto. Solo qualche anno fa l'ho trovato ancora sigillato e impolverato in soffitta. I miei genitori erano buonissimi ma molto fermi e autorevoli. Non servivano tante parole, bastava un'occhiata per capire tutto. Gli stessi errori era difficile ripeterli. Se non avessi rifatto il letto da solo ti saresti trovato le lenzuola buttate già dalla finestra, esposto al pubblico ludibrio. Ciononostante, ne combinavo sempre una. Di tutti e quattro i figli ero sicuramente il peggiore: un po' troppo irrequieto e iperattivo, con una buona dose di vanità congenita e una irritante vena polemica da saccentello.

Alla classica domanda: «Da grande cosa vorresti fare?», la mia risposta era: «L'egittologo!». Avevo maturato un particolare interesse per la scienza e la storia, soprattutto per l'archeologia. In parte era frutto della passione trasmessami dalle maestre elementari – donne appassionate e davvero con anime grandi – ma a essere sincero fino in fondo la causa determinante era stata l'innamoramento scattato per la meravigliosa trilogia di *Indiana Jones*. Film di cui avevo imparato qualsiasi possibile battuta e dettaglio, fino a consumare i nastri delle videocassette. Sognavo viaggi avventurosi e scoperte importanti. Lo studio dell'antico Egitto mi aveva particolarmente colpito con il fascino di culture così evolute, ma Indiana Jones e il dono della fantasia avevano fatto il resto.

Ero un bambino come tutti gli altri. Probabilmente più dinamico e meno gestibile di molti altri. Sono cresciuto con tante risate davanti a Charlie Chaplin, Jerry Lewis, Stanlio e Ollio, *Il mio amico Arnold*, *Happy Days.* Ma soprattutto con un grande debole per i mitici Bud Spencer e Terence Hill. Nel personaggio interpretato da Carlo Pedersoli rivedevo un po' il mio papà. Credo fermamente di essere stato molto fortunato. Dopo il meraviglioso dono della vita, al secondo posto metterei quello della famiglia. Ho avuto un padre e una madre sempre presenti con premura, fermezza e amorevolezza. Le mie idee sul lavoro di papà erano un po' confuse. Ogni giorno a casa si pranzava e si cenava puntuali tutti insieme. Quando papà era con noi, lo vedevo sempre impegnato nella manutenzione della casa, a pitturare la ringhiera, a curare il giardino e a tagliare la siepe… In particolare per gli alberi si montava insieme un'impalcatura per arrivare in alto che chiamavamo "il castello". A me sembrava altissimo come un grattacielo. Per me papà lavorava nel "bosco di casa", dove passavo il tempo ad aiutarlo insieme a mio fratello e alle mie sorelle. Così a scuola avevo svolto il tema *Il lavoro del papà* scrivendo che "faceva il boscaiolo". Mia madre – chiamata dalla maestra – mi ha aiutato a capire che era un impiegato in banca.

Dopo quest'*impasse* c'è stato un momento in cui ho avuto

chiaro chi fosse mio padre. Per raccontarlo devo premettere che ho sempre avuto una predilezione per tutti i supereroi. Sono stato un appassionato di fumetti e ho speso ore nelle fumetterie e a disegnare. Giocavo con gli omini di *Spiderman* e dei *Ghostbusters*. Ero capace di vedere in una sola notte l'intera serie di *Superman* iniziata dal grande Christopher Reeve (sei film di fila!). Ma il mio preferito è stato da sempre *Batman,* perché è l'unico senza super poteri, un semplice uomo capace di fare della sua più grande paura il suo punto di forza. Fino a una precisa estate era lui il mio preferito. Poi un giorno ho scoperto che papà, per mettere al primo posto la famiglia, aveva fatto delle scelte che avevano rovinato la sua carriera, insieme ad altre decisioni prese per "non pestare i piedi", per correttezza e lealtà verso i colleghi, pur non ricevendo né gratitudine né contraccambio. Ricordo con estrema nitidezza il momento in cui avevo appreso quelle notizie, dovute alla sua indole sempre protesa a cercare di fare il bene, a essere integerrimo, leale, sincero, vero, tutto d'un pezzo. Era un uomo davvero disposto a fare un passo indietro sacrificandosi per ciò a cui teneva. Da quel preciso momento avevo detto a mamma: «Papà è il mio supereroe». Questa convinzione mi è rimasta fino all'ultimo giorno in cui ho potuto stringergli la mano mentre esalava l'ultimo respiro con l'affetto di tutta la famiglia attorno. Quel 6 maggio 2014 alle ore 18.40 è partito per il Cielo un uomo straordinario nell'ordinarietà di una vita spesa per gli altri, un uomo felice di rendere felici gli altri attraverso un amore concreto e di poche parole. Non avrei potuto avere genitori migliori: un padre così e una madre sempre attenta a ciascun figlio con amore, presenza e dolcezza. Oggi mi rendo conto di quale tesoro abbia ricevuto. Così come lo sono stati i nonni: saggi, simpaticissimi e sempre presenti nelle vite di noi nipoti. Purtroppo non ho conosciuto di persona quelli paterni, se non attraverso i racconti dei parenti, ma ho potuto apprezzarne la profondità riflessa nell'affetto di chi mi ha trasmesso il loro ricordo. D'altro canto ho avuto un legame molto stretto con il nonno Marino, ex ferroviere, e la nonna Gina, che avevano messo al mondo otto figli, tutti a loro volta con famiglie numerose, allegre e molto coese tra loro. Noi fratelli siamo così diversi ma tutti profondamente uniti nelle vicende umane che ci hanno segnato. Tra normali litigi e confronti continui è sempre prevalso un bene di fondo che è lo spartito su cui ogni nota viene scritta per completare la melodia. Una famiglia allargata fatta di tanti zii e cugini in un clima sempre di festa e affiatamento. Radici semplici e umili, ma genuine e vere. E nel momento del bisogno nessuno si è mai tirato indietro.

Come bambino, mamma dice che ero «frizzante come il vino». In Veneto c'è una definizione precisa: "bronza cuerta". Significa: "brace coperta". Ricorda la brace che cova sotto la cenere e che sembra spenta ma in realtà non lo è: infatti basta poco per riaccendere il fuoco. Ero così. In apparenza un bambino buono, bravo e modello, mentre sotto ne stavo sempre combinando una che puntualmente veniva fuori e giustamente ne pagavo le conseguenze. Ero un bambino molto vivace. Sicuramente le care maestre del catechismo, come gli animatori dei campi scuola o dei gruppi estivi, si sono guadagnati numerosi punti paradiso con uno come me. Ho avuto la fortuna di vivere tantissimi stimoli positivi e di fare tutti gli sport possibili. Ogni anno nasceva una passione diversa, nella classica volubilità dei bambini e nell'emulazione fra amichetti. La bella frequenza in parrocchia e gli anni con gli scout mi hanno donato tanto, insieme alla spensieratezza che la famiglia ha saputo custodire e trasmettere.

La fede è stata un'impronta profonda ricevuta con serenità e serietà prima di tutto dai miei genitori. Ma in generale direi da tutto il mondo circostante. Ricordo il mio caro zio Luciano che mi ripeteva fin da piccolo: «Davide, da grande diventa o medico o sacerdote missionario. Ricordati di scegliere una di queste due cose: in entrambi puoi dedicarti agli altri e salvare vite!». Al di là delle parole è la coerenza di vita di tutti i familiari che mi ha plasmato. Lo stesso zio Luciano e la zia Grazia si sono spesi sempre per i poveri, le missioni e la parrocchia. Parenti credenti e non, con idee politiche molto diverse tra loro, dibattiti e confronti sarcastici che sono stati di stimolo genuino per formare una coscienza critica e libera, ma anche che cercasse di essere autentica e leale senza mai mancare di rispetto a nessuno. Assistevo a discussioni e dibattiti sui più svariati temi con la classica goliardia veneta, ma anche con valori profondi vissuti da tutti gli interlocutori. Papà e mamma avevano una fede semplice e cristallina che vivevano con la naturalezza con cui respiravano l'aria di tutti i giorni e così mi è stata trasmessa. Ricordo le preghiere davanti alla porta di casa prima di uscire per andare a scuola, sia con la mamma sia a volte con il papà prima che andasse a lavorare. Ricordo la preghiera la sera prima di andare a dormire, la messa domenicale tutti insieme sempre, il metterci dinnanzi ai poveri lasciandoci liberi di devolvere o meno parte della nostra paghetta settimanale. Potevo porre domande su qualunque tema. A volte ricevevo risposte convincenti e altre volte no. Ma mai tali da intaccare il mio rapporto intimo con Gesù che piano piano è cresciuto. In parrocchia ho sempre fatto il chierichetto. C'era la gara per chi fosse il più assiduo tra il numeroso gruppo. Il mio storico parroco don Severino e i diversi viceparroci e cappellani ci hanno donato tanto. La parrocchia di San Bellino a Padova è sempre stata un ambiente familiare, positivo e ricco di vita. Ricordo con quanto fervore e amore per la Madonna vivevamo il mese di maggio, andando ogni sera a pregare il rosario, nonostante per noi bambini fosse difficile stare in ginocchio tutto il tempo. Lo facevamo un po' per gara e un po' perché felici di quel sacrificio per la Madonnina. Così era anche per i fioretti. Per me il più difficile era la rinuncia ai dolci, essendo un gran goloso. Anzi, lo è ancora tutt'oggi! Se si faceva un viaggio – e papà amava farci vedere e conoscere cose nuove – c'era sempre una tappa in una chiesa. A Udine in particolare si andava al Santuario della Madonna delle Grazie, a cui papà era particolarmente devoto avendo origini friulane. A Natale si cantava *La chiara stella* di casa in casa, raccogliendo i fondi per la parrocchia. Una passione familiare custodita negli anni grazie a papà, amante di questi viaggi, era il visitare tutti i presepi della provincia. Si passava facilmente dalla "mistica" alla "mastica" – come siamo molto bravi a fare in Veneto – vivendo veri e propri tour con tappe in ogni possibile sagra paesana. Non c'era né bigottismo né misticismo. Una semplice vita di fede ricca di buon senso pratico.

Il quadro generale che ricordo è di grande felicità, divertimento, spensieratezza, profondità ma anche di normalità. Ero un bambino tra tanti con la fortuna di una bellissima famiglia e un tessuto sociale unito e positivo. Scrutavo me stesso, il mondo intorno e il Cielo con l'inquietudine di chi ha percepito da sempre che siamo fatti per qualcosa di grande e il desiderio di scoprire presto quale strada percorrere. Non ho mai perso però la leggerezza tipica dell'età, immergendomi in tutto ciò che vivevo con passione e dimenticando rapidamente le grandi domande esistenziali che con prepotenza mi incalzavano quotidianamente. Direi proprio, come tutti, impastato di terra e cielo.

Polvere di stelle

Per volare basta un pensiero felice e un pizzico di polvere di fata. Questo mi ha insegnato la magica storia di *Peter Pan* che, sulle note di Edoardo Bennato, rivivevo spesso volando nell'*isola che non c'è*. Ho avuto tanti pensieri felici a cui posso continuamente attingere e molta "polvere di stelle" che sono riuscito a riconoscere e a prendere. Si tratta di un tesoro unico che per molto tempo ho dato per scontato. Oggi mi rendo conto si tratta di grazie da non sottovalutare. Ad esempio, mi sono reso conto di quanto valesse il dono stesso della famiglia solo quando sono entrato in contatto con persone che, senza colpa alcuna, non hanno avuto le mie stesse fortune. Così come ho capito quanto straordinario fosse il rapporto con mio padre solo quando l'ho perso.

Non saprei dire se fin da piccolo avessi dei semi vocazionali. Sicuramente mi sono sempre posto domande esistenziali. Scrutavo le stelle e l'immensità dell'universo chiedendomi se fossimo soli. Studiavo il corpo umano cercando di comprendere da dove venisse una tale perfezione e non mi accontentavo della storia delle cicogne o dei cavolfiori. Volevo capire qualcosa di più sul mistero dell'esistenza. Al sacerdozio non ci avevo mai pensato, anzi direi che c'è sempre stato un prevalente interesse per il mondo femminile, che mi affascinava. Ci sono però alcuni episodi che potevano far intravedere una propensione per la spiritualità.

Una cosa molto comune, per chi avesse intrapreso la "carriera" di chierichetto, consisteva nel giocare a "fare la messa", anche se io non lo vivevo come un gioco ma come un momento di preghiera. A queste segrete e intime cerimonie partecipava solo mia sorella minore Serena. Il "kit del piccolo prete" era contenuto in una scatola bianca da scarpe che, vista da fuori, non diceva nulla, ma al suo interno aveva tutto il necessario per "celebrare". Una volta girata sottosopra fungeva da altare bianco sul quale depositavo i diversi oggetti: le candeline, il messalino, gli arredi sacri. Facevamo le preghierine e celebravo la mia fantasiosa messa. Era un segreto tra me e Serena. Come per tutti i segreti dei bambini, solo noi credevamo che fosse segreto, mentre in realtà tutti ne erano a conoscenza.

Pur non essendo un mistico, ho avuto familiarità con Dio fin da piccino, con il gusto per la preghiera e i momenti spirituali. La modalità della fede trasmessami mi portava a vivere una relazione continua con Gesù come amico, rivolgendomi a Lui in ogni circostanza con semplicità. Non ho mai vissuto questa relazione con vergogna e per me era normale che fosse così, pensando che tutti vivessero lo stesso rapporto con Dio. La domenica ero felice di partecipare alla messa e nel mese di maggio non volevo saltare un giorno il rosario serale in parrocchia. Devo ammettere un certo esibizionismo: soffrivo in ginocchio sul pavimento ruvido per tutto il tempo accanto a don Severino pur di potermi guadagnare il primato tra i chierichetti sempre presenti. Al di là delle medagliette e del lato narcisistico che emergeva anche nelle manifestazioni religiose, ricordo che avevo una gran fretta di vivere la prima comunione e la prospettiva di riceverla era per una spinta interiore profonda. Avevo chiesto tante volte di ricevere Gesù Eucarestia, ma giustamente mi si rispondeva che dovevo attendere l'età idonea. C'era in me un'attrazione inspiegabile. Accadde un giorno un'incomprensione che sfruttai a mio vantaggio per anticipare la prima comunione di un anno. A Venezia, durante la messa in un'uscita scout, un sacerdote aveva fatto cenno a tutto il mio banco di uscire per ricevere l'Eucarestia e nella confusione generale aveva chiamato anche me. Approfittando del malinteso ero andato a ricevere l'Eucarestia. Era stato un momento bellissimo: un primo incontro intimo e profondo che ricordo di aver gustato nella sua sacralità. Il mio momento estatico era durato molto poco ed era stato bruscamente interrotto da un piccolo tribunale dell'inquisizione che mi aveva messo sotto torchio per bene. Ricevetti il giusto richiamo dai capi scout, dal sacerdote e dai genitori. Devo dire che, nonostante i richiami sulla gravità del mio comportamento, non mi sentivo in realtà tanto in colpa, perché era stata un'esperienza in cui davvero avevo percepito la presenza vera, reale e sostanziale di Gesù in modo indelebile nell'anima. Alla fine del fitto susseguirsi di colloqui investigativi e intimidatori, mi era stato imposto di attendere il completamento di quell'anno di catechismo per la mia "prima comunione ufficiale". Per cui dopo un anno ho poi festeggiato la "seconda comunione".

Un altro particolare carico di polvere di stelle risale stranamente agli anni in cui imperversava la prima Guerra del Golfo. Il 2 agosto 1990 il presidente iracheno Saddam Hussein aveva invaso lo stato del Kuwait per interessi legati alle grandissime riserve di petrolio di questo paese e per rivendicare l'appartenenza del Kuwait stesso alla nazione irachena. Dopo le varie sanzioni dell'ONU, si era passati presto prima a un ultimatum e poi all'invio delle prime truppe statunitensi il 17 gennaio 1991. Come tutte le guerre, anche quella fu cruenta e crudele, con tanti orrori sempre prontamente giustificati. In quell'estate 1990 mi trovavo in campeggio con gli scout, aggregato alla sestiglia dei "lupi bruni"[1]. Avevo 9 anni e in quei giorni ho vissuto un'esperienza che mi ha segnato

1 La sestiglia è una sottounità in cui è diviso un branco dei lupetti. Il branco nello scautismo riunisce bambini dagli 8 ai 12 anni che vengono chiamati "lupetti" (se maschi) e "coccinelle" (se femmine nell'AGESCI) o "lupette" (nel CNGEI). La sestiglia – a volte chiamata squadriglia se composta da 4 – è composta da un minimo di 6 a un massimo di 8 bambini. La sestiglia prende il nome dai possibili colori del pelo del lupo: bianchi, neri, rossi, pezzati, bruni.

fortemente. È accaduta una sera alla fine della messa quando, stranamente, avevo sentito il desiderio di fermarmi in chiesa per restare a meditare in silenzio. Non era una cosa che facevo solitamente. Anzi, essendo ora di cena, sia per la fame sia per la smania di primeggiare, correvo per ricevere il "premio puntualità". Invece quella sera ero rimasto seduto sul banco sentendo che dovevo fermarmi. Poco più avanti a me c'era un altro bambino, un mio amico di nome Stefano. Ricordo bene ogni dettaglio di ciò che ho vissuto perché mi ero molto spaventato. Spesso sono tornato con la memoria a quell'episodio. A distanza di anni ho potuto confrontarmi con Stefano che mi ha sempre confermato l'accaduto. È successo tutto in modo improvviso e inaspettato: nel silenzio della chiesa vuota abbiamo udito entrambi pronunciare i nostri nomi con una voce che non era propriamente una voce sonora, ma qualcosa di mai sperimentato prima. Quel "nome" udito conteneva in sé tutto: una chiamata, una appartenenza, una missione, un caldo abbraccio, una profonda e intima maternità che proveniva da lontano e allo stesso tempo dal di dentro, come fosse già nota da sempre e attesa, pur avendoci spaventato a morte per la perentorietà e l'impatto emotivo creato nella totale inadeguatezza dinnanzi all'immenso che rappresentava. Non so descrivere a parole l'accaduto. È stata un'esperienza talmente forte – di cui siamo stati entrambi testimoni – che ci ha così impressionati da guardarci in faccia per l'incredulità e correre velocemente fuori dalla chiesa. La cosa in sé è stata bella e potente, ma anche tale da incutere timore.

Quel nome aveva trapassato cuore, anima, mente, corpo e aveva scombussolato e cambiato il mio essere e la mia percezione di me e del tutto così all'improvviso. Non sapevo dare una spiegazione o un significato a quanto percepito. Avevo solo la certezza di non essere più lo stesso. Da quella sera ero immediatamente cambiato: da goliardico, confusionario e spesso irriverente leader, che lottava a fare il gallo nel pollaio, ero diventato improvvisamente mesto, serio, schivo e silenzioso. Giunto in ritardo a cena non temevo le possibili conseguenze, anzi, in modo risoluto, sapevo che dovevo digiunare per la pace nel mondo. La cosa strana è che prima di allora non avevo mai avuto desideri di questo genere né mi ero dedicato a queste pratiche devozionali. Da grande goloso quale sono ero incapace di rinunciare a una sola caramella. Invece da quella sera in poi, per tutta la settimana, stavo in mensa senza mangiare, offrendo quella rinuncia quotidiana per la pace e la fine della guerra. Da subito i capi avevano cercato di capire cosa fosse accaduto e cercavano di dissuadermi dal digiuno. Non trovando risposte avevano chiesto a mio fratello maggiore Michele, che era uno dei capi scout, di intervenire. Lo avevo messo molto in imbarazzo, poverino, ma sentivo di non poter raccontare neppure a lui l'accaduto. Mi confidai in parte solo con un sacerdote che avevano chiamato appositamente e che sembrava avermi creduto. Avevo passato i successivi pranzi e le successive cene perseverando nel digiuno, vivendolo in piedi davanti a tutti perché ero stato messo in castigo. Non avevo ceduto alla promessa dei capi che sarei stato riabilitato e mi avrebbero condonato i punti penalità assegnati qualora lo avessi interrotto. Nonostante fossi deriso da tutti, nulla mi tangeva perché qualcosa di profondo e intimo mi spingeva a continuare. Stranamente avevo resistito nel mio proposito anche dinnanzi al tiramisù. Per me questa resta ancora in assoluto la prova più forte della veridicità di quanto ho vissuto. Sembreranno cose piccole. Ma questi episodi sono parte di quei frammenti che mi facevano percepire il Cielo che veniva a sfiorare la mia anima.

Un altro inaspettato episodio riguarda il giorno della Cresima[2]. La cosa che ancora mi impressiona è rileggere le

2 La Cresima o Confermazione è un sacramento della Chiesa cattolica e ortodossa che esprime la discesa dello Spirito Santo sui credenti tramite l'imposizione delle mani da parte di un vescovo, in qualità di successore degli apostoli. Il termine Confermazione significa "rendere stabile" o "rafforzare", infatti la Cresima apporta una crescita e un approfondimento della grazia battesimale. Il Battesimo, l'Eucarestia e la Confermazione compiono l'iniziazione cristiana.

pagine dei diari personali di allora. Ho conservato sempre l'abitudine di scrivere un diario personale e lo consiglio a tutti perché è bello poter ritornare a ricordi ed emozioni importanti. Torna utile soprattutto nei momenti in cui la nostra mente ci inganna e mette in dubbio certe esperienze vissute. Nei momenti di sconforto può essere davvero importante attingere da questo scrigno un po' di polvere magica, rivivendo così eventi ed emozioni capaci di scaldare il nostro cuore. L'inchiostro su quelle pagine non è inutile perdita di tempo e non sono proprio fantasie puerili, perché racchiudono una preziosa riserva di amore capace di diradare le nebbie dell'incredulità. Nelle pagine di quel periodo – dagli 11 ai 13 anni – ci sono molte stupidaggini, banalità, disegni e superficialità. Prima e dopo le pagine dedicate a quanto ora sto per raccontare, si trovano solo cose normali per un preadolescente abbastanza stupidino com'ero io. Giusto per rendere l'idea: ci sono riflessioni sulle prime cottarelle e scrivo nero su bianco: «Caro Billy,» il nome del mio diario, giusto per dire il mio livello «come farò a scegliere la ragazza giusta? A me piacciono tutte!». Il mio principale dilemma – nel pieno di una tempesta ormonale che aveva assalito il mio corpo e la mia mente scombinando il mio già fragile equilibrio interiore – era capire come farmene piacere solo una! Tra *stickers* e demenze varie c'è una pagina in cui si trova impressa la profondità di qualcosa che è avvenuto come un fulmine a ciel sereno. Era il 4 giugno 1994, vigilia del *Corpus Domini*. Avevo 13 anni. Dopo l'episodio del 1990 avevo proseguito nel tenere un rapporto con Dio normale, anche se con una consapevolezza maggiore della possibilità di un reale dialogo interiore. Dall'estate '90 in poi in casa mi prendevano in giro: ironizzando su quanto vissuto al campo scout, mi avevano ribattezzato "don Camillo": tutti ricordiamo con piacere il simpaticissimo attore Fernandel nelle celebri pellicole italo francesi degli anni Cinquanta e Sessanta ispirate ai personaggi di Guareschi, mentre dialoga con il crocifisso. Si ironizzava sul mio modo di vivere il rapporto col Cielo.

In realtà negli anni '93-'94 ero stato un po' più tremendo del solito e mi ero preparato al giorno della Cresima distinguendomi in negativo tra coloro che creavano molta confusione durante ogni incontro del catechismo. Facevo impazzire le nostre sante catechiste tra scherzi, giochi e momenti in cui scoppiavo a ridere stupidamente. Era anche il periodo delle prime battute a doppio senso e della scoperta di alcuni giornalini che nascondevamo non troppo bene. Tra i banchi ero uno di quelli più confusionari. Ero arrivato così al giorno della celebrazione della Cresima ed ero anche un po' contrariato e deluso dal fatto che non ci fosse il vescovo stesso a celebrare. Infatti avevano mandato il suo vicario e questo mi sembrava sminuire il tutto.

Durante la messa, fino all'attimo prima di alzarmi dal banco, ricordo che scherzavo con gli amici nei banchi vicini. Anche in quell'occasione iniziavamo a ridere senza riuscire a fermarci. Ero al secondo banco. Quando è toccato a me alzarmi ero ancora girato con la testa indietro mentre ridevo. Una volta incamminato cercavo di essere serio, trattenendo a fatica la ridarella. Avanzavo con mio fratello che teneva la sua mano sulla mia spalla in qualità di padrino. Arrivati davanti al vicario del vescovo ho sentito le consuete parole: «Ricevi il sigillo dello Spirito Santo che ti è dato in dono». Quando il sacerdote ha segnato la mia fronte con il segno della croce fatto con l'unzione del crisma, ho sentito improvvisamente un fuoco sulla fronte che ha pervaso tutto il mio essere: corpo, anima e mente. Ero talmente sopraffatto e stordito che mi sembrava di svenire. Sono tornato al banco buttandomi in ginocchio, racchiudendomi in una profondissima preghiera del cuore in silenzio. Il mio amico dietro mi strattonava per tornare a scherzare e a ridere. Vedendo che non rispondevo, mi chiedeva che cosa fosse accaduto. Non rispondevo e continuavo a pregare isolandomi da tutto e da tutti, come se fossi in una bolla. Ero stato inaspettatamente catapultato in un'altra dimensione. Tra le pagine ilari di quegli anni, nel mio diario di allora si trova scritto: «Quando il "vice"-vescovo mi ha unto con l'olio sacro ho sentito qualcosa di caldo dentro di me e ho iniziato a lacrimare! Sono sicuro di aver ricevuto lo Spirito Santo, però ora sono io che devo scegliere se mettere in atto sì oppure no questo grande dono! Questa grande Persona che è venuta dentro o affianco a me».

Davvero è successo qualcosa che mi trascendeva. Ho avuto la fortuna di "sentire" l'effetto del sacramento della Confermazione. Qualcosa di profondo e unico. Quell'intimità con lo Spirito Santo la ricordo ancora oggi e soprattutto la rivivo quando prego e lo invoco, forte della promessa di Gesù nel Vangelo: «È bene per voi che io me ne vada, perché, se non me ne vado, non verrà a voi il Consolatore; ma quando me ne sarò andato, ve lo manderò» (Giovanni 16, 7); «Se mi amate, osserverete i miei comandamenti. Io pregherò il Padre ed egli vi darà un altro Consolatore perché rimanga con voi per sempre, lo Spirito di verità che il mondo non può ricevere, perché non lo vede e non lo conosce. Voi lo conoscete, perché egli dimora presso di voi e sarà in voi» (Giovanni 14, 15-17).

Quest'episodio è stato sicuramente uno spartiacque, preparandomi a una scelta imminente che mai avrei pensato di essere capace di compiere, anche se avrebbe generato un profondo strappo con la mia famiglia, facendomi diventare più velocemente adulto.

Il paese dei balocchi

Durante le scuole medie vivevo alti e bassi come tutti i miei compagni, nella totale confusione di quell'età particolarmente delicata e difficile. Avevo amicizie e passioni che spaziavano dal disegno alla storia, dal calcio al judo, dagli scout all'Azione Cattolica e così via. Era il tempo delle prime sigarette fumate di nascosto e dei primi innamoramenti adolescenziali. In quel periodo avevo completato la mia raccolta di poesie intitolata *Passi di bimbo*. Un periodo anche romantico caratterizzato da creatività e amore per la poesia, più volte usate per far colpo sulle ragazze. Mi aveva molto appassionato il film *L'attimo fuggente* con Robin Williams. Mi ero così immedesimato nella scena finale con quei ragazzi sognatori, ribelli e fedeli al proprio mentore in piedi sui banchi, che ripetevano con orgoglio: «Oh Capitano, mio capitano!». Talmente avevo fatto mia la trama e la filosofia del *carpe diem* da voler fondare anch'io una "setta dei poeti estinti". Con un gruppetto di amici comunicavamo di nascosto durante le lezioni con dei bigliettini messi dentro le penne che ci passavamo. Fantasie e giochi in un'età di mezzo che ha tanto fascino e tanti pericoli. Ricordo una sera dopo cena in cui papà mi aveva invitato a uscire in terrazzino con lui. Si era acceso una sigaretta e poi me ne aveva offerta una porgendomi l'accendino dicendo: «Tieni! Fuma!». Imbarazzato avevo rifiutato. Allora papà, guardandomi dritto negli occhi, aveva aggiunto: «Io sono un fumatore e non posso dirti di non farlo, ma se vuoi fumare allora lo fai qui davanti a me e non di nascosto con i tuoi amici». La lezione era stata recepita e da allora smisi di fumare. Avevo inoltre capito che la nostra setta segreta non era poi così tanto segreta.

Pur andando in apparenza tutto bene, avevo una certa insoddisfazione di fondo non specificamente motivata. Non si trattava solo dell'età. Come al mio solito cercavo di capire cosa fare da grande e il senso della vita. Ero sempre inquieto. Mi domandavo perché bisognasse faticare così tanto, studiare e quale fosse lo scopo della vita. Queste domande erano per me la normalità e si accompagnavano a un senso di inquietudine perché mi sentivo in qualche modo fuori posto. In un certo senso mi sentivo in parte solo e incompreso. Qualcosa si muoveva dentro di me e diverse combinazioni hanno prodotto un'alchimia finale inaspettata. Il Signore su questo è davvero un artista. A volte usa strade strane e impervie.

Ricordo che ero rimasto molto colpito da un coetaneo della parrocchia che era entrato in seminario minore e che avevo ritrovato molto felice di quella scelta, convinto di diventare sacerdote. Fino ad allora avevo ignorato l'esistenza di luoghi come i seminari. La sua scelta mi aveva interpellato in prima persona e in qualche modo mi attraeva. La cosa che più mi colpiva era che sugli altri questa notizia non aveva avuto nessun effetto e questo mi interrogava ulteriormente. Provavo a trattare l'argomento, ad approfondire le motivazioni della sua scelta ma non trovavo interlocutori tra i miei amici. Non molto tempo dopo ho partecipato per la prima volta al raduno di tutti i chierichetti della diocesi di Padova presso il seminario minore a Tencarola. Arrivato in quell'enorme struttura ero rimasto incantato dai sette campi da calcio, uno da rugby, uno da pallavolo, uno da pallacanestro, una palestra da pallamano, sale polifunzionali e ricreative, il cinema, sale attrezzate per la musica, ettari di terra e frutteti. Si trattava di una struttura immensa, abitata da educatori, insegnanti, suore e duecento seminaristi con età compresa tra gli undici e i diciannove anni. In quel weekend eravamo in tanti e il programma era ricco di giochi e divertimento. A me sembrava di essere arrivato nel "paese dei balocchi". Durante i pasti in ogni tavolo c'erano alcuni seminaristi con noi. Ricordo un pranzo in cui avevo espresso il mio entusiasmo: «Che bello che è stare qui: io quasi quasi entro». Uno di loro, evitando di farsi sentire da un sacerdote che passava, a bassa voce e con lo sguardo fisso davanti a sé, aveva bisbigliato: «Non è tutto oro quel che luccica». Avevo provato a estorcere un chiarimento, ma faceva finta di non sentire. Non diedi molta importanza a quelle parole.

Appena tornato a casa mi ero convinto di voler entrare in seminario. Contrariamente a quanto ci si possa aspettare, non c'è stato un episodio spirituale che mi ha portato a maturare tale scelta. Anzi, la mia grande motivazione vocazionale si basava soprattutto sui sette campi da calcio che mi attraevano enormemente. Dentro di me non escludevo la possibilità di una chiamata al sacerdozio, ma ciò che mi aveva portato a pensare che fosse la scelta giusta era quanto i sacerdoti educatori avevano detto riguardo alla finalità del seminario minore, presentandolo come un tempo dedicato a capire cosa Dio ci chiedesse, rendendosi disponibili ad aiutarci in un cammino di discernimento ad ampio raggio. Così, avendo trovato là un ambiente meraviglioso e non escludendo di per sé a priori la possibilità del sacerdozio, la scelta del seminario mi sembrava la risposta a quell'inquietudine di fondo che da sempre mi caratterizzava e che si era amplificata nell'ultimo periodo.

Ricordo con tenerezza la sera in cui ho comunicato questo desiderio ai miei genitori. Erano chiaramente impreparati, ma allo stesso tempo sembrava come se fosse qualcosa che si aspettassero da sempre. Non erano riusciti a nascondere lo stupore né la preoccupazione. Senza pensarci troppo, da uomo pragmatico qual era, papà mi aveva accompagnato dal parroco, perché non sentiva di avere gli strumenti per aiutarmi. Da parte sua don Severino era stato accogliente e amorevole, con il suo caratteristico sorriso e con molto entusiasmo. Era stato capace di rassicurare entrambi. Leggendo queste pagine, mi ha ricordato di aver detto a papà Sergio: «Non fa una scelta cattiva».

Dal 9 al 15 luglio 1994 a Borca di Cadore, nella residenza estiva del seminario di allora, ho vissuto un tempo di discernimento insieme agli altri candidati. Ricordo quei momenti come una bellissima poesia tra le rosee Dolomiti e l'aria fresca di montagna. Il monte Pelmo, soprannominato "il trono di Dio" per la sua forma a sgabello, era imponente davanti a noi. I cervi della riserva naturale si lasciavano accarezzare e noi facevamo il bagno tra le cascate ghiacciate lungo il corso del fiume Boite. Era un'estate speciale per i mondiali di calcio negli Stati Uniti. Il "divin codino", il magico Roberto Baggio, faceva sognare tutti gli italiani nel mondo incantando chiunque. L'Italia era una squadra eccezionale: Pagliuca difendeva i pali insieme a Baresi, Maldini, Apolloni e Costacurta; il centrocampo sbarrava la strada e creava un gioco geometrico e altamente offensivo con calciatori come Albertini, Dino Baggio, Conte, Berti, Donadoni; in attacco Roberto Baggio insieme a Casiraghi, Massaro e Signori mettevano chiunque in difficoltà. Il mio tempo per capire se dovessi o meno entrare in seminario a Tencarola era fortemente condizionato ancora una volta dal calcio, che mi creava qualche distrazione. Il 5 luglio 1994 Zola coronava il suo sogno di esordio ai mondiali proprio nel giorno del suo compleanno, ma dopo pochi minuti dal suo ingresso l'arbitro messicano Brizio Carter gli aveva dato una scandalosa espulsione. Ricordo la mia rabbiosa reazione per quell'ingiustizia, ma di quell'estate ricordo chiaramente soprattutto altri particolari, nonostante il mio amore per lo sport.

Il sacerdote che ci seguiva nel discernimento pre-ingresso si chiamava don Patrizio ed era davvero eccezionale. Ci conduceva passo dopo passo nel vagliare bene il nostro cuore e la nostra anima. Le giornate erano ritmate dalla preghiera, dalla meditazione e da esercizi spirituali guidati. Non mancava il tempo per le gite, lo svago, il divertimento e il gioco. In fondo io ero già deciso a entrare e quel periodo l'avevo vissuto perché era una tappa obbligata. Incontrare un sacerdote come don Patrizio mi aveva semplicemente rafforzato nella motivazione, perché mi sentivo confermato nelle promesse che mi avevano convinto, ovvero il poter essere seguito bene nel cercare di capire quale senso dare alla mia vita e il mio posto nel mondo, rispondendo al progetto di Dio su di me. Ero certo che ce ne fosse uno per me. Se da una parte i campi da calcio erano ancora una forte attrattiva, dall'altra era cresciuta in me la consapevolezza della scelta che stavo per compiere, anche perché c'erano rinunce e tagli affettivi da affrontare. Nel mio cuore mi sentivo disponibile a tutto, anche se non ero realmente consapevole del prezzo che avrei pagato.

Nella mia testa c'era l'aspettativa che tutto il gruppo sarebbe entrato in seminario. Mi sembrava il naturale epilogo di quei giorni. Invece, con mio grande stupore, solo in due eravamo decisi: io e il mio nuovo amico Giulio, con il quale avevo fatto il patto di iniziare questo nuovo cammino insieme.

L'ultimo mese con la famiglia l'ho trascorso a Lignano Sabbiadoro, visitando diverse località del Friuli Venezia Giulia, come Grado, l'isola di Barbana, Trieste... La tappa che più amavo era Aquileia, colonia romana fondata nel 181 a.C., che è stata importantissima nell'impero, essendo stata la porta sull'intero Oriente, capitale della X regione augustea e metropoli della Chiesa cristiana. Avevamo concluso il tour a Palmanova, molto amata da papà, la città poligonale costruita a stella con nove punte. In quest'ultima giornata giocavamo spensierati tra i cimeli del dopoguerra, anche se i miei sentimenti iniziavano a essere contrastanti: da una parte malinconici, assaporando una certa crescente dose di tristezza per il distacco imminente, dall'altra parte trepidanti in attesa delle novità che mi aspettavano. Ricordo un episodio in particolare, avvenuto con mia sorella maggiore Chiara, con cui avevo avuto sempre un rapporto stupendo e privilegiato. In quel periodo era diventata aggressiva e dura con me. Non capivo perché mi ignorasse o mi trattasse gratuitamente male. Proprio nel viaggio di ritorno c'era stata l'ennesima discussione per una quisquilia del tipo chi dovesse stare davanti in auto o arrivare per primo in un determinato punto. La litigata era degenerata e mi aveva urlato: «Non vedo l'ora che te ne vai in quel seminario così vai fuori dalle scatole e la smetti di rompere!». Se la memoria non mi inganna il contenuto era questo, ma il linguaggio un po' più colorito. Al di là dei particolari, comunque sia andata, di fatto mi aveva molto ferito perché lei era importante per me. Papà ci aveva divisi e il viaggio era proseguito nel mutismo di entrambi. Da quel momento in poi sembrava assente, come se io non esistessi più. Non ricordo sue visite in seminario o dialoghi. Solo anni dopo ci siamo potuti chiarire e crescendo ho compreso il perché: quello strappo era stato insopportabile. Quel distacco aveva fatto tanto male a tutti proprio perché ci si voleva veramente tanto bene.

I parenti cercavano di osteggiarmi nella decisione, com'è anche giusto che fosse, ma sono sempre stato molto istintivo e risoluto nelle mie decisioni, anzi direi cocciuto. L'ultimo saluto ad alcuni amati cugini era stato in Calabria, tra il meraviglioso Parco Nazionale della Sila e il mare cristallino di Soverato. Lo ricordo per certi versi straziante. Non ho mai retto il momento dei saluti ma quella volta era stato diverso. Avvertivo che qualcosa sarebbe cambiato per sempre e si spezzava dentro di me. L'amore che ci legava mi aveva portato a lasciare lettere struggenti sotto il cuscino, affidando all'inchiostro tutta la mia sofferenza. Uno strappo particolarmente difficile era legato a una ragazza con la quale avevo avuto una fitta corrispondenza da due anni e che sentivo di amare, pur non essendomi mai dichiarato.

Avevo cercato appoggio e conforto in don Giuseppe, sacerdote e fratello di mio nonno materno. Era parroco a Portogruaro ma stava a Padova perché malato di tumore. Speravo di trovare in lui un alleato, invece mi aveva accolto con una reazione deludente. Quando gli comunicai il mio ingresso in seminario, aveva cambiato sguardo e il suo volto, solitamente sorridente, si era fatto cupo e preoccupato. Non disse una parola. Ricordo quel momento come un campanello d'allarme spiazzante ma non avevo gli strumenti per decodificarlo. Solo anni dopo avrei capito che avrebbe voluto evitarmi una sofferenza da lui già vissuta ma non voleva condizionarmi.

Ero troppo piccolo per razionalizzare cosa stesse accadendo. In fondo ero semplicemente un bambino che credeva a quello che gli si diceva, un bambino capace di scelte radicali e con grandi sogni, ma pur sempre un bambino. L'estate era finita e con la ripresa dell'anno scolastico sarebbe iniziato anche il mio primo anno in seminario minore.

L'isola che non c'è

L'ingresso in seminario è stato traumatico. Era il 15 settembre 1994. Mi aspettavo di rivivere più o meno il clima dei weekend vocazionali o dell'estate a Borca di Cadore. Invece la realtà si era rivelata da subito molto diversa e traumatica. Pensavo di soffrire il distacco dalla famiglia all'inizio ma di assorbire il colpo grazie all'ebbrezza delle novità e del clima avventuroso simile a quello dei campi estivi. Invece, dopo il saluto ai miei cari, fin dai vari riti d'accoglienza sono stato messo a dura prova. Della favola e della magia vissute nei mesi precedenti non c'era più traccia. Non c'era più polvere di stelle nonostante la cercassi disperatamente con la forza dell'entusiasmo e dell'ottimismo che da sempre mi caratterizzano. Quella volta non c'era proprio via di scampo. Delle esperienze precedenti era come se all'improvviso non fosse rimasto nulla. L'immagine migliore che mi viene in mente è quella di un tendone da circo spoglio in cui è scomparso tutto della magia assaporata. Erano state tolte le belle facciate e rimaneva solo la vera impalcatura.

L'approccio è stato così ruvido da poterlo equiparare al gelo dei collegi d'altri tempi. Ero completamente impreparato e ricevevo un colpo a guardia abbassata, senza difese. Mi sono sentito da subito preso in giro e tradito. Ero disorientato e incredulo. Il desiderio che mi aveva spinto a essere là era sincero e voleva davvero rispondere a una possibile chiamata, ma delle aspettative che avevo e dello stile di libertà per un cammino di discernimento, non c'era lontanamente nessuna traccia. Avrei sperato di trovare don Patrizio come guida o supporto, ma solo allora mi è stato chiaro che la sua funzione era specificamente la "pastorale vocazionale", quel tempo preparatorio e basta, non il seguito.

Il clima era freddo e ingessato. Sembrava più da militari che da seminaristi. Sicuramente c'era un problema – per alcuni formatori – di idoneità in campo educativo. Racconto un episodio del mio primo giorno per rendere l'idea. Al termine della giornata volevo telefonare a casa per avvisare che stavo bene, come mia mamma mi aveva espressamente chiesto di fare. Munito di portamonete ero sceso per le rampe di scale e avevo percorso i lunghi corridoi che portavano alla portineria d'ingresso. Per il tragitto ci volevano 10 minuti, era superiore ai 500 metri, che le mie gambine percorrevano veloci e felici al pensiero di sentire presto voci rassicuranti. Appena raggiunte le cabine telefoniche, il portinaio mi aveva fermato chiedendo di esibire un permesso scritto. Un po' spaesato avevo risposto: «Il permesso? Di chi? Devo solo chiamare mia mamma… Ho i soldi per pagare…». Quell'uomo burbero – che a ripensarci era pienamente coerente con tutto il resto – indispettito mi aveva risposto alzando la voce: «Il permesso del tuo assistente! Serve il permesso scritto dell'assistente!». Non una parola di più. Dovevi solo alzare i tacchi e andartene. Avevo così appreso una delle tante regole che nessuno mai spiegava perché non era necessario, bastava impararle sul campo a proprie spese infrangendole inconsapevolmente. Infastidito dal dover rifare tutto il percorso per un pezzo di carta, arrivato col fiato corto per la corsa affannata, avevo chiesto il fatidico permesso. La risposta del prete fu spiazzante, con tono da sfottò: «Sei appena arrivato. Non serve che chiami la mammina. La vedrai tra due settimane quando verrà qua». Avevo provato a replicare che non lo facevo per me, piuttosto per mamma perché temevo si preoccupasse avendole promesso che l'avrei chiamata. Ho imparato subito che ogni risposta era considerata lesa maestà. Con aggressività ero stato zittito davanti a tutti in malo modo e mi era stato detto che non avrei mai chiamato a casa, a meno che non ci fossero motivi gravi e che questo lo avrebbe determinato lui. Avevo tredici anni, incapace di oppormi a quell'inaspettato sfogo di rabbia personale vomitato su di un ragazzino, per cui in silenzio, con le orecchie basse, come un cane bastonato mi ero andato a sedere al mio banco. Mi sembrava di avere gli occhi di tutti addosso e mi sentivo piccolo piccolo. Il benvenuto era stato servito. Avevo capito l'antifona. Con gli auricolari e il walkman ascoltavo *Lorenzo 1994* cercando conforto nelle canzoni *Penso positivo, Attaccami la spina, Soleluna, Dobbiamo inventarci qualcosa*.

Ero in terza media e in seminario c'erano centoquaranta ragazzi. Ogni classe di circa trenta alunni aveva un proprio sacerdote come assistente. Ogni classe abitava una camerata costituita da stanzoni in cui dei box di tre metri per due contenevano un letto, un armadietto e un comodino. Ogni box era comunicante con tutti gli altri perché era aperto sopra e davanti. Si trattava di fatto di tre semplici pareti alte due metri che ci separavano gli uni dagli altri, senza darci alcuna privacy. Dopo la preghiera della sera c'era la buonanotte: ognuno andava sotto le coperte ed era proibito parlare o accendere alcuna luce. Ogni sera il nostro assistente passava a controllare se fossimo a letto puntandoci la pila in faccia. I bagni erano in comune e senza docce. Per lavarsi bisognava raggiungere il piano terra, alla fine di un lungo, interminabile corridoio. Pertanto era necessario fare cinque piani di scale perché la nostra camerata era al penultimo piano e si faceva tutto di corsa per arrivare per primi e non dover attendere troppo, perché d'estate non era un grosso problema se non si riusciva ad accaparrarsi subito le docce funzionanti, d'inverno invece si faceva in tempo a prendersi una bella broncopolmonite. La selezione naturale premiava i più veloci e i più furbi. Piano piano ci si impratichiva.

Il primo anno l'ho trascorso più volte chiuso nel bagno a piangere di nascosto. L'anno successivo ero sempre negli stessi bagni, ma per consolare e tergere le lacrime delle matricole.

Come ci si può aspettare, c'erano episodi di nonnismo e cameratismo. Ho dovuto da subito tirare fuori le unghie per difendermi. Già nel primo mese ero stato aggredito da tre ragazzi che volevano prendere le mie cose e farmi capire chi comandava. In quel momento mi sono tornate utili le arti marziali, guadagnandomi così il rispetto di tutti. Da quell'episodio in poi ero stato lasciato in pace, tranne in qualche situazione in cui ho dovuto correre molto veloce per scappare da chi era più grande e più forte.

Le giornate erano scandite con orari fissi. Si partiva con la preghiera del mattino e la colazione. Poi si andava a scuola fino a ora di pranzo, a cui seguivano i servizi comuni come giardinaggio o lavaggio di stoviglie. Erano previste attività sportive o lezioni di musica. Periodicamente c'erano momenti di formazione con meditazione ed esercizi spirituali. Ogni pomeriggio c'era il tempo di studio nelle sale comuni, ovvero seduti ciascuno al proprio banco in aule scolastiche dove si doveva restare in silenzio assoluto diverse ore.

C'era la preghiera del rosario e la messa quotidiana. A volte c'era la possibilità di vivere dei momenti di "deserto" personale, momenti di prolungato silenzio in solitudine, e una volta a settimana c'era adorazione comunitaria. La giornata si concludeva con le preghiere della sera e l'esame di coscienza. La buonanotte sanciva il silenzio assoluto con la chiusura delle luci. Ogni orario aveva il suo luogo comune e si faceva ogni cosa insieme nelle zone previste.

Bisognava essere perfetti nell'osservanza degli orari, arrivando cinque minuti prima, altrimenti si era soggetti a punizioni e pubbliche ramanzine che di certo non aiutavano molto l'autostima. La punizione che più pativo era il saltare lo sport per fare servizi alternativi mentre gli altri giocavano. La pena variava: da settori come la cucina alle pulizie o al giardinaggio. Se fosse andata male, sarebbe consistita nello sfornare a mani nude dai duecento ai trecento piatti incandescenti dalla lavastoviglie industriale. Non era certamente migliore il compito dello "spazzino": pulire ogni singolo piatto per rimuovere i rifiuti prima del suo ingresso nella macchina di lavaggio, attenendosi al ritmo serrato della squadra di turno. Confesso di aver compiuto atti di vandalismo, abusando di spirito creativo nei momenti in cui non ero sotto lo sguardo vigile di qualcuno, sfuggendo così al controllo: rompevo qualche vetro o recidevo completamente le piante, spinto da una rivalsa rancorosa.

Non era tutto sbagliato. Grazie al seminario sono anche cresciuto. Ad esempio io ero molto schizzinoso e ho imparato a mangiare tutto quello che c'era, perché non potevo scegliere. Alcune regole erano sane, ma si sbagliavano i modi e l'applicazione. Altre erano proprio assurde. Ne racconto una. Durante un pranzo mi era scivolata un po' d'acqua sulla tovaglia perché le brocche erano piene fino all'orlo. All'improvviso si era creata una strana atmosfera al tavolo. Tutti irrigiditi restavano in silenzio e io non capivo il perché. Poco dopo era arrivato l'assistente domandando minaccioso chi fosse stato. Alla mia spontanea ammissione – non mi sembrava una cosa di cui preoccuparsi – ero stato subito ripreso davanti a tutti e per punizione ero dovuto restare seduto al mio posto fino a quando la tovaglia non si fosse asciugata. A Padova con il tasso di umidità che c'è si trattava di aspettare fino a sera. La cosa che più mi faceva soffrire era l'umiliazione pubblica e il dover rimanere là da solo in refettorio mentre gli altri giocavano a calcio. La cosa assurda era che anche questa volta la regola si scopriva solo vivendo… Nel tempo ho però appreso tecniche utili per far assorbire velocemente le macchie, ad esempio utilizzando il sale.

La dimensione affettiva era inesistente. A parte la professoressa di inglese, di cui tutti eravamo innamorati, la ragazza più giovane era una suora, che si avvicinava all'età della pensione. Vivere il tempo della pubertà in un contesto del genere era una bella sfida. Le tante ore di sport aiutavano, ma non bastavano. Anche perché il contesto era molto repressivo e si era in piena tempesta ormonale, che affrontavamo avendo un nascondiglio per dei giornalini con belle signorine.

L'iniziale prospettiva di un tempo di discernimento ad ampio raggio era stata tradita, soprattutto perché eravamo da tutti trattati ed etichettati come seminaristi avviati al sacerdozio. Era tutto così veloce e inaspettato da lasciarci in balia delle onde. Mi sembrava di essere salito su di un treno in piena corsa accorgendomi troppo tardi che la direzione era diversa da quella per cui l'avevo preso. Ora la domanda più logica sarebbe: "Perché non ve ne andavate via?". Anche se si soffriva, si restava perché la paura e lo smarrimento erano grandi. A volte il solo pensiero di andarsene era più spaventoso di quello che stavamo vivendo. Fino ad allora in pochi erano usciti e si diceva di loro che erano diventati dei disadattati, che andavano malissimo a scuola e che stavano peggio di noi. I racconti in parte erano reali e in parte ingigantiti. Poi si viveva anche la pressione delle aspettative dei genitori, dei parroci, delle catechiste e della parrocchia. Si temeva di deludere tante persone. Oramai si era in ballo, così ci si rifugiava nel cameratismo. Era come se ci fosse un tacito contratto tra di noi, come se ci fossimo detti: «Siamo degli sfigati! Ormai siamo qua. Nessuno fuori può capire cosa stiamo vivendo e non possiamo deluderli. Nessuno può capirci né difenderci. Allora si fa così: nessuno esce ma ci aiutiamo tra di noi. Sosteniamoci e nessuno abbandoni la barca, sennò siamo tutti perduti. Aiutiamoci tra noi». Eravamo rassegnati al fatto che le cose non potessero cambiare. In fondo eravamo piccoli. Ci voleva forza d'animo e carattere per imporsi e prendere in mano la situazione. Non è da sottovalutare che avevamo già compiuto un gesto grande per quell'età scegliendo di distaccarci dagli affetti più cari. Non era facile ammettere di aver sbagliato tutto e tornare indietro. Non lo era sicuramente nel primo periodo, ma più passava il tempo, più diventava difficile e ci si sentiva in trappola.

Se dovessi fotografare in un ricordo il mio primo anno in seminario, lo farei con il risveglio la mattina con le note in diffusione dell'*Isola che non c'è* cantata da Edoardo Bennato, sognando in dormiveglia di volare via.

Guardando le stelle

Il vero punto nevralgico del seminario è stato lo sradicamento dalla famiglia, l'isolamento dal resto del mondo e una metodologia retaggio del dopoguerra, non più al passo con i tempi. Troppe cose erano taciute e si scoprivano solo una volta entrati, senza alcun preavviso. Era dura incontrare la propria famiglia solo due volte al mese con tempi molto ridotti. C'era un incontro ogni quindici giorni: una volta andavamo noi a casa, una volta venivano le famiglie a trovarci. Gli altri due weekend avevamo attività. Quando si tornava a casa di fatto si passava giusto una cena e due pranzi insieme ai propri cari. A volte per me significava non vedere per nulla mio fratello e le mie sorelle, perché i miei orari non coincidevano con i loro. Si partiva il sabato dopo la scuola arrivando giusto per il pranzo, sempre se si abitava vicino. Alcuni più sfortunati di me avevano ancora meno tempo. Il sabato pomeriggio e la domenica mattina c'erano attività in parrocchia come seminaristi. Dopo il pranzo di domenica bisognava già partire per rientrare. Di fatto si restava solo poche ore in famiglia. Nei weekend in cui restavamo in seminario ed era prevista la visita dei familiari, avevamo quattro ore a disposizione e si era obbligati a restare sempre in spazi comuni, non avendo una stanza personale. Per avere un momento di intimità si provava a passeggiare in cortile dove comunque si incrociava sempre qualcuno essendoci altre famiglie radunate.

Ricordo i tragitti in cui parlavo a monosillabi in auto con

mio fratello che mi era venuto a prendere. Michele cercava di farmi ridere e mi chiedeva come stavo. Io ero evasivo perché soffrivo. Nei weekend in cui venivano a trovarmi di solito c'erano mamma e papà. Qualche volta era venuta anche Serena, che era troppo piccola per capire cosa vivessi. Le volte che ero con i miei genitori io diventavo scostante, chiudendomi in un mutismo respingente. Davo brevi acide risposte. Solo anni dopo, da adulto, sono riuscito a spiegare cosa vivevo: il trattarli male era una richiesta d'aiuto. In qualche modo speravo che capissero che soffrivo portandomi via. La colpa era mia che non parlavo. Ma avevo paura a farlo. Temevo che papà potesse parlarne con l'assistente e che poi, quando fosse andato via, sarei rimasto là in balia delle punizioni, dovendo difendermi nuovamente da solo. Ero bloccato in un assurdo *loop*. Vivevo quindici giorni in funzione del sabato in cui li avrei rivisti, facendo il conto alla rovescia in un crescendo di trepidazione, poi appena arrivavano mi mostravo insofferente e duro, rispondendo in malo modo, dando a loro l'impressione che volessi andassero via prima possibile. In realtà ogni secondo con loro piangevo dentro di me e soffrivo poi per la lacerazione del distacco. Stavo male alla sola idea di separarci di nuovo. Speravo che qualcuno leggesse dentro di me la paura che mi paralizzava. Quel comportamento antipatico era il mio grido di aiuto in codice. Ma evidentemente era troppo criptico. Poi quando papà e mamma se ne andavano via prima del tempo, mi arrabbiavo con me stesso perché ero stato insopportabile.

Gli episodi vissuti sono tanti e alcuni sono scolpiti nella memoria. Alcuni sono stati però più significativi. Ad esempio ho sofferto molto per il permesso negato di partecipare alla messa del cinquantesimo di nozze dei miei nonni materni. Sono stato l'unico nipote a mancare quel giorno. Ancora oggi, quando guardo la fotografia di gruppo, che ritrae circa un centinaio di parenti venuti da tutta Italia, sento un colpo al cuore.

Tra i tanti accadimenti, quello più paradigmatico è avvenuto il giorno del mio primo compleanno in seminario. Papà aveva preso accordi per una visita familiare per festeggiarmi. In realtà aveva chiesto che potessi andare a casa, ma non avendo avuto una risposta positiva era riuscito a ottenere la possibilità di un incontro ed era già uno strappo alla regola. C'era stata concessa una sola ora di tempo nella grande e anonima sala d'ingresso. Alle ore sette di sera mi trovavo all'ingresso in attesa del loro arrivo, scrutando continuamente il cancello lontano. Tardavano ad arrivare e iniziavo a preoccuparmi, perché mio padre era solito arrivare sempre in anticipo. Il tempo passava e non esistevano i cellulari per comunicare. Mentre fremevo, finalmente ho visto arrivare due auto in lontananza. Non sapevo chi sarebbe venuto.

Erano tutti felici e con aria di festa. Si sono presentati i miei genitori, mia sorella Serena, i nonni, mio cugino Massimo, lo zio Luciano e la zia Grazia. Al posto di accoglierli calorosamente, avevo cercato di dire a papà di mettersi in comunicazione con l'assistente per avere il permesso di stare un po' di più insieme, avvisando del ritardo con cui erano arrivati. Papà minimizzava scherzando e ribadendo che il permesso l'aveva avuto e che il buon senso gli avrebbe fatto capire che c'era stato un ritardo a causa del traffico serale. Non sereno insistevo, perché sapevo che lì il buon senso scarseggiava. La loro attenzione era tutta protesa a festeggiarmi, mentre la mia a convincere papà. Ero completamente disinteressato anche al regalo in realtà tanto atteso: la maglia del Calcio Padova che quell'anno era in serie A. All'improvviso aveva iniziato a squillare in lontananza il telefono della portineria e la voce del burbero portinaio chiamava mio padre: «Signore, l'assistente dice che il ragazzo deve andare giù perché è in ritardo per la cena e deve andare giù subito». In me il gelo assoluto. Erano passati dieci minuti dal loro arrivo, giusto il tempo per dare un bacio a ciascuno e scartare il regalo. Papà era andato a mettersi in contatto con il sacerdote e ho davanti agli occhi il suo volto stupito mentre metteva giù la cornetta. Aveva un grande rispetto per i ruoli e per i consacrati, per cui aveva semplicemente provato a replicare ma poi non si era opposto, almeno non in mia presenza. Ho dovuto salutare tutti velocemente e correre verso il refettorio con il cuore in gola. Arrivato nel salone, mi sono trovato davanti alla sala mensa con tutti in piedi in silenzio che attendevano di iniziare la cena a causa del mio ritardo. Senza neppure poter dire una parola, ero stato improvvisamente aggredito dall'assistente che gridava col volto paonazzo. Non ricordo bene tutte le parole ed è come se avessi vissuto quella scena al rallentatore e vedessi solo le sue labbra muoversi. L'audio è poi tornato e ricordo bene che mi stava dicendo che sarei dovuto stare in punizione a digiuno, restando in piedi davanti a tutti mentre avrebbero iniziato a mangiare. A quel punto una rabbia incontrollabile mi era salita dal profondo e l'avevo mandato a quel paese ad alta voce. Una volta giratomi ero scappato via. Con la coda dell'occhio avevo visto un altro ragazzo che ripeteva il mio stesso gesto iniziando a inseguirmi fino al boschetto esterno in cui mi ero rifugiato a piangere.

Quell'amico si chiama Alessandro e mi è stato accanto per consolarmi tutto il tempo. Era un tipo irrequieto che come tutti cercava di sopravvivere a modo suo. Quando c'era una discussione andava subito in escandescenza e diventava tutto nervi, trattenendosi per qualche secondo prima di esplodere in un'aggressione il più delle volte fisica. Aveva nel suo curriculum qualche setto nasale rotto e diverse sospensioni. Tra me e lui non scorreva buon sangue, anzi ce l'aveva in particolare con me e mi attaccava sempre, spesso in modo plateale e in pubblico. In ogni attività aveva una esagerata competizione e non capivo il perché. Viveva tutto sempre come una sfida personale. Solo più avanti mi ha confidato che gli dava fastidio il fatto che mi riusciva facile qualsiasi cosa, nello studio e nello sport, riuscendo a farmi ben volere. In realtà il mio era un po' di camaleontismo per sopravvivere e forse lui aveva colto questo mio aspetto di non verità piena, uno stile da piacione che si compra tutti per tenerseli buoni. Fino a quel momento ero così. Da quella sera entrambi saremmo cambiati per sempre.

Per la prima volta ci parlavamo aprendo il cuore e senza maschere, dandoci l'occasione di conoscerci davvero. Da quel momento è scattato qualcosa di profondo che non si è mai interrotto nel tempo. Lui mi consolava mentre singhiozzavo, dicendo qualche parolaccia, in un pianto convulso che cercava di sfogare la rabbia. Quella è stata la prima di diverse future scappatelle in cui insieme avremmo scrutato le stelle, sospesi sui pilastri del sesto piano in un modo un po' incosciente, col vuoto sotto di noi, a volte consolandoci con una birra e qualche sigaretta. Davanti a quelle stelle e sempre sospesi a cavalcioni su una parte di cantiere a cielo aperto, molte sere dopo, gli avrei confidato che sarei andato via, con le lacrime agli occhi per il distacco da lui, che mi era diventato amico. In quell'ultima sera di primavera inoltrata ci saremmo promessi di non lasciarci mai, ricordandoci l'uno dell'altro ogniqualvolta avessimo ammirato le stelle. E così è stato ed è tutt'oggi. Negli anni tutte le volte che scruto le stelle torno con la mente a quella sera e mi ricordo di quel patto. È proprio vero che solo grazie all'oscurità è possibile contemplare la luce irradiata dalle stelle.

Tornando al mio nefasto compleanno in seminario, prima o poi sarei dovuto rientrare e così mi ero ritrovato in aula studio, dove c'era l'appuntamento previsto del dopo cena. Mancava la ciliegina sulla torta, è il caso di dire, ed è stata una scena surreale. L'assistente faceva finta che non fosse accaduto nulla, rispettando il rito del festeggiamento previsto in quel preciso momento e pretendeva che si cantasse la canzoncina con tutta la classe mentre si distribuivano dei dolci. Mi sembrava di essere in un film. Ero con la faccia stravolta dal recente pianto mentre avveniva un'improbabile festa di compleanno. Ricordo il volto di Alessandro che mi dava forza e fiducia mentre sentivo cantare buon compleanno... Naturalmente, appena la farsa è finita, siamo stati messi in punizione con relativa strigliata d'orecchie e per quell'insubordinazione abbiamo fatto gli extra in cucina per una settimana saltando lo sport, il nostro unico vero momento di svago. Per anni non ho più amato festeggiare il compleanno a causa di quell'episodio.

Queste descrizioni servono a far capire cosa ho vissuto, ma non vogliono ledere l'immagine dei seminari minori in sé. Come realtà possono essere un ottimo strumento. Pur essendocene pochi oggi, ne ho conosciuti di positivi, con metodi pedagogici ottimi. Inoltre non tutti i sacerdoti erano così e non tutti gli altri seminaristi hanno vissuto la mia stessa esperienza. La mia però è questa: mi sono trovato in un seminario con un metodo non adeguato e con alcune persone con problemi personali. Quegli anni mi hanno anche forgiato. Ho potuto incontrare alcuni sacerdoti davvero innamorati di Dio e a servizio del prossimo. Sono certo che l'uomo che sono lo devo anche a quegli anni. Sicuramente si è trattata di una strada che Dio ha utilizzato comunque per plasmarmi. Ne sono convinto.

Alla fine del primo anno di seminario avrei voluto gettare la spugna e stavo meditando seriamente di uscire, anche se nel mio cuore sentivo di dovermi fidare di Dio che mi aveva condotto fino a lì. La decisione di continuare mi ha portato sicuramente a soffrire ancora, ma mi ha anche permesso di vivere un giorno speciale senza il quale oggi non sarei qui a raccontarmi. Sono convinto si sia trattato di un giorno che Dio aveva preparato fin dall'eternità, un giorno che ha cambiato la mia esistenza, la definirei, tra le tante, la Dio-incidenza della mia vita. Quel giorno e quell'ora in cui Dio passa e ti chiama per nome.

Se sei salito a bordo del treno sbagliato,
non ti serve a molto correre lungo
il corridoio nella direzione opposta.
DIETRICH BONHOEFFER

PRO-VOCAZIONE

L'immortalità dell'anima è una cosa
che ci riguarda in modo così forte,
e ci tocca così in profondità,
che bisogna aver perso ogni sensibilità
perché ci sia indifferente sapere
come stanno le cose.

BLAISE PASCAL

Il timone della nostra vita è nelle nostre mani

Il nostro dna è un grande libro della vita contenuto in una molecola in grado di conservarne la composizione chimica, determinare le attitudini e le proprietà specifiche di ognuno di noi: in pratica contiene tutte le informazioni per definire le caratteristiche più evidenti come la struttura del corpo, il colore degli occhi, quello dei capelli e il resto. Non esiste un hard disk così piccolo capace di tramandare così tante informazioni di generazione in generazione. Eppure l'uomo non è riducibile al suo dna, anche se contiene molte informazioni di noi, così come noi non siamo solo il nostro corpo. Siamo molto di più. È strano, ma è così. Pur essendo un punto infinitesimale nell'universo, siamo il centro di una galassia intorno alla quale ruotano tantissime realtà che si muovono con automatismi perfetti e che toccano tanti livelli e piani interconnessi. Anche se ci sono quasi otto miliardi di persone su questo pianeta, ciascuno di noi è unico. Non è fantascienza, è un fatto. Ne abbiamo tracce esteriori, ad esempio nelle impronte digitali. Ma c'è qualcosa di più profondo che ci rende irripetibili. Al di là del cambiamento del nostro corpo e della crescita graduale di ciascuno, c'è qualcosa che ci rende quell'io personale che ci caratterizza sempre, da quand'eravamo in grembo al primo vagito, dai primi passi a gattoni alle corse adolescenziali, dalle relazioni man mano più complesse instaurate lungo il tragitto della vita fino al nostro ultimo respiro.

Nelle Sacre Scritture la parola "lev" *(לב)*[1] *indica il nucleo più intimo della persona, ricorre quasi un migliaio di volte ed è usata quasi esclusivamente con riferimento all'essere umano. Nella traduzione bisogna stare un po' attenti, perché la nostra mentalità occidentale, influenzata anche dalla filosofia greca, separa il corpo dall'anima razionale (o mente) e dall'anima immortale (o soffio vitale). In Oriente c'è una visione più olistica e unitaria della realtà, comprensiva anche dell'essere umano in sé. Il corpo, l'anima e la mente sono tra loro un tutt'uno. Il nostro nucleo fondamentale, dove risiede la nostra identità e il chi siamo, ovvero la sede più intima di noi che discerne ciò che è bene e ciò che è male, è l'io, che decide le cose e che si plasma e si autodetermina con le proprie scelte. In questo nucleo c'è anche la sede di ogni tipo di sentimento ed emozione come l'amore o l'odio, la sofferenza o la gioia. Potremmo tradurre la parola* lev *con la parola cuore, non inteso come organo, ma nello stesso tempo come la sede più profonda della nostra identità, la sede dei sentimenti e delle emozioni, la coscienza e il sacrario della nostra anima immortale, la sede dei desideri e delle scelte operative, la ragione capace di comprensione e con le sue funzioni intellettuali e razionali che la conducono a decidersi per qualcosa o qualcuno. Quando nel Vangelo troviamo la parola cuore è questo il senso con cui Gesù la pronuncia.*

*Possiamo affermare che nonostante la vita non ci dia un manuale in dotazione, nasciamo con un cuore-*lev *che ha impresse in sé le verità fondamentali della vita. C'è in noi un'impronta unica riconoscibile. Possiamo scegliere di non ascoltarci nel*

1 *lev* (לב) è un termine fondamentale dell'antropologia biblica e ricorre 814 volte nelle Scritture riferito esclusivamente al "cuore umano". Solo 26 volte si parla del "cuore di Dio", 11 volte del "cuore del mare". Il cuore è il centro delle emozioni, dei sentimenti, degli stati d'animo e delle passioni. Questa parola esige un esame semantico che tenga conto dei vari contesti in cui appare: cuore (centro unitario e identitario della persona); emozione (anzitutto la sfera emotiva, della sensibilità, dei pensieri irrazionali dettati dall'emozione, non dalla ragione); desiderio (passioni, affetti, relazionalità), ragione (funzioni intellettuali e razionali, capacità di comprensione); decisione (funzione di giudizio e di orientamento della persona).

profondo, ma queste verità fondamentali restano in noi sopite, pronte a emergere quando daremo loro ascolto. Per quanto ci si possa allontanare da esse perché indotti in errore o sviati dal contesto in cui cresciamo, sono impresse in noi. Possono restare per lungo tempo ignorate, ma sono pronte a farsi trovare sotto le macerie che le ricoprono.

In tutti noi esiste un'innata scintilla divina che ci rende chi siamo e che cela un progetto d'amore da realizzare nella fecondità di un fuoco che arde e non si spegne mai portando luce, calore e dando la possibilità ad altri di accendersi, senza per questo perdere nulla di sé nel donarsi. La sua capacità è indiscutibile ma come può brillare e infiammare, può anche spegnersi se non è alimentato o difeso dalle intemperie, fino a diventare un lucignolo fumigante e poi cenere. C'è dentro ciascuno di noi, nessuno escluso, un potenziale immenso. Nel profondo del proprio cuore ciascuno ne è consapevole, anche se poi molti smettono di crederci. Nei murales le scritte di amore con un "forever" (per sempre) indicano che dentro di noi aspiriamo a qualcosa che sia infinito, poi le ferite della vita ci fanno smettere di sognare, ma in realtà non siamo fatti per accontentarci e dentro di noi aneliamo a qualcosa che duri per l'eternità. Prendere le redini della propria vita, contattare il proprio io, scendere nelle proprie parti più buie e riuscire a fare risplendere la scintilla divina che è in noi, è un viaggio che dura tutta la vita ed è anche il più difficile che esista. Non ci sono mari da solcare e vette da conquistare che siano minimamente paragonabili a quest'impresa che è ineludibile per una autentica rinascita e per la propria libertà.

La parola "vocazione" viene dal latino e significa "chiamata". Appena nasciamo siamo "chiamati/invitati alla vita". Piano piano si svela davanti a noi un preciso cammino. Ma non è tutto già scritto in modo definitivo. Ci sono dei fatti sicuramente condizionanti, ma non del tutto determinanti. Anche se a volte ci sembra che gli eventi della vita ci costringano a reagire in un certo modo, in realtà abbiamo sempre la possibilità di scegliere come vivere le situazioni che dobbiamo affrontare. Ci sono strade in salita e in discesa, ma ognuno dovrà rispondere di sé dal proprio punto di partenza, cominciando dal dono della salute, della famiglia, del contesto sociale, culturale ed etico. E dentro questa cornice siamo chiamati a scegliere chi essere. C'è per ciascuno un disegno specifico che è un progetto tutto da decifrare, sviluppare e realizzare. Proprio come il nostro corpicino necessita di attenzioni, custodia e nutrimento, anche il progetto di Dio su di noi ha bisogno di cura e accompagnamento. In ogni attimo questo nucleo progettuale interiore può crescere o decrescere. È simile a un muscolo da allenare nell'amore. Ogni nostra scelta lo plasma fortificandolo o indebolendolo. Perché una vocazione maturi è necessario pro-vocare processi. Bisogna creare le condizioni ed evitare di bruciarla, pur provando a camminare nelle strade che ci sembrano idonee. È molto importante crederci noi per primi ma anche trovare qualcuno che creda in noi e ci aiuti a crescere in questa sana fiducia e autostima. È fondamentale togliere tutte le pietre che soffocano il semino perché possa ricevere la giusta aria e luce.

Una prima indispensabile condizione è il voler davvero essere disponibili a tutto ciò che Dio potrebbe chiederci, costi quel che costi.

Ascoltati, sii te stesso, credi in te e nei tuoi sogni, chiedi a Dio cosa voglia da te, dichiaragli la tua disponibilità a seguirlo costi quel che costi. E soprattutto d'ora in poi fermati prima di agire, stando in silenzio per chiedergli che guidi i tuoi passi.

Tutte le azioni umane hanno una
o più di queste sette cause:
caso, natura, costrizione,
abitudine, ragione,
passione e desiderio.

ARISTOTELE

Dio-incidenze

Il posto in cui sei adesso
Dio l'ha cerchiato
su una mappa per te.
HAFEZ

Il periodo estivo del seminario si trascorreva a Borca di Cadore, in un luogo spettacolare. La struttura in cui eravamo aveva da un lato una bellissima ciclabile costruita sul tracciato ferroviario che un tempo portava da Auronzo a Dobbiaco, attraversando il Passo Cimabanche. Dall'altra parte era costeggiata dalla strada che porta a Cortina. Avevamo un campo da calcio privato e una chiesetta che confinava con un parco popolato da daini e cervi. La struttura del "seminario estivo" era parte di un grande complesso noto con il nome *Dolomiti Pio*, che comprendeva molto terreno con parchi e un albergo che era a noi vicino, dove facevamo servizio, acquistato nel 1954 dal vescovo Bortignon per la diocesi di Padova. Oggi si chiama *Palace Hotel Des Dolomites* e fu costruito agli inizi del 1900. Nella storia ha ospitato persone illustri come il principe Umberto di Savoia, Guglielmo Marconi, Eleonora Duse, Gabriele D'Annunzio, Papa Pio XII, Papa Giovanni XIII, Papa Luciani e Aldo Moro.

L'aria fresca e il verde contribuivano a rendere quel paesaggio meraviglioso. Anche se con la fantasia ciascuno di noi volava altrove, è innegabile che godevamo di uno spettacolo unico al mondo. In quei giorni ho potuto percorrere le vie ferrate di montagna, appassionandomi alle scalate. Il regime estivo era più rilassato, anche se molte dinamiche restavano simili a quelle del resto dell'anno.

Il 31 luglio 1995 era venuto a celebrare la messa uno dei vescovi ausiliari di Roma, Monsignore Salvatore Boccaccio. Contrariamente a quanto mi sarei aspettato, si era presentato molto alla mano ed estremamente simpatico. Da subito ci aveva chiarito che voleva lo chiamassimo semplicemente "don Salvatore". Aveva una flessione romana e spiegava la Parola di Dio con una efficacia incredibile, rendendola accessibile a tutti, anche a noi ragazzini, suscitando attenzione e fascino. In quei giorni avevo maturato l'idea di abbandonare il percorso in seminario, anche se temevo le conseguenze e il dover affrontare i superiori e tutte le persone coinvolte. Ero molto tormentato, insicuro e sofferente. Vivevo anche una spaccatura interiore: mi domandavo come mai Dio avesse permesso che finissi in quel posto vivendo tutte quelle situazioni e se il mio tornare a casa fosse un tradire la sua chiamata. Un peso di coscienza che dovevo portare da solo perché non avevo interlocutori di cui mi fidassi. Chiedevo a Dio un segno, una luce chiara, pregando più volte così: «Signore, sono disposto a fare qualsiasi cosa tu mi chieda, basta che tu me lo dica con chiarezza! Voglio fare solo la tua volontà, ma ti prego di farmela capire con chiarezza». Una prima risposta sarebbe arrivata durante la messa celebrata da don Salvatore, riaccendendo un'inattesa lucina. Nel mio diario personale si trova annotato: «Quello che mi è rimasto impresso dell'omelia è stata la sua forte affermazione: "Il seminario minore non è dove si diventa preti, ma dove si cerca di scoprire cosa il Signore vuole che io faccia"». Aveva colpito nel segno interpretando il mio sentire e per me era un primo segnale che mi confermava nella scelta fatta.

In quei giorni estivi avevamo una sola sera libera a settimana, che consisteva in una passeggiata di gruppo fino a San Vito di Cadore per prendere un gelato. Era un momento da me molto atteso. È vero che c'erano le camminate in montagna e le ferrate, ma quell'uscita era anche l'occasione per incrociare qualche ragazza. Il giorno in cui ho conosciuto il vescovo Boccaccio, al termine della messa, siamo stati avvertiti che la sera sarebbe venuta a trovarci una "suora laica" per darci la sua testimonianza di vita. Avevamo provato a chiedere di spostare l'incontro in un'altra serata, ma ci avevano assicurato che avremmo fatto in tempo anche ad andare a prendere il gelato.

La fase di saturazione che vivevo mi rendeva maldisposto all'ascolto, anche se la "suora laica" non era una suora, ma una laica consacrata ed era fuori dai canoni che ci aspettavamo. Era una ragazza di ventinove anni con i capelli lunghi e vestita con i jeans in modo sportivo. Eravamo tutti colpiti dal sorriso solare che le illuminava il volto. Era stata presentata come la fondatrice di una nuova comunità chiamata Nuovi Orizzonti. Anche lei aveva una parlata romana ed era simpatica. Le sue parole catalizzavano tutti. All'inizio io ero concentrato sul mio orologio per controllare l'orario ed essere sicuro che saremmo andati a prendere il gelato. Quando avevo capito che oramai l'uscita era saltata, dopo aver sbuffato avevo iniziato ad ascoltare con più attenzione...

Chiara stava raccontando la sua avventura nell'inferno della strada alla Stazione Termini degli anni '90. Un vero Bronx in cui nessuno si sarebbe mai avventurato, nei sottopassaggi della metro di allora, consapevole di rischiare davvero la vita. Da giovane aveva avuto una malattia grave. Si trattava di un'uveite cronica anteriore e intermedia con interessamento della retina, probabilmente connessa alla sindrome di Behçet, altra patologia tremenda di cui erano presenti tutti i sintomi. Dopo aver perso otto decimi di vista, era stata sottoposta a cure dolorose, come iniezioni di cortisone negli occhi ogni due giorni. A un certo punto della storia era successo qualcosa di straordinario. Dopo una preghiera rivolta a Dio, era completamente guarita, senza che restasse nessuna traccia postuma della malattia e recuperando totalmente la vista, anzi arrivando a undici decimi.

Per i medici era stata una guarigione inspiegabile, per lei era la risposta di Dio a una precisa preghiera: aveva chiesto di essere messa nelle condizioni fisiche per poter andare dai ragazzi di strada, da chi stava male e ancora non aveva conosciuto l'amore di Dio, per condividere il "vero miracolo" – così lo aveva definito – ovvero la scoperta che anche nella sofferenza più atroce è possibile custodire una pace interiore frutto della comunione con Dio. Per Chiara avere la gioia nel cuore nonostante la dura prova della malattia era stato un «miracolo più grande della guarigione». Voleva gridare con la sua vita al mondo intero, soprattutto al popolo di disperati incrociati alla stazione Termini durante gli anni universitari, di aver scoperto "il segreto della gioia" nel Vangelo di Giovanni 15, 9-13: «Come il Padre ha amato me, così anch'io ho amato voi. Rimanete nel mio amore. Se osserverete i miei comandamenti, rimarrete nel mio amore, come io ho osservato i comandamenti del Padre mio e rimango nel suo amore. Questo vi ho detto perché la mia gioia sia in voi e la vostra gioia sia piena. Questo è il mio comandamento: che vi amiate gli uni gli altri, come io vi ho amati. Nessuno ha un amore più grande di questo: dare la vita per i propri amici».

Dopo gli esami di routine e constatato che la guarigione era permanente – una uveite cronica resta sempre recidivante e i medici volevano accertare che non si trattasse di un miglioramento momentaneo – Chiara era potuta andare in strada di notte per ascoltare i ragazzi e le ragazze vittime di droga, prostituzione, schiavitù, alcolismo, aids, violenza. Aveva iniziato a Dublino, con la scusa di una vacanza studio per non fare preoccupare i suoi genitori, e poi aveva proseguito a Roma. Andava da sola per non mettere a rischio la vita di altri, ma col tempo altre persone avevano iniziato a seguirla e così si sono create le prime equipe di strada. Il *leitmotiv* dei giovani e delle ragazze incontrate era un grido disperato: «Chiara, aiutaci tu, portaci via da questo inferno!».

E non volevano solo un luogo dove stare o un pasto caldo, ma chiedevano una cosa precisa: «Nessuno ci ha mai detto che Gesù è pace e gioia, anzi abbiamo sempre pensato che la religione fosse una cosa noiosa e da vecchi... Facci incontrare quel Gesù che ti fa avere questo sorriso e questa luce negli occhi».

Quando Chiara ci raccontava questi avvenimenti a Borca, aveva iniziato da un anno e mezzo ad accogliere questi giovani in una casa a Roma in zona Trigoria. Era la prima sede dove vivevano con lei i primi che l'avevano seguita, ovvero Tonino e Loredana. Accoglievano ragazzi con varie problematiche molto difficili, con fedine penali colorite e anche casi provenienti da sette sataniche. Dal punto di vista economico erano completamente abbandonati alla Divina Provvidenza, mangiando quello che arrivava e vestendosi con ciò che gli regalavano. La villetta stessa era arrivata dopo una novena di preghiera, insieme ad altre strutture per attività di prima accoglienza e a un centro di ascolto. Avevano faticato molto a ottenerle perché nessuno voleva avere vicino gente di quel tipo. La casa era su tre piani e si mangiava sul tavolo da pingpong. Spesso aggiungevano materassi per terra per accogliere chi bussava disperatamente alla porta.

Ricordo che Chiara ci aveva raccontato anche di un sogno per il quale ci chiedeva preghiere, lo chiamava Cittadella Cielo: un luogo dove vivere la vita del Cielo già su questa terra, avendo come modello le comunità dei primi cristiani degli *Atti degli Apostoli* e come unica regola il Vangelo. Ricordo molto bene la spiegazione del nome della comunità e le sue parole: «L'orizzonte è il punto di incontro tra la terra e il cielo: chi sceglie di vivere secondo il carisma di Nuovi Orizzonti si impegna a portare la gioia con una particolare attenzione al mistero della discesa agli inferi di Gesù e alla sua Risurrezione. La povertà più grande e l'apice della sofferenza umana sono la morte dell'anima, frutto della separazione da Dio. L'abuso di alcool, la dipendenza dalla droga, la sessodipendenza, l'anoressia, la ludopatia[2], la violenza e tutte le possibili dipendenze, così come la solitudine e la disperazione che molti giovani oggi vivono pur avendo tutto, sono solo punte di un iceberg che ha un unico comun denominatore: il bisogno di amare ed essere amati. Per questo, prima per i ragazzi accolti, poi per tutti coloro che vogliono, ho sentito di poter offrire un unico vero tesoro: il Vangelo. Noi cristiani abbiamo il segreto della gioia, che è costato il sangue di Cristo! Abbiamo dunque il dovere di scendere negli inferi dei cuori dell'umanità con Gesù perché molti possano rinascere. Se non lo facessimo saremmo in peccato di "omissione di soccorso". Basterebbe un piccolo numero di uomini davvero decisi a vivere il Vangelo per portare una rivoluzione d'amore nel mondo!». Chiara ha ideato uno specifico programma pedagogico riabilitativo e un percorso di conoscenza di sé e guarigione del cuore, denominato "Arte di Amare", sempre basato sul Vangelo.

Le domande che erano sorte nei nostri cuori erano molte e diverse. Qualcuno aveva chiesto se l'approccio in strada era stato difficile e se a volte aveva avuto paura. La sua risposta era stata spiazzante. Aveva confermato che era normale avere dei timori, ma che li si superava grazie alla forza dell'amore. Mentre sulle difficoltà nell'approccio aveva richiamato l'esempio di una persona che porta un bicchiere d'acqua a un assetato nel deserto: non c'era bisogno di dare tante spiegazioni, bastava offrire un ascolto autentico e chi incontrava facilmente iniziava ad aprirsi, anche perché generalmente chi vive in strada fa esperienza costante dell'indifferenza e del rifiuto. Una cosa su cui aveva messo l'accento era di non scendere negli "inferi" da soli, ma sempre uniti a Gesù, perché altrimenti si rischierebbe di portare solo se stessi, e anche di restare intrappolati negli inferi altrui. Se ci fosse stato

2 Gioco d'azzardo patologico.

Gesù, non si sarebbe portato un semplice bicchiere d'acqua, ma la fonte sorgiva che zampilla per l'eternità, ovvero l'unica fonte capace di dissetare il bisogno di amore di cuori così impietriti a causa delle ferite inferte dalla vita. Dopo i primi incontri, erano le persone a cercarla e ad avvicinarsi riconoscendola subito, grazie anche al passaparola che in poco tempo si era creato.

Aver ascoltato questa parte era già incredibile. Ma ancora di più lo era il fatto che tanti ragazzi, passati dalla morte alla vita, erano diventati loro stessi missionari per altri ancora nel buio. Alcuni di loro, pur provenendo dal carcere, dalla strada, dallo spaccio, dalle sette sataniche, dalla prostituzione-schiavitù, si erano impegnati in una consacrazione laicale con promesse di povertà, castità, obbedienza e gioia, andando a portare la luce del Vangelo nelle scuole, nelle strade e negli altri luoghi di aggregazione giovanile[3].

La semplicità con cui parlava di tutto questo aveva colpito tutti. Io ero rimasto folgorato soprattutto dal suo sguardo e dal suo sorriso: aveva una luce negli occhi che non avevo mai visto prima. Il suo sorriso era pieno di gioia e lo sguardo luminoso era quello di chi davvero stava vivendo il Vangelo. Non era una gioia costruita, artificiale. Non era un sorriso da spot pubblicitario. Mentre parlava ho iniziato ad avvertire in me come un fuoco che è difficile da spiegare. Pensavo: "Anch'io voglio la gioia che vedo nei suoi occhi! Cosa c'è di diverso tra me e Chiara? Siamo entrambi due persone… Anzi, io sono un seminarista, dovrei essere felice e dovrei essere io a parlare così di Dio". Invece ero stanco, triste, ripiegato su di me e spiritualmente spento. Non avevo mai sentito parlare di Dio in quel modo. Si percepiva una esperienza autentica di Dio. Ero confuso e spaesato, ma è come se una lucina dentro di me si fosse accesa, una certa speranza, un'attrazione per

3 Il racconto della storia di Chiara Amirante si può trovare nei libri *Stazione Termini* e *Nuovi Orizzonti* editi da Orizzonti di Luce e nella sua autobiografia *Solo l'amore resta* edita da Piemme.

le sue parole, per i suoi occhi, per il suo sorriso. Al termine dell'incontro uno dei miei compagni, che non aveva mai manifestato grandi propensioni altruistiche, le aveva regalato i suoi scarponi nuovi perché aveva sentito che viveva completamente abbandonata alla Provvidenza. Ricordo Chiara che lo ringraziava dicendo che le mancavano ed erano proprio della sua misura. Vedendo quel gesto da chi mai me lo sarei aspettato, forte anche del mio pregiudizio, mi sembrava avesse fatto breccia proprio nel cuore di tutti, anche in quelli che io reputavo i peggiori. Era una scena paradossale. Non si era mai creata una situazione simile: c'era una strana gioia ed elettricità nell'aria, tutti erano a semicerchio intorno a lei per porre domande e ringraziarla. Non la lasciavano andare via. Di solito noi scappavamo dai momenti proposti perché erano spesso pizzosi. Quella sera era tutto diverso e nessuno voleva rompere quel clima magico che si era creato. Io ero rimasto ancora seduto al mio posto, stordito, senza parole osservavo la scena come da spettatore incredulo.

A volte ci aspettiamo che Dio si manifesti con i fuochi d'artificio o che venga in modo eclatante per attirare la nostra attenzione, magari suonando la tromba e stendendo un bel tappeto rosso, invece il Signore predilige persone e situazioni semplici, spesso inaspettate e quotidiane. Quella sera si era manifestato come nel celebre passo: «Ecco, il Signore passò. Ci fu un vento impetuoso e gagliardo da spaccare i monti e spezzare le rocce davanti al Signore, ma il Signore non era nel vento. Dopo il vento ci fu un terremoto, ma il Signore non era nel terremoto. Dopo il terremoto ci fu un fuoco, ma il Signore non era nel fuoco. Dopo il fuoco ci fu il mormorio di un vento leggero. Come l'udì, Elia si coprì il volto con il mantello, uscì e si fermò all'ingresso della caverna» (1 Re 19, 11-14). Quella sera il Signore era in quel sussurro di brezza leggera che aveva fatto breccia nel mio cuore operando a mia insaputa.

Quella notte non riuscivo a prendere sonno, ho così divorato il primo libro scritto da Chiara, era fresco di stampa, con la prefazione del cardinale Ersilio Tonini: si trattava di *Stazione Termini. Storie di droga, aids, prostituzione*. Dormivamo tutti in un'unica camerata su letti a castello a tre piani. Appena terminata la lettura, nel cuore della notte, una spinta interiore mi chiamò a ritirarmi in preghiera. Era proibito andarsene in giro ma era più forte di me. Senza che nessuno se ne accorgesse avevo lasciato la stanza, ero uscito dalla nostra struttura, avevo attraversato la strada e mi ero rifugiato nella chiesetta. Era buio, ma dentro di me c'era una luce che aveva iniziato a brillare: sentivo Dio nel mio cuore. Nelle pagine del mio diario, con la data del giorno successivo, si trova scritto: «Vi assicuro che in Chiara ho visto Gesù e che nel vescovo ho scoperto lo stesso Gesù che mi ha detto di continuare per capire cosa devo diventare e seguire la strada della sorellina Chiara e del fratellino Ettore[4]». Avevo chiesto aiuto al Signore e negli incontri avuti in quel giorno con don Salvatore e Chiara e qualche mese prima con fratel Ettore Boschini, avevo avuto conferme a ciò che sentivo dentro di me. Quella notte però era accaduta una cosa strana: così, all'improvviso, per me era chiaro ed evidente che la mia vocazione era "seguire Chiara e andare a vivere a Nuovi Orizzonti". Avevo solo quattordici anni e sapevo solo ciò che avevo appena ascoltato e letto in un libro, ma all'improvviso per me era tutto chiaro. E sarebbe rimasto così per anni, al di là delle prove future.

4 Si tratta di fratel Ettore Boschini, dell'ordine dei camilliani, che avevo conosciuto quello stesso anno e che mi aveva molto colpito. Un uomo che a Milano in particolare si è speso per i senzatetto e per i più poveri con un amore esemplare e straordinario. Un uomo dagli occhi di fuoco che non poteva non impressionare. Un santo dei nostri giorni.

Il cuore del mosaico

Il giorno 2 agosto 1995 ho cercato Chiara Amirante alla portineria del complesso alberghiero Pio X. Ma doveva esserci una certa sfortuna che mi perseguitava con i portinai: mi rispondevano sempre in malo modo e mi mandavano sempre via. Mi era stato riferito che era in procinto di partire e che probabilmente se n'era già andata via, ma non ne erano sicuri. Nel dubbio le avevo lasciato un bigliettino, dov'era scritto più o meno così: «Cara Chiara, mi chiamo Davide e sono un seminarista. L'altro giorno ti ho ascoltata e quando ti ho incontrata ho avuto la sensazione di vivere l'esperienza che oggi è descritta nella prima lettura[5] quando Mosè scende dal Sinai e si pone un velo sul viso per quanto è raggiante. Il tuo volto luminoso mi ha colpito e ho visto Gesù in te. Ho bisogno di parlarti». Sono andato via con un po' di rassegnazione.

Il giorno successivo, il 3 agosto, mentre stavamo giocando a calcio, da dietro la chiesetta era spuntata Chiara e si era avvicinata al nostro assistente chiedendogli di poter parlare con un seminarista di nome Davide. Mentre il sacerdote le spiegava che eravamo in molti con quel nome, timidamente mi ero avvicinato, svelando di essere l'autore del biglietto. Iniziando a dialogare siamo usciti dal campo mentre percepivo gli sguardi incuriositi di tutti e una crescente trepidazione nel mio cuore.

Accanto alla strada che porta a Cortina c'è un ingresso

5 Era Esodo 34, 29-35.

per la chiesetta e una fontanella con abbeveratoio. Eravamo seduti là. Chiara aveva sciolto il ghiaccio manifestando di essere stata colpita dalle mie parole. In pochi minuti le ho aperto il cuore, consegnando la mia storia e dicendole che volevo uscire dal seminario, ma soprattutto dichiarando che avevo sentito chiaro che la mia strada era seguirla e vivere in comunità a Nuovi Orizzonti. Stranamente non mi aveva trattato come un adolescente impazzito o infatuato, ma mi ascoltava con grande serietà e attenzione. Il primo consiglio che ricevetti era di «non giocare al risparmio, perché Dio non si fa mai vincere in generosità; dovevo puntare a mettere davvero Dio al primo posto nella mia vita, senza porre limiti all'amore, perché la misura dell'amore di Dio è il non avere misura». Poi mi aveva esortato a «cercare sempre un colloquio aperto, sincero e il più possibile vero con il mio padre spirituale». Avevo avuto modo di spiegarle le difficoltà con i formatori e come fossi infelice, ma lei aveva insistito nel raccomandarmi di avere una persona a cui consegnarmi in verità e con la quale mettere tutto in unità per fare un autentico discernimento. Il problema era che non potevo neppure cambiare padre spirituale: ce n'era uno solo per tutti e non era concesso averne uno diverso.

Una domanda molto precisa che le posi era questa: «Come faccio ad avere la stessa gioia che vedo nei tuoi occhi?». Mi aveva detto che il segreto era «vivere il Vangelo alla lettera ogni giorno». A quella risposta avevo obiettato che di vangeli e rosari ne avevo le scatole piene, ne avevo vissuti troppi e senza alcun risultato. Ma il suo sguardo si era fatto più profondo e guardandomi dritto dritto negli occhi mi aveva detto: «Tu non hai mai vissuto il Vangelo. Se lo avessi vissuto sicuramente saresti nella pace e nella gioia piena. Tu hai sentito il Vangelo, a volte forse lo hai anche ascoltato, ma non lo hai sicuramente vissuto alla lettera. Se provi a farlo ti cambia la vita. Il Vangelo non è un libro come gli altri da tenere solo sul comodino, ma ti cambia la vita nella misura in cui lo provi a vivere mettendolo in pratica. Se lo fai, permetti a Dio di realizzare le tante promesse che racchiude». Queste parole mi si incisero a fuoco nel cuore insieme al suo sguardo amorevole e sereno, pareva voler firmare con il sangue ogni singola sillaba pronunciata.

Nella seconda parte della chiacchierata avevo chiesto a Chiara come potessi capire la volontà di Dio, anche perché a me sembrava oramai di averla capita e le manifestai tutta la fretta che avevo di lasciare tutto e seguirla. Lei mi aveva raccontato parte della storia di san Francesco d'Assisi, sottolineando che "il punto chiave è vivere la radicalità evangelica, l'intimità con Gesù cuore a cuore nella preghiera, compiere la sua volontà nel quotidiano e chiedere a Dio quale sia la sua volontà, disposti a tutto. In questa docilità e reale abbandono, allora progressivamente il Signore si sarebbe svelato forte della sua promessa: A chi mi ama mi manifesterò[6]". Ricordo chiaramente le sue parole: «Davide, il Signore ha un progetto meraviglioso su ciascuno di noi e il suo progetto è sicuramente più grande di qualsiasi nostro sogno. Devi cercare di realizzare il sogno di Dio su di te! La difficoltà è che è simile a un meraviglioso mosaico, che è unico e irripetibile, ma che si compone nel tempo, mettendo ogni giorno il tassello giusto al suo posto». Quest'ultima parte non mi era piaciuta per nulla. Significava chiaramente che dovevo aspettare ancora. Per natura sono molto trasparente e difficilmente riesco a mascherare le mie emozioni, infatti il mio disappunto era evidente e avevo provato a replicare: «Sì, va bene Chiara, ma io non ce la faccio a stare ancora in seminario. E poi non capisco il senso di aspettare… Ho chiesto a Dio un segno e mi ha parlato chiaramente. Io ho capito che la mia vita è a Nuovi Orizzonti e voglio seguirti. Voglio venire con te a Roma. Ho sentito una spinta a lasciare tutto e a seguirti. Questa è la mia chiamata. Voglio fare quello che

6 Cfr. Giovanni 14, 21.

fai tu». Nonostante fossi un bambino, Chiara non mi aveva mortificato né preso sottogamba: «Se hai intenzione di seguire Gesù, venendo a Nuovi Orizzonti per aiutarmi, ti accolgo con gioia e per te le porte saranno sempre aperte, ma ora devi mettere il tassello giusto di oggi. Sei ancora minorenne e non potrei accoglierti in comunità». Sentivo che era sincera nel pronunciare quelle parole e non ne ero rimasto per nulla mortificato, anche se io sarei stato capace di salire subito su un pullman per Roma.

Avevo concluso il colloquio decidendo di proseguire un altro anno in seminario, provando a fare ciò che Chiara mi aveva consigliato. In fondo fino a quel momento avevo vissuto subendo ogni cosa e di fatto non mi ero mai comportato da seminarista, perché ero insofferente di tutto ed era come se tutto fosse esterno a me. Il suo suggerimento era stato di provare a passare dal subire allo scegliere e dunque vivere le cose, mettendo davvero Dio al primo posto. Un ottimo consiglio di cui faccio tesoro ancora oggi. Non posso dire di esser stato felice dell'esito finale, ma avevo pace nel cuore e la speranza di una porta sempre aperta che prima o poi avrei varcato. Ricordo una nota importante su cui Chiara aveva insistito: l'ascolto delle mozioni dello Spirito Santo e la verifica di quella spinta a lasciar tutto per il Vangelo. Nel mio diario ho scritto: «L'incontro che ho avuto con Chiara è simile a quello del cieco con Te. Infatti sei stato proprio Tu ad aprire gli occhi del cieco alla luce, così è stato per me con Chiara. Per questo mi sto convincendo di essere chiamato per aiutare Chiara nella sua grande Opera». La sicurezza di dover seguire Chiara è sempre rimasta nel tempo, anche quando il padre spirituale del seminario mi ha instillato il dubbio che Dio mi chiedesse di seguirla non fisicamente ma solo simbolicamente.

Nel weekend erano arrivati in visita i nostri genitori. I miei erano venuti con mio fratello Michele. Appena erano scesi dal pullman li avevo letteralmente aggrediti, perché volevo comunicare cosa avevo vissuto, spiegando che avevo capito cosa dovessi fare nella vita: lasciare tutto e andare a vivere con dei ragazzi di strada a Roma. I miei superiori pensavano mi fossi innamorato di quella ragazza romana, i familiari propendevamo per un possibile delirio mistico. Papà e mamma avevano tergiversato ma poi – costretti a forza – mi avevano seguito fino al Pio X per conoscere quella ragazza di cui parlavo ininterrottamente da quando erano arrivati, ma a causa dei convenevoli e dei saluti era troppo tardi: questa volta Chiara era davvero partita per Roma. Ero rimasto così male da tenere il broncio per tutto il tempo della loro permanenza. Non ero neppure più attratto dal calcio, cosa assai grave per me. Pensavo solo a quanto avevo vissuto ed ero fortemente tentato di scappare in autostop verso Roma. Mi trattenevano le parole di Chiara che mi avevano vincolato a un altro anno e a viverlo in modo differente. Faticavo a restare là fermo per mettere nel mosaico il singolo tassello di quel giorno, anche se si trattava del tassello cuore che avrebbe segnato tutto il resto della mia vita.

La strada

Tornato a Padova, la vita in seminario era la stessa, anche se dentro di me io mi sentivo profondamente cambiato, ma nessuno dava importanza a questo e i superiori cercavano di convincermi che l'idea di seguire Chiara fosse fuorviante per il mio cammino, un possibile inganno del diavolo. Dentro di me sentivo che non era così. Può un albero buono produrre frutti cattivi? I frutti interiori di quell'incontro erano una vera novità per me: si era acceso un desiderio nuovo di Dio. Quel colloquio era stata una boccata di ossigeno puro, una ventata d'aria fresca, uno spiraglio di luce e di speranza.

Quello che percepivo dentro di me era una evidenza di Dio tanto forte che mi sembrava incredibile che nessun altro se ne accorgesse. Per me era tutto così chiaro. Eppure non trovavo qualcuno che capisse. Pregavo chiedendo di poter lasciare tutto al più presto per andare a Roma, perché era difficile vivere nelle dinamiche fredde del seminario sentendo quel fuoco dentro di me e cercando di evitare che si spegnesse. Era difficile vivere con la certezza di cosa dovevo fare nella vita ed essere soltanto osteggiato e frainteso. Avevo capito che mi trovavo solo, solo con Dio.

Un aiuto enorme l'ho avuto quando ho ottenuto la possibilità di avvalermi di un padre spirituale diverso. Fino ad allora avevo avuto don Sandro, un uomo molto in gamba ma con il quale non mi sentivo a mio agio. Non era mai scattata un'intesa tale da andare veramente in profondità. Avevo però tentato di aprirmi completamente ma non mi ero sentito accolto. Forse provava a mettermi alla prova, perché è anche giusto in un cammino di discernimento vagliare una vocazione, ma il vero problema è che non lo sentivo la persona giusta per me nella direzione spirituale. Lo avevo già manifestato l'anno precedente ma non era possibile sceglierne uno diverso perché il seminario imponeva quell'unico padre spirituale obbligatorio per tutti. Più volte avevo chiesto di proseguire il cammino con don Patrizio perché già mi conosceva e mi aveva seguito prima del mio ingresso in seminario, ma era stato categoricamente negato.

All'inizio del nuovo anno ero tornato alla carica più determinato, pretendendo che mi si concedesse di scegliere con chi parlare. Dinnanzi all'ennesimo diniego avevo reagito col silenzio: andavo agli appuntamenti obbligatori con don Sandro e facevo puntualmente scena muta per l'intera ora. Mi ricordo che al primo appuntamento gli avevo spiegato la situazione e che le prime volte lui cercava comunque di sollecitarmi con qualche domanda, ma trovava un muro totale. Ero sempre cordiale all'inizio e alla fine, senza mai mancare di rispetto, semplicemente restavo in silenzio. Non dipendeva da lui, che non poteva farci proprio niente. Davanti al perdurare di questa situazione, i superiori a un certo punto avevano deciso di darmi la possibilità di incontrare don Patrizio, purché andassi di nascosto e continuassi a simulare di incontrare don Sandro, per evitare così di creare un precedente. Al di là della situazione un po' assurda che si era creata, ero molto riconoscente all'allora nuovo rettore don Gino e al mio nuovo assistente don Antonio che mi avevano concesso questa opportunità contro il parere di tanti. I miei incontri con don Patrizio erano dunque segreti per tutti i seminaristi e guardati con sospetto dalla maggioranza degli educatori, rappresentando una grave distonia nel sistema. Ogni quindici giorni ci incontravamo e potevo raccontare tutto di me. Quanto paziente e amorevole ascolto in quel sacerdote dal cuore umile e buono, capace di prenderti per mano senza giudizio e di ammettere di non sapere cosa dire, restando però al tuo fianco.

La mia domanda costante era: «Dio, cosa vuoi da me?». Avevo capito che la mia vita sarebbe stata a Nuovi Orizzonti, ma in quale stato di vita? Da laico o da consacrato? Ero chiamato a essere padre di famiglia o sacerdote? Vagliavo il mio animo e la mia struttura umana cercando indizi utili. Un giorno avevo raggiunto don Patrizio convinto di avere capito anche questo tassello: «Il prete deve vivere tutta la vita celibe nella castità?» – «Certo, si conforma a Cristo sacerdote.» – «E deve pregare il breviario tutti i giorni per intero obbligandosi con un voto?» – «Sì, è una promessa.» – «Allora ho capito che non posso diventare sacerdote, non può essere certo questa la mia chiamata perché a me piacciono troppo le ragazze e non sono in grado di mantenere questi impegni». Don Patrizio mi prendeva sempre sul serio e non cercava mai di convincermi di qualcosa. Pur essendo un uomo fermo e risoluto, mi ascoltava e rifletteva con me senza pregiudizi. A quei miei ostacoli aveva risposto che se fossi stato convinto di non potercela fare, sicuramente avrebbe potuto essere un impedimento al sacerdozio, ma che c'erano anche altri elementi più significativi da prendere in esame.

Il mio pensiero era costantemente rivolto a Nuovi Orizzonti e vivevo in funzione del giorno in cui sarei potuto andare a vivere in comunità. Quest'atteggiamento però non era del tutto sano, perché mi impediva di vivere il presente e in qualche modo venivo meno al patto sancito con Chiara di vivere in modo nuovo, portando frutto là dov'ero chiamato a stare. Durante una meditazione si era fatta strada un'idea: «Io sono qui a Padova e devo restarci mentre Chiara vive a Roma. Non posso andare là e devo aspettare quel giorno, ma intanto oggi cosa posso fare? Qual è il tassello che Dio mi chiede di mettere? Se non posso andare in comunità, nulla mi impedisce di provare a fare ciò che Chiara fa vivendolo qui dove sono». Mi ero reso conto che c'era una strada da percorrere, la mia! Così mi ero fatto coraggio e avevo chiesto un permesso straordinario per andare fuori un giorno a settimana. I superiori erano cambiati da poco più di un mese e, in modo del tutto inaspettato, mi avevano dato il permesso per una cosa così folle: iniziare a evangelizzare in strada. Cercarono di mitigare la richiesta imponendomi di andare da un sacerdote nella zona che aveva un'associazione per le prostitute. Una volta informati i genitori, avevo frequentato un corso formativo nel quale era venuto anche mio padre. Ho trascorso un certo tempo in una casa protetta dove erano nascoste queste ragazze segnate dal dramma di una schiavitù crudele e terrificante. Allora come oggi si trattava di giovani donne ingannate o rapite, per obbligarle a prostituirsi sequestravano i loro documenti e le sottoponevano a violenze fisiche inaudite e ad abusi sessuali. Molte di loro rifiutavano gli aiuti perché, se fossero scappate, sapevano che avrebbero ucciso i loro familiari nel paese di provenienza. Erano costrette a prostituirsi, per strada o in appartamenti, per pagare un riscatto fissato sulla loro testa. Quella esperienza è stata molto forte e importante per me, ma desideravo altro.

Dopo qualche tempo, mi sono sganciato da questa associazione e ho iniziato la mia avventura in strada da solo. I superiori pensavano stessi in zona vicino al seminario per attività in equipe, solo don Patrizio e due amici erano informati della realtà. Mi ero preparato pregando e rileggendo il libro di Chiara. Lungo il tragitto continuavo a pregare sui mezzi pubblici. Avevo scelto la stazione di Padova come primo campo d'azione. Appena arrivato ero stato assalito da tutti i dubbi possibili: "Ma che cosa sto facendo? Sono impazzito? Che mi sono messo in testa! Chiara Amirante è Chiara Amirante, io sono solo un ragazzino! E adesso che cosa dico a queste persone? Come inizio?". Mi sentivo la persona meno idonea del mondo. Scoraggiato e impaurito, avevo atteso una mezz'ora, recitando il rosario girando attorno a un gruppo di ragazzi di strada. La paura era troppo forte.

A un certo punto mi sono detto: "Possibile che passi tutto il tempo così? Mi sono preparato a lungo, ho pregato, ho ottenuto un permesso straordinario e impensabile dai superiori, ho fatto discernimento con il padre spirituale, basta! Ora vado!". Mi sono guardato attorno e quando ho individuato la prima persona di strada davanti a me, ho esordito con un: «Ciao, mi chiamo Davide. Tu come ti chiami?». Dopo uno sguardo un po' sorpreso, lui mi ha stretto la mano dicendo: «Mi chiamo Daniele». Quel primo incontro lo ricordo bene. Daniele si è aperto con una confidenza incredibile, come se ci si conoscesse da sempre, raccontandomi tutta la sua vita. È bastato presentarmi e chiedere come stesse per iniziare un dialogo profondo. Proprio come ci aveva raccontato Chiara, bastava portare un bicchiere d'acqua in un deserto d'indifferenza e subito veniva accolto. Lentamente nel tempo, sabato dopo sabato, si aggiungevano a Daniele altre persone del popolo della strada. Erano tutti incuriositi da questo ragazzino che andava a trovarli per ascoltarli. Quando mi chiedevano come mai andassi là, avevo l'occasione di parlare della mia esperienza con Dio e dell'incontro con Chiara. Dopo alcune uscite, con alcuni ho iniziato a meditare il Vangelo e qualcuno di loro mi chiedeva una copia in regalo. Ci sedevamo per terra sulla strada, mentre la gente passava e i treni andavano e venivano. Ho toccato con mano quell'indifferenza di cui aveva parlato Chiara con tanta forza. Nessuno si accorgeva di loro, anzi di noi. Eravamo invisibili. Tornavo in seminario con il cuore gonfio di gioia da una parte e profondamente trafitto dall'altra. Da subito mi è stata chiara una cosa... Il Vangelo è nato in strada: Gesù ha predicato, ascoltato, guarito, esorcizzato e fatto miracoli d'ogni tipo camminando per le strade della Galilea. Quello è il luogo dove noi dobbiamo tornare. In strada il Vangelo sprigiona tutta la sua potenza.

A un certo punto dell'anno avevo deciso di raccontare ai superiori ciò che stavo vivendo. Con mio grande stupore, non solo ero stato accolto e capito, ma mi avevano dato il permesso di continuare, senza però che si sapesse per non creare scompiglio in seminario. Effettivamente era una situazione delicata. Anche in famiglia non capivano dove stessi tutte quelle ore nei weekend che passavo con loro. Quando i miei genitori mi chiedevano dove andavo, dicevo che andavo a trovare degli amici, senza però specificare che stavo con barboni, tossicodipendenti, prostitute, sbandati...

Un pomeriggio alla stazione Daniele mi ha detto: «Ho conosciuto tuo padre, che bel tipo! Mi ha anche regalato le sigarette e pagato il cappuccino al bar». Pensavo tra me e me: "Poverino, la vita di strada gli ha fatto proprio perdere la ragione. Forse ha bevuto più del dovuto oggi...". Gli avevo chiesto per sfizio di descrivermi mio padre e di dirmi quale fosse il suo nome. E lui: «Ha il pizzetto, i capelli corti, gli occhi marroni e si chiama Sergio. Era preoccupato per te e mi ha fatto un po' di domande per sapere che cosa fai quando vieni qui». Ero rimasto spiazzato e senza fiato. Avevo paura a tornare a casa. Mio padre mi aveva pedinato senza che me ne fossi accorto. Rientrato a casa, erano tutti seduti a tavola e io, impaurito, mi ero seduto tenendo lo sguardo basso. C'era come sempre tanta confusione, perché siamo sempre stati una famiglia di artisti, capaci di intessere ognuno il proprio discorso, sovrapponendo le voci in una polifonia che metterebbe a dura prova la migliore delle persone *multitasking*. All'improvviso papà aveva zittito tutti: «Sapete che cosa fa Davide?». Catturata l'attenzione, aveva iniziato a raccontare con entusiasmo e orgoglio quello che aveva scoperto. C'era stato un attimo di silenzio, poi ognuno aveva ripreso quello che stava dicendo, forse non ritenendo l'argomento troppo interessante. La cosa sembrava finita là, ma per me è stato molto importante ricevere l'approvazione e il sostegno di papà. Quella volta il rientro in seminario era stato molto diverso.

Quando tutto sembrava volgere al meglio, il mio padre spirituale mi chiese di non andare più in strada, così all'improvviso. Il suo era uno stop deciso. Non ne capivo il motivo. Un mese di silenzio e riflessione mi ha fatto comprendere che avevo messo me stesso al centro. Ho imparato alcune cose fondamentali: che senza la preghiera non è possibile evangelizzare e che non si può andare in strada puntando solo sulle proprie forze; che senza l'umiltà, tutto ciò che facciamo scivola dal piano della carità alla vanità, anche nelle cose più sante e belle. Possiamo illuderci di salvare gli altri e allo stesso tempo perdere noi stessi. Ricordo bene alcune parole di don Patrizio: «A volte è più facile andare in strada piuttosto che ascoltare chi è vicino nel quotidiano. Bisogna imparare a scorgere il "barbone" che è nel compagno di banco, nel collega di lavoro, nel condominio, in famiglia, nel proprio superiore o amico di viaggio. Non si può essere capaci di grandi gesti eroici e poi essere dei quaquaraquà là dove siamo chiamati a vivere». Aveva colto come avevo iniziato a trascurare la preghiera, come mi ero insuperbito per i risultati che ottenevo e come ero bravo in strada ma poco presente dove vivevo.

Scrivevo lettere a Chiara Amirante e le sue risposte erano motivo di grande gioia. Mi confermava nelle scelte incoraggiandomi a continuare. Ho ritrovato una sua lettera che porta sulla busta il timbro del 30 maggio 1996: «Carissimo Davide, sono stata molto contenta di ricevere di nuovo tue notizie. Riguardo alla tua proposta di venire a trascorrere un periodo in comunità: se sono d'accordo sia il tuo padre spirituale che i tuoi genitori, sei BENVENUTISSIMO!!! Riguardo a quando venire e per quanto tempo, non te lo so ancora dire con precisione, perché stiamo comprando un terreno di 40 ettari, dove vorremmo fare una cittadella di accoglienza, ma ancora non sappiamo quando ci trasferiamo. Sarebbe meglio se tu potessi venire dopo il trasloco perché qui siamo strettissimi e sarebbe complicato trovare un buco per te... Vediamo un po'! Tu fammi sapere orientativamente quando ti piacerebbe venire e per quanto tempo. Telefonami e ci mettiamo d'accordo. Salutami tutti e andiamo avanti insieme. Con amicizia, Chiara».

Non farti cadere le braccia

Alla fine dell'anno accademico 1996 ho vissuto un inaspettato *blackout*. È come se qualcuno avesse spento all'improvviso l'interruttore della luce interiore. Non sentivo più nulla, senza che ci fosse una specifica motivazione. Non c'era stato uno specifico evento che avesse causato quanto vivevo, ma in me non c'era più nessuna consolazione spirituale e ogni sofferenza era amplificata. Quella situazione protratta nel tempo mi ha portato piano piano a spegnermi, a diventare particolarmente nervoso e insofferente. Non percependo più nulla, ho progressivamente abbandonato la preghiera e sono scivolato giù velocemente, in un buio che mi risucchiava senza trovare appigli per la risalita. In quello stato d'animo, come un'onda che ti coglie di sorpresa, è arrivato anche il conto del malessere accumulato negli anni vissuti in seminario. Le cose in realtà erano nettamente migliorate ma io ero saturo e non ne potevo più. Stavo per esplodere. Con estrema risolutezza avevo deciso di andarmene via, ma stava crescendo dentro di me anche una rabbia per quanto avevo vissuto e per quel fallimento, individuando in Dio il primo colpevole e, subito dopo, tutte le figure che lo rappresentavano e mi avevano segnato in quegli anni. È incredibile come si possa passare da esperienze così alte al vivere un vero e proprio inferno interiore, così cupo e così doloroso. Lo ricordo molto bene. Il nuovo rettore, pur non conoscendomi bene, aveva cercato di convincermi a rimanere. Non ero mai stato ascoltato da un rettore di seminario e quella volta il mio sfogo era stato accolto davvero, ma era troppo tardi. Quando don Gino aveva capito che non avevo più la forza per restare, mi chiese un favore che non mi sarei mai aspettato: di scrivere nero su bianco la mia esperienza, suggerendo cosa secondo me andava cambiato. Mi aveva colpito la sua umiltà. Gli ho consegnato cinque pagine con punti molto precisi. Negli anni successivi don Gino non solo ha cercato di rimanere in contatto con me, ma ha davvero rivoluzionato il seminario, accogliendo ogni singolo punto che gli avevo segnalato: il seminario ha cambiato approccio educativo e alcune persone; ai seminaristi è stata data la possibilità di scegliere l'indirizzo scolastico e nessuno era più costretto a iscriversi al liceo classico (alcuni erano stati obbligati a ripetere tre volte lo stesso anno); sono state chiuse le scuole interne, permettendo la frequenza alle scuole statali, così da integrarsi con altri coetanei che vivevano diverse esperienze; il seminario si è aperto all'esterno, evitando il rischio di essere una campana di vetro; pur avendo un padre spirituale ufficiale, diventava possibile sceglierne uno personale; il contatto con le famiglie è diventato libero e senza limitazioni; si è davvero delineato un percorso di formazione e discernimento vocazionale ad ampio raggio, che accompagna anche chi lascia, facendogli sperimentare il successo di una decisione importante e non il fallimento; l'approccio pedagogico è stato adattato alle diverse fasce di età.

Il seminario, come tutte le realtà, è fatto da persone e sono queste a fare la differenza. In quegli anni ho ricevuto ferite, ma anche doni. Purtroppo il bilancio finale mi ha portato a uscire dal seminario nel peggiore dei modi. Ho varcato il cancello gridando verso il cielo: «Dio, adesso voglio vedere se esisti davvero. Farò tutto il contrario di quello che mi hanno insegnato. Farò quello che voglio io. Se esisti sentirò la tua mancanza. Se starò bene significa che tu non ci sei e che posso decidere io cosa è bene e cosa è male per me». E ho aggiunto: «Tutto ma mai prete! Potrei fare tutto nella vita, ma ti giuro, mai farò il prete!». Era un giuramento solenne. Ero serio e risoluto.

Tornato nel mio quartiere di origine, non avevo più amicizie perché ero andato via in seconda media e ora frequentavo le superiori. L'impatto con il mondo fuori dal seminario è stato molto destabilizzante. Anziché essere libero, mi sentivo un pesce fuor d'acqua, un disadattato. Non avevo più punti di riferimento, anche perché evitavo la parrocchia e avevo scelto di chiudere con quel mondo. Ne avevo il rifiuto e la nausea. Sono passato da messe e rosari quotidiani al totale rifiuto della preghiera.

Un primo trauma l'ho vissuto a scuola. Fino ad allora ero sempre stato tra i migliori della classe. Il primo compito di latino mi è stato consegnato con uno strano voto che cercavo di interpretare. Mi sembrava un sette con due segni. Avvicinatomi alla professoressa le avevo chiesto di decifrare la scrittura. Ero stato gelato da un secco: «Uno meno meno». Uno meno meno!?! Non sapevo fosse possibile prendere un punteggio così basso. Sapevo che il liceo classico a Padova era duro e sapevo di essere nella sezione più tosta ma non mi aspettavo una cosa del genere. Essendo molto pragmatico e sapendo che non avrei mai potuto recuperare l'anno, dopo solo un mese di scuola avevo deciso di abbandonare per andare a lavorare. I miei genitori erano riusciti a dissuadermi solo perché la professoressa – che insegnava le materie più importanti e dunque era determinante per la possibile promozione – aveva promesso che se avessi avuto risultati di crescita costanti fino a fine anno, non avrebbe applicato la media matematica. È stata davvero dura. Mi sono dovuto svegliare tutti i giorni alle cinque di mattina per studiare, impegnandomi tutta la settimana fino all'una di notte e dovendo seguire ripetizioni dopo pranzo. Sono stato rimandato a settembre e ho dovuto studiare tutta l'estate per salvare l'anno.

Un secondo disagio che ha inciso non poco è stata la mancanza di amicizie. Ripartivo da zero nuovamente. Non riuscivo a integrarmi. Inoltre ero stato etichettato come "l'ex seminarista" in una scuola di estrema sinistra ed ero passato da un ambiente totalmente maschile a uno quasi completamente femminile. Non ero in grado di instaurare relazioni alla pari e di approcciarmi al mondo femminile. Pur di essere accettato cercavo di adattarmi. In un primo momento avevo iniziato a frequentare un gruppo di estrema destra, senza esserne consapevole, solo perché erano stati i primi ad agganciarmi e a non farmi sentire solo. Erano del tipo da testa rasata, vestiti neri e anfibi. Dopo aver assistito – mio malgrado – a una delle loro spedizioni punitive, li avevo abbandonati. Questo sfregio mi è costato molto, perché hanno iniziato a perseguitarmi. La mia situazione si è aggravata quando avevano scoperto che frequentavo il liceo classico che a Padova è noto per essere di sinistra e che la mia nuova compagnia di riferimento era legata ai centri sociali.

In un primo episodio intimidatorio mi sono ritrovato in un parcheggio, con la mia vespa circondata da tanti che mi osservavano divertiti mentre cercavo di inserire la chiave per partire. Avevano bloccato la fessura della chiave con del silicone. In un'altra occasione avevano manomesso i freni e mi sono salvato saltando in piena corsa. Più volte mi hanno rigato la vespa, che purtroppo era molto riconoscibile avendo delle sobrie fiamme decorative. Durante una festa avevano fatto irruzione per insultare un mio amico che era di colore. I presenti erano tutti paralizzati e nessuno interveniva. D'istinto ho preso le sue difese rischiando una raffica di botte. Proprio nel momento in cui per me si stava mettendo male, mi ha salvato un conoscente di mia sorella maggiore che era di passaggio: si trattava di uno dei capi ultras della loro frangia a cui non potevano opporsi. L'episodio clou è avvenuto il giorno in cui hanno lanciato una molotov vicino alla mia vespa parcheggiata davanti al garage in cui stavamo a chiacchierare tra amici.

Cercavo di integrarmi nella mia nuova compagnia. All'inizio avevo rifiutato le canne che mi offrivano per mettermi alla prova, ma senza rendermene conto è iniziato a emergere un aspetto inedito del mio carattere da ribelle e leader. Stavamo fuori fino a tardi e cantavamo *Regina di cuori* e *El diablo* dei Litfiba. Iniziavo a fare cose spericolate...

Parallelamente in famiglia il rapporto era freddo a causa mia. Il distacco vissuto aveva incrinato le relazioni. Non comunicavo. Mi sentivo diverso. E per certi versi lo ero. Avevo acquisito una tale autonomia e indipendenza per cavarmela da solo, che mi ponevo in modo ostico. Inoltre penso vivessi molti *transfer*[7], di cui all'epoca ero inconsapevole. Qualunque persona rappresentasse l'autorità era per me un nemico da combattere di per sé.

Le mie letture preferite erano filosofiche, essendo appassionato di autori come Feuerbach, capaci di interpretare il mio rifiuto di Dio con audaci argomentazioni. Questo filosofo tedesco ha applicato per primo il concetto di proiezione all'ambito religioso, sostenendo, in particolare ne *L'essenza del cristianesimo*, che Dio non sarebbe altro che una proiezione o un'oggettivazione dell'uomo: pertanto non sarebbe stato Dio a creare l'uomo, ma l'uomo a creare Dio; per questo l'antropologia sarebbe la chiave che permette di spiegare i misteri della teologia.

Chiaramente non potevo non innamorarmi anche di Nietzsche, autore geniale, anche se distruttivo. La sua capacità di rottura e novità è dirompente. La sua capacità argomentativa è tale da agganciare il pensiero del lettore per portarlo dove vuole lui. Nel mio caso mi aveva condotto a rafforzare la mia fase agnostica, percorrendo le strade della critica di ogni metafisica, di ogni morale, di ogni scientismo

7 Il transfer è un meccanismo psicologico inconscio per il quale una persona tende a spostare schemi di sentimenti, emozioni e pensieri da una relazione passata a una attuale.

e di ogni positivismo: per Nietzsche il linguaggio è solo una convenzione, la cui essenza non è quella di rappresentare la realtà, pertanto non esisterebbero né verità né falsità, ma solo prospettive differenti della realtà. Visioni affascinanti.

Tra i filosofi, Hegel è stato l'unico ad avermi scoraggiato per la lettura di non facile comprensione, anche se senza di lui non ci sarebbero stati tutti i successivi. Ero attratto da un certo pessimismo cosmico in cui mi rispecchiavo. Amavo le poesie di Edgar Allan Poe ed ero affascinato dai versi di Pindaro: «*Skias onar anthropos*» – "Sogno di un'ombra è l'uomo"[8].

La mia vera consolazione era il calcio. Giocavo nel Villafranca Padovana, la cui prima squadra era in eccellenza. Ero riuscito a farmi notare e a essere convocato nella categoria superiore disputando un incontro. Proprio quando almeno qui sembravo avere un po' di fortuna, è arrivato il *knockout*. Eravamo forti e vincevamo sempre. Io avevo segnato tre gol in quattro partite ed ero capitano, ma all'improvviso, durante una partita, è arrivata una fitta dolorosissima al ginocchio destro. Mi ero dovuto accasciare a terra ed ero stato portato via in barella. È iniziato un piccolo calvario. Il dolore al ginocchio mi condizionava molto. A volte mi si bloccava all'improvviso e non riuscivo più a camminare. Mi è capitato di essere impossibilitato a salire sull'autobus dovendo telefonare a casa o attendere molto tempo prima di riuscire a camminare nuovamente.

Il medico voleva operarmi ma mi ero opposto, avendo capito che non sarei più potuto tornare agli stessi livelli. Rifiutando l'operazione, ho iniziato delle cure sperimentali, sentendomi in colpa verso i miei genitori, perché l'assicurazione sportiva ne avrebbe pagato solo la metà. Mamma mi accompagnava ogni giorno in auto da Padova a Monselice passando

8 PINDARO, *Pitica VIII*, 92 ss.

un'ora (tra andata e ritorno) immersi nel silenzio più totale, perché ero arrabbiato con il mondo intero. Mi era stata tolta l'unica cosa che mi faceva essere un po' spensierato ed ero tornato a essere solo. Nessun compagno di squadra e nessuna persona della società mi avevano più cercato, dandomi oramai per spacciato. Solo un giorno ricordo di aver reagito con un sorriso, quando mia mamma, intenzionalmente, ha messo su una canzone di Edoardo Bennato che amavo…

«Non so, non so,
se ti è capitato mai
di dovere fare una lunga corsa,
ed a metà strada stanco
dire a te stesso: adesso basta!
Eppure altri stan correndo ancora,
intorno a te…

Non farti cadere le braccia…
No, no, no.
Non devi voltare la faccia,
non arrenderti né ora né mai!»

La morte dell'anima

Aver perso il calcio e aver vissuto qualche tradimento affettivo mi ha portato su vie non buone, iniziando a vivere in funzione delle feste del sabato sera. All'inizio partecipavo e basta, poi ne sono diventato un promotore e organizzatore. Attendevo il weekend perché là smettevo di pensare. In gruppo facevamo la spesa e preparavamo tutto in una casa libera di un amico. Era un delirio. Tra le note di *Ohi Maria* degli Articolo 31, c'erano birra, vodka e spinelli. Alcuni ragazzi sono arrivati a usare la cocaina e altri giocavano con le sedute spiritiche. Mi ha sempre salvato la paura, per cui a un certo punto preferivo uscire e restare solo in disparte con una birra in mano. Non ho mai fatto cose estreme ma mi sono trovato spesso sul filo del rasoio, in quei bivi della vita in cui basta fare una scelta sbagliata una sola volta per non avere più il biglietto di ritorno. Su questo penso di aver beneficiato di una mano in testa dall'alto e del frutto di quanto la mia famiglia mi ha trasmesso, anche se a volte non basta.

Ero entrato in quel giro di idee in cui si pensa che quel che un tempo si chiamava peccato in realtà fosse divertimento o al massino esperienze da fare. Il ghiaccio aveva ingoiato il mio cuore e le tenebre la mia anima. Anche se in apparenza non lo davo a vedere, dentro di me stavo malissimo. Un barlume di luce mi era rimasta, quando vedevo delle ragazze ubriache che rischiavano di cadere in mani sbagliate. Più volte mi sono trovato in un bagno a cercare di farle vomitare per evitare il peggio. In quei mesi bui, ogni tanto mi tornava in mente Chiara Amirante. Avevo cercato di contattarla per andare a trovarla in comunità, ma quando componevo il numero al telefono, buttavo giù prima che rispondessero. Solo una volta era riuscito a parlarle brevemente, ma non ero stato capace di spiegarle cosa stessi vivendo. Lei mi aveva invitato a raggiungerla ma c'era in me una battaglia interiore.

Ho toccato punti estremi di disperazione, arrivando a puntarmi un coltello in pancia e attendendo numerosi minuti oscillando tra la volontà di farla finita e la mancanza di forza interiore per farlo. Sono salito sul poggiolo della finestra della mia camera restando in silenzio nel brivido di avere il vuoto sotto di me. Ho atteso fermo in riflessione sui binari del treno attendendo che arrivasse. Solo il pensiero del dolore che avrei procurato alla mia famiglia mi ha fermato in quegli istanti che paiono eternità.

Un giorno in cui ero andato a Pasian di Prato in Friuli per trovare un mio amico, avevo fatto visita al Santuario della Madonna delle Grazie di Udine, a cui era molto devoto mio padre. Il mio occhio era caduto sui libri esposti in una vetrina che costeggiava le scale: in uno c'era il volto di Chiara. Si trattava del suo nuovo libro *Nuovi Orizzonti. La nostra avventura nel mondo della strada*. L'avevo percepito come un segno ma evidentemente non avevo ancora toccato il mio fondo per iniziare una vera risalita.

In uno degli ennesimi festini ero andato a casa in anticipo, infelice della serata. In piena notte mio fratello mi aveva svegliato chiedendomi che cosa avessi combinato perché c'erano i carabinieri che mi cercavano. In un attimo mi passarono in mente tutte le bravate fatte, cercando di capire per quale fossero venuti là sotto casa. Gli amici con cui organizzavamo le feste avevano indicato il sottoscritto come l'ultima persona vista con una ragazza di cui i genitori avevano denunciato la scomparsa. A mia insaputa l'avevano trattenuta di nascosto in casa, perché temevano a farla andare via nello stato in cui si trovava. Era stata una ragazzata, ma rischiava di passare per un sequestro di persona. Avevano mentito alle forze dell'ordine depistandole verso di me. La verità è emersa appena i carabinieri sono potuti entrare nella casa e ovviamente sono dovuti tornare i genitori proprietari della villetta in cui si svolgevano le feste a loro insaputa. Quella notte è stato il primo scricchiolio che mi ha fatto molto riflettere, perché si era sollevato un grande polverone che è perdurato nel tempo.

Non contento, il sabato successivo ero comunque in un'altra casa per un'altra festa. Quella sera avevo spinto più del solito nel bere sfidando il mio limite. Non avevo perso del tutto il controllo ma sono stato molto scorretto in alcune relazioni arrivando a fare cose che mai avrei immaginato. In quella festa, in un attimo di lucidità, mi ero ritrovato a parlare profondamente con un amico d'infanzia con il quale avevo fatto tutti gli anni di scoutismo... Ci eravamo chiesti come fossimo potuti arrivare così in basso fino a quel punto. Quella sera è stata l'ultima volta che ho visto Ale, perché poi è finito in brutti giri, arrivando a vivere in strada ed entrando seriamente nel mondo della droga. Per anni ci siamo persi... Ricordo bene quella notte perché era più buia di tante altre. Ero rientrato a casa distrutto. Mi sentivo un vuoto. Uno schifo. Avevo toccato il mio fondo. Mi ero buttato sul letto vestito così com'ero. In apparenza potevo anche fingere, ma dentro avevo una disperazione e un non senso mai provati. Davvero *il frutto del peccato è la morte*[9], la morte dell'anima. Non serve compiere atti gravi, è sufficiente chiudere il cuore a Dio e dentro si muore.

L'inferno è la sofferenza
di non poter più amare
FËDOR DOSTOEVSKIJ

9 Romani 6, 23.

VOCAZIONE

I due giorni più importanti nella tua vita
sono il giorno in cui nasci
e il giorno in cui scopri
il perché sei nato.

MARK TWAIN

Non è mai troppo tardi per decidere chi vuoi essere

È davvero buio quando si ha la sensazione che Dio si sia dimenticato di noi. In realtà si tratta di una fitta e cupa nube che ci impedisce di vedere la realtà, gettando ombre su tutto. Ma non è così. Anche se il nostro peccato fosse nero come la pece o rosso scarlatto, Dio è sempre pronto a perdonarci. Tutta la Bibbia ripercorre i continui tradimenti del popolo eletto e le rinnovate alleanze di Dio: «Si dimentica forse una donna del suo bambino, così da non commuoversi per il figlio delle sue viscere? Anche se queste donne si dimenticassero, io invece non ti dimenticherò mai»[1]. Dio non si dimentica mai di te! Trovare Dio è ritrovare noi stessi. Come scrive Sant'Agostino: «Ci hai creato, Signore, per te e il nostro cuore è inquieto finché non riposa in te»[2].

A volte sembra troppo tardi per tornare indietro. Quando stiamo male purtroppo la nostra mente si focalizza su ciò che non va, dimenticando tutti gli aspetti positivi e le esperienze luminose passate. Tutto viene spazzato via in un baleno e ci si può ritrovare a vagare in un deserto arido in cui sembra di essere soli e perduti. Che fare allora?

1 Isaia 49, 15.
2 SANT'AGOSTINO, *Le Confessioni*, I, 1, 1.

A me aiuta molto uno dei punti cardine della Spiritherapy[3] *di Chiara Amirante: «Dio è eterno presente. Il passato non è più, il futuro non è ancora, Dio è Colui che è, è l'eterno presente. Non importa cosa hai commesso fino a un secondo fa, Dio è eterno presente e per Lui conta solo ciò che scegli di essere ora. In ogni adesso concreto puoi scegliere chi essere». Questo concetto mi ha aperto davvero nuovi orizzonti. Se Dio è eterno presente, significa che Lui guarda a chi voglio essere ora, in questo preciso istante e che in qualsiasi momento io posso decidere di cambiare. Possiamo sempre ripartire. Possiamo sempre rialzarci. Non c'è punto così basso da cui non si possa prendere la spinta per la risalita. La mano di Dio sta sempre più in basso per raccoglierci e farci risalire. Gesù è sceso fino agli inferi per strapparci dalla morte. Non c'è errore così grave da cui non ci si possa riscattare. L'unico vero ostacolo siamo noi stessi quando rifiutiamo il perdono e non perdoniamo noi stessi. Chiara spiega molto bene come non ci si debba identificare con i propri errori. Possiamo sempre imparare dai nostri sbagli, per quanto gravi siano, e trovare spunti per migliorare. L'amore non cancella il passato ma può cambiare il presente e quindi il futuro. Perciò non abbattiamoci e non fermia-*

3 Spiritherapy: l'arte di amare è un percorso di conoscenza di sé e guarigione del cuore ideato da Chiara Amirante e proposto a tutti coloro che vogliono fare un cammino personale di crescita umana e spirituale. Dall'iniziale percorso terapeutico proposto ai ragazzi provenienti da forme evidenti di disagio, si è elaborato un itinerario formativo adatto per tutte le forme di disagio ad ampio raggio, partendo dal principio che il bisogno fondamentale di ogni uomo è il bisogno di amare ed essere amati e che senza una risposta a questo bisogno si andrà sempre alla ricerca di compensazioni palliative. Insieme a questo, ci sono altri elementi fondamentali, tra cui l'esigenza di medicare e guarire le ferite del cuore e dell'anima (che troppo spesso si trascurano e arrivano a creare una vera e propria cancrena interiore), la ricerca delle risposte alle domande più essenziali guardando al modello di amore testimoniato da Gesù nel Vangelo (per chi crede con la consapevolezza che è il Figlio di Dio a parlarci, per chi non crede attingendo alla sapienza di un uomo che ha rivoluzionato come nessun altro la storia dell'umanità). Per approfondire: C. AMIRANTE, *La guarigione del cuore. Spiritherapy: l'arte di amare e la conoscenza di sé*, Piemme, 2019.

moci mai. Possiamo sempre recuperare l'ardore di un tempo e tornare più forti di prima. Forse avremo qualche cicatrice che ci ricorderà di non avventurarci più in certe vie, ma imparando ad affidarci e a non presumere più di noi stessi, potremo realizzare il sogno di Dio per noi.

Molte volte guardando alle mie povertà mi ha aiutato il ricordarmi che Dio mi ha scelto così come sono. Certo questo non deve essere un pretesto per restare seduti e non fare la fatica di migliorare, ma può aiutarci a fare pace con i nostri limiti. Dio ci sceglie così come siamo e sa bene come siamo fatti. «Non voi avete scelto me, ma io ho scelto voi e vi ho costituiti perché andiate e portiate frutto e il vostro frutto rimanga»[4]*. Le nostre povertà costitutive sono la garanzia che è Lui a operare in noi. «Noi abbiamo questo tesoro in vasi di creta, perché appaia che questa potenza straordinaria viene da Dio e non da noi»*[5]*. La debolezza messa in mano a Dio diventa fortezza se gli permettiamo di riempire la nostra fragile creta con la sua Presenza. Riuscire in questo significa già realizzare la nostra vocazione. Qualsiasi sia lo stato di vita a cui siamo chiamati – laici, nubili, celibi, fidanzati, nel mondo, in comunità, religiosi, sacerdoti, consacrati laici o sposati, a vita comune in una realtà ecclesiale o nel mondo – il sogno di Dio su ciascuno di noi ha un comune denominatore: lasciarci amare ed essere Presenza del suo Amore!*

Rialzarsi e fare la fatica di camminare fa la differenza. Il cristiano non è uno che non cade mai, ma uno che si rialza sempre. Nessuno di noi porterebbe un mobile rotto da un meccanico, né un'automobile da un falegname. Eppure noi facciamo così con la nostra vita. Cerchiamo soluzioni nei posti sbagliati. Il nostro cuore è fatto da Dio e per Dio.

Non perdere più un secondo del tuo tempo, fermati adesso e scegli il senso da dare alla tua vita, sapendo che non c'è voca-

4 Giovanni 15, 16.
5 2 Corinzi 4, 7.

zione più alta e compiuta dell'amare. Ricordati che non è mai troppo tardi per poter decidere chi vuoi essere oggi e che per Dio conta questo perché Dio è eterno presente.

Non uscire fuori, rientra in te stesso:
nell'uomo interiore abita la verità.
E se scoprirai mutevole la tua natura,
trascendi anche te stesso.
Tendi là dove si accende
la stessa luce della ragione.
SANT'AGOSTINO

La Terra Promessa

Ho compreso, infine,
che nel bel mezzo dell'inverno,
ho scoperto che vi era in me
un'invincibile estate.
ALBERT CAMUS

Dopo l'esperienza del seminario minore ho vissuto un vero e proprio inferno esistenziale. Pur avendo in apparenza tutto, una buona famiglia, salute e nessun problema economico, mi sentivo solo e vuoto. Ogni cosa aveva perso attrattiva e senso. Mi sentivo svuotato, come se avessi subito un attacco dei Mangiamorte di Harry Potter. Dopo quell'ultimo festino in cui avevo dato il peggio di me, mi ero alzato con la fatica di chi spera di non svegliarsi più. Quella domenica mattina dentro il mio cuore era notte. Un giorno preciso, appoggiato sul giroscale, ho pensato dentro di me: "Va bene Signore, hai vinto tu, ma ora aiutami. Non ce la faccio più. Se ci sei, fai qualcosa". Non molto tempo dopo stranamente mi aveva cercato il viceparroco per invitarmi a conoscere una ragazza di Nuovi Orizzonti che si era trasferita a Padova per motivi di studio e avrei potuto incontrare a messa. Mi sembrava una strana coincidenza. All'epoca la comunità fondata da Chiara Amirante si era da poco trasferita a Piglio, in provincia di Frosinone, e aveva quell'unica sede con una trentina di ragazzi e ragazze accolti. Confesso di aver fatto questo ragionamento: "Pensa te cosa s'inventa questo prete! Sa che sono rimasto folgorato da Nuovi Orizzonti e s'inventa questa storia pur di farmi tornare a messa. Io non ci vado... Però conoscere una ragazza in più male non mi fa... Andiamo a vedere". Dopo tanto tempo, tornavo in parrocchia...

Quando don Mariano mi ha presentato Elena, lei aveva esordito carica di entusiasmo: «Ma tu sei Davidino, quel ragazzo che ha conosciuto Chiara e va in strada, ho sentito parlare di te...». A quell'affermazione avevo fatto fisicamente un passo indietro, esclamando: «No, quel Davide non esiste più». Elena aveva continuato invitandomi ad andare la domenica successiva all'incontro mensile tenuto da Chiara in comunità. Si trattava di una giornata di spiritualità. A quelle precise parole avevo avvertito un calore simile a un fuoco, che partiva dalle punte dei piedi raggiungendo la punta dei miei capelli. Non ero stato capace di rispondere, ma appena ero tornato a casa avevo già deciso di partire. Ricordo che i miei genitori non volevano farmi andare, ma ero comunque salito sul treno Intercity Notte per Roma. Non essendoci posto ho viaggiato con gli occhi aperti rannicchiato sul portabagagli in alto. Giunto con il treno locale alla stazione di Anagni-Fiuggi, mi avevano dato un passaggio in auto e ho potuto gustare per la prima volta la vista dei monti Ernici e dei monti Lepini. Verso la nostra meta spiccava la cima più alta del monte Scalambra, dove si trova Piglio, un paese di circa 5.000 abitanti a poco più di 600 metri d'altitudine. Percorrendo il viale alberato al cui ingresso è posto un abbeveratoio a sinistra e il cimitero del paesino a destra, ero finalmente arrivato al cancello della comunità, che si trovava dinnanzi a una statua di san Francesco d'Assisi.

L'impatto era stato sorprendente. Non ero abituato a dare e ricevere abbracci, ma quelli ricevuti appena arrivato avevano scaldato il mio cuore. Non riuscivo a capire chi fossero i volontari e chi gli operatori. A parte qualche segno più evidente sul volto di qualcuno, tutti comunicavano un clima di famiglia e si percepiva una gioia palpabile nell'aria. Una gioia e una pace che non avevo mai sperimentato così profondamente. Mentre osservavo il panorama da alcune rovine antiche, che si trovavano nel retro del convento in mezzo agli ulivi, ho pensato a Mosè sul monte Nebo, quando finalmente contempla la Terra Promessa. Mi sentivo d'aver trovato la mia, ero certo di essere arrivato a casa.

Stupito osservavo persone provenienti dal carcere e dalla vita di strada che pregavano in modo autentico e col cuore. Per me era spiazzante. Il segno che più mi aveva colpito era il vedere nei loro occhi la stessa luce che avevo visto in quelli di Chiara. Quella gioia che avevo tanto desiderato e avevo perso. Si era accesa in me una nostalgia di cielo.

Il tema del ritiro era: «La luce splende nelle tenebre, ma le tenebre non l'hanno accolta»[6]. Durante una meditazione Chiara aveva detto: «Il Verbo si è fatto carne ed è venuto ad abitare in mezzo a noi! È un mistero incredibile e fantastico! Oggi vogliamo immergerci nella contemplazione gioiosa di questo fantastico, meraviglioso, indicibile, inenarrabile, straordinario evento che ha trasformato la storia: l'Incarnazione. L'evangelista Giovanni nel prologo del suo Vangelo dipinge un quadro bellissimo dell'incredibile mistero di un Dio che, per amore, assume la nostra umanità. È stupendo! Ci pensate? Non so se avete capito bene: il Creatore ha deciso di lasciare il suo Paradiso e venire a "farsi un giretto" qui in mezzo a noi sulla Terra. E che giretto... Sappiamo com'è terminato! Lui infatti questo giretto se l'è fatto proprio in tutta la sua crudezza, entrando in tutta la nostra sofferenza e in tutta la nostra passione. Gesù ha preso su di sé ogni nostro dolore, ogni nostra angoscia, ogni nostro "perché". Il Verbo si è fatto carne! Il Signore ha voluto vivere pienamente la nostra umanità, per amore! Colui che è l'Eterno, l'ineffabile, l'inesprimibile, l'inenarrabile, si fa l'Emanuele, che significa il *Dio con noi*, si rende presente fra noi, si rende palpabile, piccolo, povero, fragile... per noi! È un mistero che non si può comprendere con la mente, né rac-

6 Giovanni 1, 5.

contare… si può solo contemplare… È qualcosa d'incredibile e meraviglioso».

Poi è arrivato il momento di un passaggio per me centrale, si trattava del famoso tassello da mettere in quel giorno, era il mio treno che non avrei dovuto assolutamente perdere. Dopo essersi soffermata su questa riflessione, Chiara si era commossa. La voce le si era spezzata e a fatica aveva trattenuto le lacrime. Si percepiva che viveva ciò che stava dicendo. Ripreso fiato, aveva aggiunto: «C'è una parte del prologo che mi fa sempre tremare, perché riguarda il mistero della libertà dell'uomo: "La luce splende nelle tenebre, ma le tenebre non l'hanno accolta"[7]. Dio come luce è venuto nel mondo per strapparci dalle tenebre e vincere le nostre notti. Basta una piccola luce per illuminare e vincere la più scura delle notti. Tutti noi un tempo eravamo tenebre ma Gesù come luce è venuto nel mondo per illuminare e dissipare le tenebre del nostro cuore. Possiamo accogliere la luce che viene e divenire così anche noi luce per gli altri, ma purtroppo – ed è la cosa che più mi spaventa di questo passo – tutti noi possiamo anche decidere di non accogliere la luce, lo possiamo fare dicendo il nostro "no" all'amore di Dio. Il nostro cuore è come una stanza che può essere illuminata se apriamo tutte le finestre ma può restare al buio se decidiamo di chiudere tutti gli scuri. Dio è amore e l'amore lascia liberi, non violenta nessuno. Noi possiamo scegliere di non aprire il cuore. Noi possiamo chiudere la porta del cuore. *La luce venne nelle tenebre, ma le tenebre non l'hanno accolta.* Ogni nostro "sì" a Dio apre un pezzetto di cielo sulla terra e ogni nostro "no" ne chiude uno».

Avevo sentito una spada trafiggere il mio cuore. Improvvisamente avevo acquisito una consapevolezza nuova. Il mio malessere era frutto del mio no a Dio. Quel giorno avevo

7 Questa citazione l'ho riportata così come la ricordo in quel giorno secondo la traduzione di allora della Conferenza Episcopale Italiana; oggi nella versione più recente del 2008 è: «La luce splende nelle tenebre e le tenebre non l'hanno vinta».

capito che non era colpa del seminario, dei preti, degli altri o delle circostanze se avevo escluso Dio dalla mia vita. Probabilmente ero figlio del mio tempo, avendo respirato l'aria deresponsabilizzante di una certa corrente della psicologia moderna. La colpa non era degli altri ma mia. Ascoltare quelle parole mi aveva aperto gli occhi, mentre alcune lacrime rigavano il mio volto. Mi ero ripromesso di non voler più perdere tempo. Volevo recuperare subito aprendo il cuore a Dio. Alle 23.30 avevo preso il treno per Padova arrivando alle 5.30. Quella mattina pensavo si notassero le occhiaie e la stanchezza, invece i compagni mi chiedevano cosa mi fosse successo, perché risultavo diverso e mi vedevano con uno sguardo luminoso. Quel feedback è stato per me una conferma che qualcosa di grande era avvenuto.

Invincibile estate

Ripensando a quei momenti, la cosa che più mi impressiona è che sia bastato così poco perché Dio si manifestasse in modo puntuale e preciso. Così come era bastato un desiderio di riaprire il cuore perché tutta la luce possibile potesse invadere e illuminare la mia anima. Mi sentivo ricolmo della sua luce. Io ero lo stesso di prima, lo stesso Davide, ma qualcosa dentro era cambiato e gli altri se ne accorgevano. Dopo questi avvenimenti ho iniziato a pregare e ad andare a messa ogni giorno, prendendo lunghi tempi di meditazione e silenzio. Ovunque mi trovassi e in qualsiasi circostanza, anche durante una partita di calcio o beach volley, se fosse arrivato l'orario della messa, avrei abbandonato tutti per andare a pregare, spiegando senza vergogna il motivo per cui me ne andavo. Alcuni amici, dubitando della verità delle mie parole, mi seguivano cercando di capire cosa mi fosse accaduto e si ritrovavano in chiesa increduli. Non saprei spiegare la motivazione, c'erano una attrazione e una profonda comunione con Dio che sperimentavo in ogni istante e che sentivo di dover alimentare ricevendo l'Eucarestia, stando in adorazione in chiesa oppure in silenzio nella mia cameretta.

Non mi ero isolato, anzi partecipavo alle feste e frequentavo gli stessi ambienti di prima, ma in modo completamente diverso, perché non scendevo più a compromessi con me stesso ed evitavo ciò che mi avrebbe fatto stare male. Molti ragazzi e ragazze mi cercavano, incuriositi dal mio cambiamento, e per me era un'occasione per ascoltare le loro confidenze e aiutarli come potevo. Abbastanza presto è tornata anche la spinta a ritornare in strada. Così uscivo anche in piena notte avventurandomi nelle zone calde di Padova. La mattina a scuola mi sentivo dire: «Eh, ti sei divertito ieri notte...», perché mi avevano visto con qualche prostituta in strada, senza sapere perché trascorressi quelle ore con loro. Ho raccolto tante lacrime che custodisco dentro di me... Ricordo una mamma, emigrata dal Brasile, che mi aveva abbracciato come se fossi suo figlio, svelandomi che nessuno della sua famiglia sapeva come riusciva realmente a mantenerli dall'Italia. Una notte mi ero avvicinato al gruppo di nigeriane che oramai mi conoscevano, ma tra loro c'era una nuova ragazzina, sicuramente minorenne, che tremava impaurita con gli occhi segnati dall'orrore. Le sue guance erano rigate da ferite procurate con la lama di un coltello. Non parlava una parola di italiano. Era appena arrivata. Quando le compagne le avevano spiegato che non ero un cliente ma che ero là per ascoltarle e pregare con loro, era scoppiata a piangere a dirotto e mi ha abbracciato forte forte. Non si possono spiegare momenti come questi... Le parole non bastano.

Ero un ragazzo come tutti gli altri ma avevo trovato quella perla preziosa per cui tutto il resto perde valore. Non ho dovuto fare esercizi spirituali o corsi prima di vivere tutto questo. È semplicemente accaduto, così, all'improvviso. Un esercizio concreto ha sicuramente cambiato la mia vita. Si tratta di un punto cardine per Nuovi Orizzonti. Era di fatto il consiglio che Chiara mi aveva dato a Borca di Cadore ma che non avevo ancora realmente vissuto. In tutte le realtà di Nuovi Orizzonti ogni mattina c'è un tempo di meditazione del Vangelo. Dopo un breve momento di silenzio in cui chiedere il dono dello Spirito Santo, ognuno può condividere ciò che la Parola dice al suo cuore, cercando soprattutto di capire come metterla in pratica. Si conclude sempre con un impegno del giorno e una frase che viene appesa sulle porte e che oggi Chiara condivide anche sui social e nei siti. La "Parola di Luce" è la bussola della giornata fino a sera. Molti attivano le sveglie nel cellulare per ricordarsi di viverla, facendo l'esame di coscienza prima di addormentarsi. A quel tempo non c'era il cellulare, ma mi ero creato un metodo tutto mio. Ogni mattina mi alzavo per pregare e meditavo il Vangelo. A volte lo facevo sull'autobus lungo il tragitto... Chiedevo allo Spirito Santo di donarmi la parola giusta per me in quel giorno e poi aprivo a caso il Vangelo leggendo dove mi cadeva l'occhio. Con una matita mi segnavo le parole chiave che più mi colpivano e alla fine, scelta la frase sintesi da provare a vivere, me la scrivevo sul palmo della mano, così ogni volta che suonava la campanella della ricreazione, mi ricordavo di guardare la mano per leggerla. Solo la mattina mi confrontavo con quella parola almeno cinque volte. Questo semplice esercizio è stato una goccia che ha scavato il mio cuore con costanza e in profondità. Non l'ho mai abbandonato e ancora oggi il momento della meditazione in comunità è un momento in cui Dio mi parla molto, perché – come scrive san Benedetto da Norcia nella *Regola* – spesso lo Spirito Santo parla attraverso l'ultimo arrivato[8]. Tante volte Dio mi parla grazie ai giovani.

Le mie relazioni piano piano andavano modificandosi e da superficiali diventavano capaci di profondità prima mai sperimentata. Avevo deciso di pregare insieme a Elena ogni giorno. Il parroco don Severino era diffidente nei miei confronti e non ci aveva concesso l'utilizzo della cappellina. Così ci ritrovavamo alle 14.00 tra gli alberi che delimitavano il campo da calcio della parrocchia. Là, seduti a terra, pregavamo. Dopo un segno di croce iniziavamo un semplice momento di silenzio, alternando momenti di lode, di ringraziamento e d'intercessione. Non c'era uno schema fisso. Eravamo semplicemente desiderosi di pregare con il cuore

8 San Benedetto, *La regola*, capitolo III, 3.

seguendo i consigli di Chiara, che ci aveva detto che le condizioni indispensabili per la preghiera del cuore erano: «Avere un tempo preciso, cercare il silenzio e soprattutto pregare col cuore». Facevamo davvero esperienza di Gesù in mezzo a noi, era palpabile, proprio come promette: «Dove sono due o tre riuniti nel mio nome, Io sono in mezzo a loro»[9]. Nel tempo si sono aggiunti a noi diversi giovani ed è iniziato a nascere un gruppo che ha convinto don Severino a darci l'accesso alla cappella. Come tutti i cenacoli di preghiera della comunità, avevamo tre intenzioni particolari: intercedere per coloro che non hanno conosciuto l'Amore, che vivono nella disperazione o nella completa separazione dal Padre; pregare per l'Opera Nuovi Orizzonti; chiedere con insistenza l'effusione dello Spirito Santo per la Chiesa e per tutta l'umanità. Il gruppo a un certo punto ha iniziato anche ad andare in strada per evangelizzare.

Ogni mese andavo a Piglio per le giornate di spiritualità. Ogni possibile ponte e tempo di vacanza lo vivevo in comunità. L'8 dicembre 1998 ero arrivato a Roma per vivere gli ultimi giorni della prima missione di strada organizzata da Chiara, in collaborazione con la diocesi di Roma. Dormivo nei corridoi della parrocchia Santi Fabiano e Venanzio in zona San Giovanni. Anche Chiara, nonostante avesse una brutta tosse e una febbre alta, dormiva per terra. Si mangiava presso la Caritas con le persone di strada che la frequentavano.

Per due settimane duecento missionari erano andati due a due nelle zone calde della città. La mattina si andava prevalentemente nelle scuole e nei Servizi per le Tossicodipendenze (Ser.T)[10], i pomeriggi ci dividevamo nei centri di aggregazione, nelle piazze, nelle sale giochi, nelle discoteche e nei bar, ma soprattutto nelle zone calde, tra cui stazione Termini e Tiburtina. Ho vivo il ricordo di Chiara con don An-

9 Matteo 18, 20.
10 Sigla che significa "Servizio per le Tossicodipendenze" (Ser.T) del Sistema Sanitario Nazionale, oggi cambiata in "Servizi per le Dipendenze patologiche" (Ser.D).

drea Santoro (allora parroco della parrocchia Santi Fabiano e Venanzio), mentre studiavano la piantina della città divisa in zone da raggiungere. Ho vissuto momenti magici, in cui mi sembrava davvero di essere in uno dei racconti degli *Atti degli Apostoli* ambientati ai nostri tempi. Avrei tantissimi episodi da raccontare... Posso provare a consegnare qualche immagine simbolica, come i bassifondi della stazione, tra scale e stanzoni in cui a perdita d'occhio si trovavano ragazzi buttati a terra, completamente fatti di eroina o ubriachi. Era un degrado assoluto. Con i miei occhi vedevo ciò che anni prima avevo solo ascoltato dalla voce di Chiara. La realtà è molto peggio di come ci si può immaginare. Sembrava di scendere in uno dei gironi infernali danteschi.

Una sera era venuto con noi anche don Andrea perché voleva provare a vivere quell'esperienza sul campo. Era in coppia con Daniela Martucci, una ragazza che aveva appena lasciato il lavoro di maestra per vivere in comunità. Una volta scese le scale della metro, Daniela aveva iniziato a parlare con un ragazzo. Si trovava in una delle zone che nessuno, neanche la polizia, frequentava a quell'ora. Quando l'aria si era iniziata a surriscaldare, come spesso può capitare, Daniela si era voltata, cercando conforto nella solida figura di don Andrea, ma lui non c'era più. Impaurita era tornata velocemente al primo livello, trovando don Andrea seduto su una panchina con il rosario in mano. Le sue parole erano state: «Non ce l'ho fatta, Daniela cara, scusami. Avevo troppa paura. Ma ti ho sostenuta da qui con la preghiera». Quest'episodio mi fa sempre riflettere, perché quell'uomo alto, forte e buono, che in quel frangente aveva ammesso la sua debolezza, è lo stesso uomo che poco tempo dopo – dall'11 giugno 2000 – avrebbe affrontato anni di missione in Turchia, consapevole di rischiare quotidianamente la vita per difendere i più deboli, come accadde il 5 febbraio 2006 quando fu ucciso a causa del suo operato e della sua fede.

Il 13 dicembre 1998, al termine della missione, è stato

inaugurato un nuovo centro di Nuovi Orizzonti: si trattava del primo centro di evangelizzazione di strada e di prima accoglienza a Roma, denominato Centro Arcobaleno dell'Amore. È stato possibile grazie a don Andrea Santoro, che ha saputo comprendere l'importanza di questo centro proposto da Chiara e ci ha tenuto molto che potesse realizzarsi nei locali della parrocchia. Anche il cardinal vicario Ruini aveva accolto e benedetto la proposta di Chiara di realizzare a Roma un centro di accoglienza e di evangelizzazione di strada e di proporre alla diocesi l'esperienza delle missioni di strada realizzate da Nuovi Orizzonti. Al termine della messa conclusiva della missione, don Andrea aveva voluto portare in processione l'icona della *Discesa agli inferi di Gesù*, depositandola insieme a Chiara nella cappellina.

Il tassello della vocazione

Coglievo ogni possibile occasione per viaggiare verso Roma per raggiungere Piglio. Per i ragazzi in comunità ero una mascotte. Mi chiamavano “Davidino”. Per me la comunità era una vera palestra di vita e avevo chiaro che nessuna università mi avrebbe potuto dare così tanto. Una delle prime amicizie che avevo stretto era stata con una ragazza madre con due figli a carico. Aveva la mia stessa età ed era vittima di abusi e violenze che mi aveva confidato. Un’altra amicizia importante è stata quella di Willy, un ragazzo che un giorno è scappato dalla comunità e mi sono ritrovato a casa mia a Padova. La mia famiglia si ritrovava a vivere situazioni completamente inaspettate. Nuovi Orizzonti era nota per una “eccessiva misericordia” nel riprendere chi ricadeva, per cui, anche se a fatica, eravamo riusciti a farlo rientrare. Chiara, Loredana e Tonino difficilmente dicevano “no” a quanti bussavano alla porta, anche se si trattava di recidivi che ne avevano combinate di tutti i colori. I ragazzi erano capaci di rubare in comunità e scappare, o di uscire per poche ore e infangare la fama della comunità che li ospitava. Chiaramente in alcuni casi un sano stop serviva per la persona e per il gruppo ma alla fine Nuovi Orizzonti era il rifugio degli “irriducibili” e di quei casi più disperati, che normalmente altre comunità non avrebbero accolto.

In una delle mie permanenze in comunità, ho vissuto un importante passaggio interiore. Alcuni ragazzi per me importanti avevano abbandonato il percorso e molte persone significative non c'erano più. Mi ero reso conto di quanto si soffrisse per questi continui strappi affettivi e ogni volta dovevo ripartire da zero con i ragazzi appena arrivati. Queste situazioni, insieme ad altri dissapori, mi avevano portato a chiedermi se io stessi scegliendo Dio o le persone. Il mio cuore era arrivato a purificare le intenzioni, scegliendo quella che il vescovo Boccaccio definiva *cambiale in bianco con Dio*.

Nel frattempo, mi ero fidanzato con Elena e in casa le bollette telefoniche erano particolarmente lievitate. Papà aveva convocato la famiglia per dividere i costi attribuiti a ciascuno. Munito di evidenziatori di diversi colori, contrassegnava il foglio. Quando era arrivato il mio turno, il conto si presentava troppo salato per i miei risparmi. Dovevo pagarmi anche i viaggi per andare in comunità... Ho iniziato a lavorare dopo scuola, viaggiando tra Padova, Vicenza e Venezia. Sono molto grato ai miei genitori per questa lezione. In parte era un modo per scoraggiarmi ad andare in comunità, ma mi hanno insegnato a guadagnarmi le cose e ad assumermi le mie responsabilità.

A Nuovi Orizzonti è possibile dedicarsi a Dio scegliendo di consacrarsi con promesse di povertà, castità, obbedienza e gioia in diversi stati di vita. All'epoca non c'erano sacerdoti o religiosi, erano tutti laici. Io mi sentivo d'aver ritrovato la via della mia vita. Anche se non mi sentivo degno e non ero certo di essere in grado di mantenere quelle promesse, avevo compreso che il mio era un "sì" a Dio, cercando di rispondere alla vocazione alla santità, percorrendo la via specifica pensata per me, nel carisma di Nuovi Orizzonti. Non avrei mai detto un "sì" basandomi sulle mie capacità, gli incontri di formazione me lo avevano fatto capire: l'assumere quegli impegni era un decidersi per Dio, chiedendo la Grazia per rispondere alla chiamata ricevuta. Avevo estorto a Chiara, con uno strappo alle regole, di fare parte del gruppo che domenica 31 maggio 1998, nel giorno di Pentecoste, alla presenza del vescovo Boccaccio si consacrava al Signore, mettendo nelle mani di Maria le proprie debolezze, perché Dio manifestasse la sua onnipotenza. Ero deciso a portare la gioia della Risurrezione a quanti più possibile, iniziando dagli "ultimi", dagli emarginati, da quelli che la società etichetta e lascia morire sui freddi marciapiedi dell'indifferenza e dell'odio. Ero impaurito e timoroso ma anche felice e nella pace, come una barca che, superata la tempesta, ha finalmente trovato il porto a cui attraccare.

Un segno che lessi in quel giorno era la presenza di don Salvatore Boccaccio, che presiedeva la celebrazione. Quando l'avevo incontrato a Borca di Cadore nell'estate '95 avevo appuntato sul mio diario: «Come vorrei che questo fosse il mio vescovo!». Con mia grande sorpresa avevo scoperto solo allora che lui era l'assistente spirituale generale di Nuovi Orizzonti e che era stato proprio lui a confermare Chiara ad andare in strada nei primi tempi. In quegli anni vescovo ausiliare di Roma, era stato spostato in Sabina e io mi ritrovavo a vedere realizzato il sogno che avevo da bambino: ero dinnanzi a Chiara e a don Salvatore che mi confermavano nella mia vocazione. Poco dopo, il 9 luglio 1999 Boccaccio è stato nominato vescovo di Frosinone-Veroli-Ferentino, facendo l'ingresso in diocesi il 3 ottobre successivo. Altra Dio-incidenza che si sarebbe rivelata fondamentale in futuro.

Vieni qui!

Quell'anno ho vissuto una grazia straordinaria che guidava ogni mio passo, ma subito dopo la consacrazione è iniziato un difficile periodo di prove. In un primo viaggio a Barcellona, mi ero trovato in tentazioni continue, provocato anche dai miei amici, ma ero molto risoluto. Ero arrivato a trascorrere del tempo in camera con ragazze in biancheria intima; mentre loro ci provavano, io parlavo del valore della fedeltà, raccontando la mia esperienza. Non è che fossi virtuoso, ero semplicemente preso da Dio e dalla mia fidanzata, non c'era spazio per altro. Non mi risultava difficile. In un certo senso mi sentivo invincibile, ma poco dopo la musica è cambiata. Il Signore ha voluto farmi vedere cosa accade se ci toglie la mano dalla testa. Quell'estate mi sono ritrovato ad affrontare tutti i mostri del mio passato. La sorte sembrava essersi accanita. Ero una pianticella che aveva appena messo dei rametti teneri, bastava poco per spezzarli. Fino a quel momento qualcosa l'aveva protetta, ora si trovava in balia del vento.

Iniziando a tentennare, mi ero rifugiato nella preghiera aprendo la Bibbia. Meditavo il passo di Siracide 2, 1-9: «Figlio, se ti presenti per servire il Signore, preparati alla tentazione. Abbi un cuore retto e sii costante, non ti smarrire nel tempo della seduzione. Sta' unito a Lui senza separartene, perché tu sia esaltato nei tuoi ultimi giorni. Accetta quanto ti capita, sii paziente nelle vicende dolorose, perché con il fuoco si prova l'oro, e gli uomini ben accetti nel crogiuolo del dolore. Affidati a Lui ed egli ti aiuterà; segui la via diritta e spera in Lui. Quanti temete il Signore, aspettate la sua misericordia; non deviate per non cadere. Voi che temete il Signore, confidate in Lui; il vostro salario non verrà meno. Voi che temete il Signore, sperate i suoi benefici, la felicità eterna e la misericordia». Era la Parola per quel momento e per ciò che mi aspettava...

Quello che avevo vissuto fino ad allora sentivo che non mi bastava. Mancava un tassello importante. Volevo vivere in comunità. A fine estate avevo presentato a papà e a mamma i moduli per il trasferimento scolastico, ma non avevano voluto firmare. Ero ancora minorenne. L'anno a Padova l'ho vissuto spendendomi per gli altri nell'evangelizzazione di strada, continuando il gruppo di preghiera, andando a Piglio durante tutte le feste di Natale, Capodanno, Pasqua e in ogni possibile ponte scolastico. La festa dei miei diciott'anni è stato un evento triste per la mia famiglia. Sapevano che sanciva uno spartiacque: da lì a poco sarei andato via di casa.

Abbiamo vissuto tante riunioni di famiglia in cui cercavano di dissuadermi da questa scelta. In una di queste, papà si era alzato cercando di farmi ragionare e chiedendomi chi mi avrebbe pagato i contributi. La giustificata preoccupazione era rivolta al mio futuro, se un giorno avessi voluto cambiare idea. Si era arreso in silenzio, sentendomi rispondere: «Se anche Nuovi Orizzonti un giorno fallisse, io andrei in strada per rivivere con i ragazzi quello che Chiara mi ha insegnato e così Nuovi Orizzonti continuerebbe a vivere». Con mia sorella Chiara mi ero appena ritrovato e a maggior ragione, proprio in quel momento, non mi capiva. La spinta che sentivo era tale da non fermarsi neanche dinnanzi alle lacrime dei miei genitori. In fondo tutti cercavano di dirmi che stavano soffrendo nel perdermi, ma io ero preso da una spinta interiore irrefrenabile. Molte loro paure erano giustificate, perché ero un ragazzino che da solo andava a vivere in una comunità di accoglienza, considerando che all'epoca

Nuovi Orizzonti non era una realtà nota. Custodisco attimi e parole, fotogrammi che resteranno per sempre impressi nella memoria con una punta di rimpianto per la sofferenza creata. Ma non avrei potuto fare diversamente. Scusatemi. Vi voglio bene e lo sapete. Con tutto il cuore e grazie per esserci sempre stati.

A Piglio mi sentivo a casa e la mia convinzione interiore di partire era stata rafforzata da uno strano episodio. Una notte in comunità ero stato svegliato nel sonno da qualcuno che mi chiamava per nome. La voce mi sembrava quella di un ragazzo. Nell'ala maschile del convento c'erano solo i ragazzi accolti. Pensando che qualcuno avesse bisogno di aiuto, mi ero alzato incamminandomi verso la fine del corridoio. Non vedevo nulla a causa del buio e procedevo lentamente. Avevo le mani aperte sfiorando le pareti. Chiedevo: «Chi è?» e sentivo: «Davide, vieni qui!». Per tre volte ho sentito quella risposta fino a quando mi sono ritrovato a sbattere la faccia contro il muro. Il corridoio era finito e non c'era nessuno. Il giorno dopo avevo raccontato l'accaduto a Elena e al mio compagno di stanza Paolo. Con loro abbiamo investigato su chi potesse essere, chiedendo a tutti, senza mai venirne a capo. Quella voce riecheggiava nel cuore.

Una nuova partenza

Non avevo ancora deciso la data, ma quella sarebbe stata la mia ultima estate in famiglia. Appena terminato il quarto anno delle superiori mi aveva cercato Paolo, uno dei primi ragazzi accolti, per chiedermi di sostituirlo a Roma nel Centro Arcobaleno. Dovevo dare solo una mano per qualche settimana ma in realtà dal 13 giugno 1999 non sono più tornato a vivere a Padova. In quei giorni ho vissuto giornate totalizzanti, stando giorno e notte con ragazzi e donne accolti direttamente dalla strada. Alcuni avevano problemi di alcool, altri erano tossicodipendenti che scalavano il metadone o affrontavano "la rota a secco"[11]. A volte qualche giovanissima ragazza, strappata dai giri della prostituzione, veniva accolta per qualche tempo per essere nascosta in attesa di un miglior rifugio. Ero in compagnia di una equipe molto affiatata. C'era Daniela, che da dicembre aveva lasciato il suo lavoro per vivere là e aveva vissuto uno strappo durissimo con la famiglia, Francesca che era già una veterana dei primi tempi di Trigoria, Paolo detto Pallino, Donatella e Stefano.

I ragazzi ne combinavano di tutti i colori. Ricordo Fabio, ex picchiatore della banda della Magliana, che ci faceva vivere situazioni veramente assurde, inenarrabili. Marian, una donna eritrea con un problema di alcolismo e tanta vita di strada, aveva uscite davvero pittoresche, con le sue "male-

11 I ragazzi chiamano "rota a secco" quando un tossicodipendente lascia l'eroina senza l'aiuto dello scalaggio di metadone.

dizioni" che ci scagliava ogni volta che si urtava la sua sensibilità. Tanti volti e nomi che passavano riprendendo peso fisico, lucidità nello sguardo e nella mente ma soprattutto vita nell'anima e nel cuore. Poi, passata una settimana o al massimo un mese, venivano indirizzati a una comunità per iniziare realmente il percorso. Il nostro era un "Pronto soccorso dell'amore", come piace chiamarlo a Chiara, dove si opera sull'emergenza e si cerca poi di mettere la persona nelle condizioni migliori per iniziare un cammino. È la delicatissima fase della primissima accoglienza, in cui si cerca di fare crescere la motivazione, la decisione personale di cercare di cambiare vita. È un momento cruciale, in cui creare una relazione personale, quasi generativa, lasciando un primo imprinting che può pregiudicare o favorire i passi successivi. È molto estenuante perché richiede tante energie e si tratta davvero di un parto, dovendo affrontare tutte le brutture infernali che sono presenti in vite così segnate dal dolore.

Nei primi giorni ho avuto modo di conoscere meglio Paolo per il passaggio di consegne. Nei mesi a Piglio mi ero scontrato con lui e non avevamo avuto un buon approccio perché era sempre burbero e scostante. Il suo ruolo era quello di operatore ma era anche stato scelto dal vescovo Boccaccio e da Chiara come guardia del corpo, per proteggerla. Purtroppo le minacce di morte a Chiara da mafie e sette sataniche erano all'ordine del giorno. Arrivavano segnali molto chiari e a volte lettere, fax o mail esplicite. Paolo era stato uno dei primi ragazzi accolti, originario di Ponte Milvio, cresciuto nella difficile borgata di Pietralata. La sua storia è davvero drammatica e miracolosa allo stesso tempo. L'unica immagine che ricorda di suo padre è quella di un uomo con la camicia di forza, a causa dei problemi mentali e dello sfrenato alcolismo. Da bambino Paolo aveva iniziato a bere grazie al nonno e a dodici anni già si drogava. Insieme ai suoi due fratelli, molto violenti e temuti, era arrivato a gestire lo spaccio nei quartieri di Pietralata, Casal Bruciato e

San Basilio. Dopo il carcere e diverse disavventure, a ventisette anni era arrivato a Nuovi Orizzonti. In quei giorni ho ammirato il suo operato: strappava altri ragazzi dallo stesso inferno da cui lui proveniva. Bastava tornasse nel suo quartiere ed era una testimonianza vivente per tutti. Se ce l'aveva fatta lui, poteva farcela chiunque. Si è rivelata una persona profonda e sensibile. Una scorza esterna da duro nascondeva un grande cuore, capace davvero di dare la vita per gli altri, *in primis* per Chiara.

In quei giorni Paolo aveva fatto entrare in comunità un suo amico di nome Marco. Ricordo Paolo, suo fratello Massimo – con un fisico molto prestante – e "Marcolone". Quando li ho visti mi ero un spaventato. Marcolone era appena arrivato dalla strada: due metri di altezza, una bisaccia in spalla, il classico odore da vita trasandata, i jeans cortissimi tutti strappati e lerci, un gillet di jeans addosso e sotto a petto nudo. Nient'altro. Gli occhi azzurri erano freddi come il ghiaccio e aveva i capelli neri lunghi fino al gomito. Io me ne tenevo alla larga. Paolo cercava di convincerli a superare l'astinenza e a continuare, rassicurandoli che dopo due settimane sarebbe tornato. La mattina seguente, alla fine della meditazione, avevano chiesto chi volesse fare il servizio di accompagnare ogni giorno Marcolone al Ser.T. Marco aveva alzato la testa fissandomi ed esclamando: «Voglio lui!». Lungi dal mostrare entusiasmo e dall'acconsentire, dissimulavo il mio terrore con uno sguardo interlocutorio, ma nessuno aveva nulla in contrario. Poco dopo mi ritrovavo a fare la prima uscita, che avrei rifatto tutti i giorni per un mese. Quando salivamo in autobus le persone si allontanavano di due o tre metri, perché Marco incuteva davvero timore. Tra di noi è nata un'amicizia grande. Nei nostri viaggi visitavamo i luoghi della sua infanzia e iniziavamo a conoscerci in profondità. Come tutti, era una persona che aveva fatto i suoi errori, una persona ferita che a sua volta aveva ferito, ma con un grande potenziale inespresso che attendeva qualcuno che credesse in lui, perché lui ricominciasse ad avere fiducia in se stesso. Il primo semplice passo era stato affidargli l'animazione dei canti con la chitarra che riprendeva in mano dopo anni. Là, sotto il sole cocente, superava i duri giorni della disintossicazione esercitandosi. Si apriva per la prima volta al mondo spirituale, facendo infinite domande su Dio, sulla fede, sulla preghiera... Era davvero assetato. Ci confidava di sentire male addirittura ai capelli a causa dell'astinenza, ma anche di iniziare a percepire la presenza di Dio. I suoi occhi iniziavano ad avere una nuova luce.

Terminata l'esperienza a Roma, ero andato ad Agordo con Chiara, Francesca, Daniela, Tonino e Elena. Tonino si era appena lasciato con Cinzia ed era in un momento difficile. Eravamo ospiti dai parenti di Lucia e Marco, una coppia stupenda che aveva iniziato a seguirci. Marco era un architetto veneziano ateo che si era appena convertito leggendo il libro Nuovi Orizzonti e ascoltando al nostro musical le testimonianze di alcune nostre ragazze, in particolare Daniela, che avevano lasciato tutto per mettersi al servizio dei ragazzi di strada. Lucia era una mamma che non aveva mai smesso di avere un cuore aperto ad accogliere con amorevolezza chiunque bussasse alla sua porta. Oggi con altre stupende persone guidano la Cittadella Cielo Vena d'Oro a Belluno.

In quei giorni abbiamo superato il Passo Falzarego per andare a Borca di Cadore, dove per me era iniziato tutto. Quattro anni dopo mi ritrovavo nel luogo preciso dove avevo incontrato Chiara la prima volta. Quel giorno un altro tassello, un po' doloroso, andava aggiunto. Ci eravamo dati appuntamento con i miei genitori, venuti appositamente da Padova. L'incontro mancato del '95 si è svolto nell'estate del '99. Papà e mamma volevano parlare con Chiara e lei aveva affrontato quel viaggio apposta per me. A Borca c'era anche il vescovo Boccaccio. Prima Chiara e i miei hanno parlato da soli, appartandosi, e poi anche con don Salvatore. Li osservavo in lontananza. Intuivo che mamma cercava di convincere Chiara a non farmi entrare in comunità o almeno a provare a dissuadermi. In realtà Chiara aveva provato a farmi cambiare idea ed era stata tosta con me. Era stato un colpo inaspettato, perché fino a prima dei diciott'anni lei era stata il mio sostegno, dicendomi che le porte erano sempre aperte, pur vincolandomi al consenso dei genitori. Poi, quando ero diventato maggiorenne, aveva sempre cercato di mettermi in crisi. In un colloquio in particolare a Piglio, dopo averle comunicato la mia ferma decisione di entrare in comunità, al posto di accogliermi a braccia aperte come mi aspettavo, aveva iniziato a mettermi dubbi e a osteggiarmi. Mi chiedeva se fossi sicuro davvero e vagliava le mie motivazioni. Faceva da avvocato del diavolo. Provava a scoraggiarmi e a farmi desistere. Diceva che ero troppo giovane e che potevo aspettare almeno di finire le scuole superiori o l'università. Ma tutto questo papà e mamma non lo sapevano, anche se presumo che Chiara avrà provato a spiegarglielo. Certo è che ho letto il labiale sulle labbra di mia madre: diceva che se non c'era davvero più nulla da fare per convincermi, allora mi accogliesse e vegliasse su di me come avrebbe fatto una mamma, come avrebbe fatto lei. Chiara annuiva e poi si erano dati un abbraccio forte, mentre una lacrima rigava il volto di mia madre.

Dopo quell'incontro avevo proseguito il viaggio con la mia famiglia, per stare con loro a Lignano Sabbiadoro e per dare le comunicazioni a mio fratello e alle mie sorelle. Ognuno ha reagito a modo suo. Tutti però erano lacerati e impreparati. Come lo ero io del resto. Un fuoco che non potevo contenere mi aveva spinto a fare quella scelta, ma mi dispiaceva farli soffrire e il dolore per il distacco anche per me era fortissimo. Si trattava di una nuova partenza che mai avrei voluto rivivere, avendo già provato quello strappo in passato. Ma la chiamata era più forte di tutto.

Per dirlo a mia sorella minore Serena – con cui avevo un rapporto speciale – l'avevo chiamata vicino alla doccia in spiaggia, così – presa per mano e una volta comunicata la partenza – l'ho potuta tirare sotto l'acqua per abbracciarci a lungo, mentre le lacrime scendevano su entrambi i volti mescolandosi alle gocce dell'acqua, mascherando i singhiozzi a dirotto.

Alcune strade portano più a un destino
che a una destinazione.
JULES VERNE

VOC-AZIONE

Ci sono solo due modi di vivere la propria vita:
uno come se niente fosse un miracolo,
l'altro come se tutto fosse un miracolo.

ALBERT EINSTEIN

Saper leggere se stessi ci dà la forza di compiere i nostri voli

Nella Spiritherapy di Chiara Amirante ho vissuto giornate di spiritualità, esercizi spirituali, weekend e settimane dedicate al percorso chiamato Arte di amare imparando sempre qualcosa di nuovo, anche tornando su temi già affrontati, perché non c'è mai fine alla profondità con la quale si può scandagliare il proprio cuore. Un approccio importante alla vita mi viene dal concetto di lettura sapienziale: il saper leggere la storia e gli eventi scoprendo che tutto è grazia, tutto è dono, tutto è meraviglia.

La Scrittura ci assicura che «quelle cose che occhio non vide, né orecchio udì, né mai entrarono in cuore di uomo, queste ha preparato Dio per coloro che lo amano. Ma a noi Dio le ha rivelate per mezzo dello Spirito; lo Spirito infatti scruta ogni cosa, anche le profondità di Dio»[1]. Solo lo Spirito Santo ci può aiutare a scrutare i segni di Dio nella nostra esistenza.

Se permettiamo allo Spirito Santo di guidarci, agirà in modo efficace, dilatando le capacità dei nostri sensi spirituali. L'anima è capace di sentire, vedere, percepire i tocchi dello Spirito. Il nostro cuore è capace di ascoltare la sua voce ed è indispensabile riuscirci per realizzare il meraviglioso disegno preparato per ciascuno di noi. Più cercheremo sinceramente, con perseveranza e con amore di entrare in contatto con Dio, più Lui si manifesterà a noi e ci aiuterà a leggere la realtà e a rileggere la nostra storia.

1 1 Corinzi 2, 9-10.

Le storie della Bibbia sono tutte paradigmatiche. Pensiamo a Giuseppe, che viene venduto dai propri fratelli, subendo gravi ingiustizie. Lui resta fedele a se stesso e a Dio. Anche se è messo a dura prova, cerca sempre l'aiuto di Dio e per questo lo riceve sempre, anche se per vie strane, non lineari. A volte la risposta di Dio è diversa da quella che ci aspetteremmo ma è sempre puntuale e decisiva. Nonostante il susseguirsi di vicende tortuose, Giuseppe arriverà a ricoprire la carica più importante dopo quella del faraone e si ritroverà, da schiavo che era, a diventare ministro. Sarà lui a salvare suo padre e il suo popolo d'origine, proprio attraverso i fratelli che lo avevano tradito. Probabilmente se non fosse stato venduto dai suoi fratelli, non avrebbe potuto fare tutto questo. Forse sarebbe morto con il suo popolo... Dio avrebbe trovato il cuore di qualcun altro disponibile a lasciarsi lavorare e forgiare per prepararlo a una tale missione? Non lo sappiamo. Ciò che è certo è che la lettura sapienziale ha permesso a Giuseppe di non vendicarsi sui fratelli ma di perdonarli e diventare strumento di salvezza, proprio grazie al filo d'oro che lega ogni evento della sua durissima esistenza.

Nella tragicità della storia di Mosè si percepisce ancora meglio quanto sia complesso il dinamismo di una vocazione, fatto di un intreccio di eventi in apparenza contraddittori. Dio guarda al cuore dell'uomo e non all'apparenza (altra costante di tanti racconti biblici). Spesso Dio sceglie strumenti piccoli per fare cose grandi. Mosè era balbuziente e impacciato, Dio lo sceglie come patriarca. Ma quando nasce la vocazione di Mosè? C'è un momento esatto della sua storia? Forse quando da bambino è salvato dalle acque, perché grazie a quell'evento viene allevato alla corte del faraone, come se fosse uno dei suoi figli. A Mose non è nascosta la sua vera origine ebrea, un popolo schiavo. Gode della stessa educazione del principe, dello stesso trattamento dei figli di carne del faraone e cresce perciò colto e raffinato. Potremmo forse dire che quell'evento iniziale è sicuramente fondamentale. Poi, dopo tutti quegli anni passati alla corte del faraone, Mosè si macchia dell'omicidio di un egiziano per vendicare un ebreo. All'improvviso diventa un fuggiasco, un ricercato e un condannato a morte. Si ritrova a fare il pastore e il pecoraio in terra straniera, vivendo con i contadini ai piedi dell'Horeb. Immagino il povero Mosè in quelle lunghe ore di pascolo a interrogarsi sul senso della propria storia, della propria vita e di quelle situazioni di coincidenze ingarbugliate difficilmente interpretabili. A un certo punto leggiamo nella Bibbia che «Dio ascoltò il lamento d'Israele e si ricordò della sua alleanza»[2]. Per alcuni la vocazione di Mosè inizia qui: quando Dio ascolta il grido del suo popolo. Per altri invece si trova in Esodo 3, quando Dio gli conferirà il compito di liberare il suo popolo. Secondo la lettura sapienziale non esiste un unico momento specifico: tutta la sua esistenza ha un filo d'oro che l'ha portato a essere ciò che è diventato. Sicuramente esistono tasselli del mosaico che hanno un peso maggiore ma il quadro è uno solo ed è un tutt'uno: dalla nascita ogni evento lo ha preparato a essere la risposta al grido del popolo d'Israele. Il suo centro era questo. Lui ha dovuto riconoscere i segni di Dio e aderire ai tocchi dello Spirito per realizzare la sua vocazione di liberatore.

Per riuscire a vivere la lettura sapienziale dobbiamo liberarci dei nostri pregiudizi su Dio. Non è per nulla facile. Dio si presenta sempre al di fuori dei nostri schemi. Spesso non capiamo la volontà di Dio perché pretendiamo che ci parli assecondando le nostre aspettative. Le aspettative sono come un lampione acceso che ci impedisce di contemplare un cielo stellato. Dio ci ascolta sempre, ma risponde in tempi e modi da Lui scelti, spesso attraverso situazioni, eventi e persone inaspettate. La Bibbia ci dà altri importanti criteri per capire la nostra vocazione: prima devi agire e poi capirai; se uno è un vero profeta, si capisce se le sue profezie si realizzano. Ecco il tempo della voc-azione. Quando nel cuore una spinta è così forte e si è fatto

2 Esodo 2, 3.

il possibile per mettersi in seria discussione e in ascolto dello Spirito, con un serio discernimento, poi bisogna agire e ogni scelta vocazionale è come un ponte che crolla dietro di noi[3]. *Non può essere altrimenti. Bisogna compiere il grande salto e lasciarsi andare…*

Il destino,
quando apre una porta,
ne chiude un'altra.
Dati certi passi avanti,
non è possibile tornare indietro.
VICTOR HUGO

3 Chiara Lubich usa questa immagine raccontando la sua scelta di andare via di casa: «Al momento della Comunione, era arrivato il tempo per poter dire io la mia formula di consacrazione totale a Dio. Ecco, l'ho fatta, ma, prima di farla, ho capito quello che facevo; avevo 19 anni, ero una ragazza, studiavo: lasciavo tutto, non tanto adesso lo studio o il lavoro, ma lasciavo il mondo, lasciavo il mondo. E lì io ricordo, capendo questo, mi è caduta come una lacrima e ho avuto come l'impressione che crollasse un ponte dietro alle mie spalle. E questo ponte è veramente crollato».

“Davidino”

Possiamo vivere nel mondo
una vita meravigliosa
se sappiamo lavorare e amare,
lavorare per coloro che amiamo
e amare ciò per cui lavoriamo.
LEV TOLSTOJ

Arrivato a Piglio a fine agosto del ’99, mi preparavo a iniziare l’ultimo anno delle superiori. Dopo l’iscrizione avevo dovuto sostenere un test d’ingresso, perché lì il liceo classico era sperimentale con indirizzo informatico. Anche se ero abituato a cambiare classe, questa volta non ero solo lontano dalla famiglia, ma a tempo pieno in comunità tra i ragazzi accolti, vivendo come uno di loro.

L’ambiente scolastico è stato da subito accogliente. Ogni giorno da Piglio, uno dei comuni montani della zona, raggiungevo con l’autobus Anagni, la meravigliosa città dei Papi, famosa per lo “schiaffo” del 1303 da parte del Re di Francia Filippo IV, detto “Il Bello”, ai danni di Papa Bonifacio VIII. Il meridione avrà tante difficoltà ma è anche un ambiente unico per il calore e l’umanità. Spesso le vecchie corriere si rompevano e si andava a scuola in autostop. Le relazioni erano solidali e semplici. Si respirava un’aria positiva. Piglio è un paese carino, come tutti i paesini della Ciociaria, immersi in paesaggi dolci e colorati. Il territorio è ricco di arte e storia. Il mio giorno libero lo trascorrevo a Roma o a visitare qualcosa di nuovo, grazie alle guide rosse del Touring Club. C’era molto da scoprire. Periodicamente mi isolavo in silenzio a Subiaco presso il Sacro Speco.

In comunità mi ero sistemato su un letto a castello della mia nuova cameretta condivisa con Paolo, Luca e Pietro. Quest'ultimo, arrivato da anni di duro carcere, raramente sorrideva, anzi teneva sempre un muso lungo. Qualunque cosa facessi non andava bene, a partire dalle pulizie a fondo. Ogni occasione era buona per svalutarmi e mettermi alla prova. Ricordo bene però il giorno in cui sono riuscito a strappare il suo primo sorriso: era luminoso e impagabile. Quanto dolore e sofferenza in quegli sguardi. Quanto bisogno di rassicurazione e continue conferme. Si tratta di persone abituate a rapporti di convenienza e alla legge del più forte. Difficilmente credono che qualcuno cerchi di amarli e recepiscono con diffidenza atti gratuiti di servizio. Pensano che sotto sotto ci dev'essere per forza una fregatura. Stare giorno e notte con dei tossicodipendenti non è per nulla semplice. Eppure io ero felice, perché in comunità per me era tutto molto arricchente. La meditazione la mattina, i gruppi di formazione, le giornate di spiritualità, i laboratori... Imparavo a raccogliere le olive per la produzione d'olio, a creare icone, a restaurare mobili antichi, a lavorare nell'edilizia... Anche nei servizi più umili, come le pulizie dei bagni o la lavanderia, c'era sempre da imparare. Ho vissuto una delle esperienze più belle dedicandomi una estate intera all'orto. C'erano infinite attività diversissime tra loro nelle quali mettere a frutto talenti fino ad allora latenti in me.

Lavorare con i ragazzi era il modo migliore per entrare in empatia con loro e per conoscersi reciprocamente. Per me sono stati una palestra di vita unica che mi ha costretto a crescere davvero. Non è stato facile. Molti di loro sono spietati. Mi hanno osteggiato e attaccato. Sono capaci di manipolare e di indurre sensi di colpa in modo molto subdolo. La psicologia del tossicodipendente è davvero pericolosa. Ancora oggi a volte fatico a difendermi e a non cadere in alcune trappole e meccanismi. Ma c'è anche una sapienza che la vita di dolore gli ha insegnato e alcuni di loro sono capaci di donartela se ti metti umilmente al loro fianco. Certe verità non si imparano né con le lauree né con i master, solo con la vita le puoi fare tue. Ho avuto modo di attingere molto dalle loro esperienze. Ho sofferto molto, ma ho anche ricevuto tanto. Le persone che vengono da certi inferni sono capaci di "farti i raggi X" e non si può scappare. Ti costringono a lavorare su te stesso. O resisti o salti. Non c'è una via di mezzo. È un passaggio obbligato. Sono molto duri e ti mettono sempre alla prova. Proprio queste sfide ti permettono di scegliere chi vuoi essere. Più volte qualche ragazzo, anziché comprendere il dramma del mio distacco familiare e della fatica del dover studiare vivendo integrato con tutto il sistema della comunità non venendo meno ai miei doveri, è stato capace di apostrofarmi: «Ma che c... ci stai a fare qua? La mattina vai a scuola, non ti sei fatto le pere e vuoi stare con noi? Ma vattene via! Torna a casa tua! Non abbiamo bisogno di te. Ci sei solo di intralcio. Non sei buono a fare nulla... Tornatene a Padova». In quei momenti, cioè ogni giorno, sei chiamato a scegliere se restare o se mollare e andare via. Se resti, resti solo per amore.

Tutto è stato una forgiatura, un'esperienza di vita e autentica formazione. Un dono inestimabile sono stati gli incontri quotidiani con Chiara, che teneva le meditazioni la mattina, le formazioni operatori e i gruppi settimanali, i ritiri mensili e gli esercizi spirituali annuali. Prendevo appunti di ogni sua singola parola e facevo ogni esercizio che ci lasciava. Ancora oggi, dopo tanti anni, ascoltarla e lavorare sul percorso che propone è per me un privilegio e i frutti sono tangibili.

Con la mia famiglia mi sentivo mensilmente al telefono e tornavo a casa tre settimane all'anno: durante le vacanze di Natale, qualche giorno dopo Pasquetta e l'estate. Le festività andavano vissute in comunità, perché i ragazzi e le ragazze accolti venivano tutti da famiglie inesistenti o problematiche, per cui noi rappresentavamo la loro famiglia e dovevamo esserci. Non potevamo abbandonarli proprio in quelle occasioni speciali in cui soffrono maggiormente. Il primo anno è stata dura per i miei genitori accettare di non avermi a Natale e a Pasqua, ma poi nel tempo hanno capito. I parenti hanno sempre cercato di farmi cambiare idea. Ricordo un episodio al mio primo rientro a Padova. Eravamo a casa dei nonni con tutti gli zii e i cugini. All'improvviso mia nonna mi aveva afferrato il braccio dicendomi: «Perché non torni a casa? Non vedi quanto stai facendo soffrire tua mamma! Torna a casa». Difficile spiegare cosa si viva in quei frangenti. Dentro ero diviso in due. Ho sempre amato la mia famiglia e non avrei mai voluto farli soffrire così, ma sentivo che ero al posto giusto al momento giusto, anche se a loro sembrava una scelta troppo radicale che mi avrebbe bruciato altre opportunità nella vita.

Il primo anno i miei genitori erano stati restii a venire a Piglio e nei primi mesi non erano mai scesi. Quando finalmente si erano convinti, li avevo dissuasi dal prenotare un albergo perché avrei provveduto io a tutto. Appena arrivati, senza farglielo capire, avevo portato le borse di mamma in una camera delle ragazze e quelle di papà in una camera dei ragazzi. Davanti al fatto compiuto e imbarazzati per la situazione, mi avevano dato la buonanotte con due occhi che mi fulminavano, non sentendosela di mortificare i ragazzi con cui avrebbero dovuto passare la notte. Nella stanza dove dormiva mamma c'era una ragazza romana che stava in comunità per uscire dall'eroina e un'altra ragazza nigeriana, strappata dal giro prostituzione-schiavitù, con problemi spirituali tali da essere seguita da padre Giancarlo Gremolazzo, presidente internazionale degli esorcisti. Papà era accanto alla mia stanza, insieme a tre ragazzi tossicodipendenti. La mattina dopo ho scoperto che avevano passato l'intera notte entrambi svegli, a chiacchierare con i propri coinquilini, ma anziché essere arrabbiati, si erano affezionati ai ragazzi e loro ai miei genitori.

In quei giorni avevano potuto conoscere meglio anche don Salvatore Boccaccio, che da pochi mesi era diventato il vescovo di Frosinone, a due passi da noi. Erano rimasti folgorati dalle sue catechesi e dal rapporto diretto che aveva con i ragazzi, che lo chiamavano "don Salvato'" e dai quali si lasciava prendere in giro come un padre con i propri figli. Quando è giunto il momento di lasciarci, i miei avevano gli occhi lucidi dalla commozione e il loro abbraccio forte mi aveva trasmesso che avevano capito perché ero lì, perché finalmente avevano vissuto la mia stessa esperienza, senza filtri. L'aria speciale di quel luogo aveva toccato profondamente anche il loro cuore.

In comunità c'erano altri come me che erano entrati senza aver avuto un passato nelle droghe, ma erano pochi e tutti più grandi di età. Elena mi aveva preceduto di qualche mese; Pallino c'era da tempo; Daniela, ribattezzata "Daniela di Acuto", aveva lasciato il suo lavoro e viveva uno straziante strappo con i genitori e il fratello, una storia durata anni; Alessandra da Vasto aveva avuto altrettanti problemi; Cinzia era di Piglio e aveva ugualmente lasciato tutto per vivere in comunità; Donatella, Serena e Francesca erano entrate già ai tempi della prima comunità, dopo Loredana e Tonino, i primi ad aver seguito Chiara fin dall'inizio a Roma. Io per tutti ero "Davidino". Il mio ruolo con i ragazzi era quello di una mascotte e con alcuni si erano invertite le parti: li avevo accolti al Centro Arcobaleno a Roma d'estate, ora mi preparavano la merendina per andare a scuola. Si viveva come in una grande famiglia, facendosi tutti carico gli uni degli altri. Io andavo a scuola, poi facevo i servizi che mi erano richiesti, si condivideva tutto. Ad Altipiani di Arcinazzo si giocava nei prati, vivendo momenti spensierati, e Chiara era sempre la leader incontrastata in tutti gli sport, anche a calcio. Vinceva sempre a pallavolo, a calcetto balilla ed era imbattibile a pingpong, nonostante sfidasse i carcerati più esperti.

I primi tempi sono stati fondamentali anche spiritualmente. I primi ritiri erano per un centinaio di partecipanti e piano piano nel tempo si era arrivati a trecento e poi a cinquecento.

Numeri che fanno sorridere in confronto a quanti oggi seguono la spiritualità di Nuovi Orizzonti grazie ai gruppi e agli incontri o al web. Eppure all'epoca a me sembravamo così tanti. Ora mi rendo conto del privilegio di aver vissuto anni così. Nonostante le dimensioni contenute, Piglio era una piccola luce sul monte che attraeva persone da tutto il mondo. Già allora arrivavano in modo inaspettato giornalisti, uomini d'affari, fondatori di altre realtà ecclesiali, uomini di Chiesa, comunità ecclesiali di altre denominazioni cristiane... Ognuno con il proprio bagaglio personale, carico di bisogni e desideri. Tutti andavano via con gli occhi più luminosi e prima o poi tornavano. Naturalmente Chiara era il punto di riferimento per tutti. Non so come abbia sostenuto anni di donazione così senza risparmiarsi mai. E pensare che non era proprio "regalato" un colloquio con Chiara, perché lei è sempre stata semplice ma diretta, se stessa con chiunque avesse davanti. Ho conosciuto poche persone libere come lei, ti dice in faccia ciò che pensa per il tuo bene. Capace di dolcezza ma anche di fermezza. L'ho vista in tutti i contesti possibili: è sempre stata capace di stare con il più povero dei poveri in situazioni estreme e con potenti e ricchi, restando uguale e cercando sempre e solo di dire ciò che reputava giusto e di trasmettere la gioia di Cristo risorto. Più di una volta, per la sua schiettezza, ho visto individui orgogliosi che dopo gliela facevano pagare. Alcuni chiedevano il suo parere e magari insistevano per ottenerlo, ma poi non accettavano la risposta ricevuta e le hanno fatto la guerra. Ciononostante lei è sempre rimasta così: capace di una schiettezza che le invidio da sempre.

Certi incontri con la nostra realtà sono stati davvero importanti per molti, dando la possibilità ad amici e fratelli di generare qualcosa di nuovo o di proseguire sul cammino per loro tracciato dopo una sosta rigenerante.

Ricordo Frei Hans, il fondatore di una bellissima realtà, la Fazenda da Esperança, così colpito dal capitolo del libro

Nuovi Orizzonti intitolato "Il sogno di Cittadella Cielo", da trarne poi ispirazione per realizzare una Cittadella Cielo anche in Brasile, a Fortaleza, dando vita al CEU, insieme a Padre Renato Chiera (fondatore della Casa do Menor), Moysés Louro de Azevedo Filho (fondatore della Comunità Shalom), Irmã Lucia (suora dorotea responsabile di un bellissimo centro di accoglienza e spiritualità) e Chiara[4]. Il CEU è una realtà unica al mondo, ispirata al progetto di Cittadella Cielo, attuata in comunione con più di venti diverse realtà ecclesiali. Si tratta di una specie di "condominio" di cento ettari dove ogni realtà ha la propria autonomia ma in piena comunione fra loro. Il CEU oggi è circondato da due grandi favelas che si contendono violentemente il controllo del territorio ed è davanti allo stadio che ha ospitato i mondiali del 2014, in cui ci sono state forti proteste e scorribande.

A Piglio arrivavano persone di tutti i tipi e noi beneficiavamo di tanti incontri arricchenti, conoscendo molte realtà ecclesiali diverse. Addirittura anche comunità ecclesiali di altre confessioni cristiane, che erano affascinate dal nostro modello di vita, che ritenevamo molto simile a quello delle prime comunità di cristiani descritte negli *Atti degli Apostoli*. Effettivamente vivevamo mettendo tutto in comune, abbandonati alla Divina Provvidenza.

Un episodio simpatico in proposito è avvenuto il giorno che mi sono trasferito di camera: avevo appoggiato uno scatolone in corridoio ma poco dopo non lo trovavo più e nessuno sapeva dirmi dove fosse finito. L'indomani mattina c'erano tutti i ragazzi con i miei vestiti addosso, perché il responsabile della Provvidenza aveva scambiato quello scatolone come una donazione di vestiti per tutti. Cose che possono sempre capitare in comunità...

Il primo anno ho vissuto una crescita fondamentale attraverso l'adorazione personale silenziosa, soprattutto grazie ai

4 Negli statuti del CEU i cinque fondatori risultano membri a vita del consiglio principale di coordinamento.

momenti serali comuni e a tempi personali che mi erano stati richiesti. Ogni settimana c'era la possibilità di stare in adorazione in cappellina, una sera con un cenacolo di preghiera e il giovedì con la preghiera di lode aperta a tutti gli esterni: un'ora di adorazione dove anche i ragazzi accolti intervenivano con preghiere spontanee. Ho imparato uno stile nuovo di preghiera del cuore, gioiosa e libera. Avevo rafforzato un rapporto intimo con Dio per me fondamentale, seguendo una vera e propria scuola di preghiera della comunità. Chiara e don Giulio mi guidavano personalmente e mi avevano educato a trascorrere ogni giorno un'ora di silenzio davanti al tabernacolo. All'inizio era stata dura. Chiara mi ha aiutato a trasformare le distrazioni in occasioni di preghiera e a capire che nella preghiera del cuore non è tanto importante cosa si dice o si fa, piuttosto quanto amore si mette, quanto desiderio di Dio abbiamo e quanto davvero lasciamo allo Spirito Santo la guida della preghiera.

La comunità già allora aveva diverse aree di servizio in cui potersi impegnare costituendo delle équipe di servizio. C'era chi si occupava di spettacolo e animazione girando l'Italia (specialmente le scuole) con un musical, chi si dedicava prevalentemente alla prevenzione, alcuni utilizzavano i media, altri cercavano di informare ambienti culturali con il messaggio del Vangelo attraverso pubblicazioni, alcuni muovevano i primi passi nella cooperazione internazionale, altri erano a tempo pieno nei servizi sociali come l'accoglienza e i centri di ascolto, c'era chi seguiva i cenacoli di preghiera o i laboratori artistici con diverse espressioni creative, ma tutti stavamo a tempo pieno con i ragazzi, in mezzo a loro, e periodicamente vivevamo le missioni di strada.

A me Chiara aveva chiesto di occuparmi dell'"Area evangelizzazione, prevenzione, sensibilizzazione". Non sapevo da dove iniziare, ma avevo sentito tanta fiducia, così ho seguito il consiglio di mio nonno: *robar el mestiere coi oci* – rubare il lavoro con gli occhi. Osservavo Chiara in tutte le situazioni, non mi perdevo mai una sua testimonianza, un momento di evangelizzazione in strada con lei, un incontro... Partecipavo a tutte le fasi organizzative e alle riunioni, apprendendo l'arte per metterla da parte. Ero una spugna che cercava di prendere il più possibile. Da lì a poco avrei iniziato le mie prime uscite in solitaria alla stazione Termini, immergendomi in una nuova avventura. Il vescovo Boccaccio aveva usato una bella immagine in una catechesi, dicendoci di dover essere come un raggio di sole, capace di prosciugare una pozzanghera per fare emergere gli oggetti che conteneva senza restarci intrappolati dentro. Questo significava scendere negli inferi degli altri sempre con Gesù e mai da soli.

Vita spericolata

Le canzoni preferite dai nostri ragazzi allora arrivavano prevalentemente dalla discografia di Vasco Rossi, che rappresentava una filosofia di vita perseguita fino alle estreme conseguenze. Ora erano in comunità per assumersi la propria responsabilità e dare una sterzata. Se ascoltando *Vita spericolata* vedevo i loro occhi brillare, a me quell'effetto lo procurava il vivere la comunità, in tutto e per tutto. Posso aver sofferto per qualche aspetto e difficoltà legate all'età, ma in fondo la vita lì era quello che avevo cercato e desiderato da sempre.

Ho iniziato le mie prime notti alla stazione Termini guidato da Chiara, che mi dava indicazioni precise grazie alla sua grande esperienza. L'esordio era stato difficoltoso, in una zona dove c'erano molti transessuali che si prostituivano. Ero capitato lì per caso ma non volevo sottrarmi all'incontro. Così ho ascoltato le loro storie, intrise di dolore e drammi che non avrei mai immaginato. Ammetto che ero prevenuto e avevo molti condizionamenti, ma questi cedevano davanti alla vita reale di chi si trovava davanti a me, persone che si scioglievano in lacrime appena gli si offriva un semplice ascolto. In molti transessuali ho scoperto una fede per me inaspettata, che ha rimosso alla radice ogni mio pregiudizio.

I cosiddetti barboni sono per lo più stazionari: pur essendo girovaghi, tendono a stabilirsi in un luogo preciso. Con molti di loro purtroppo non si riesce a parlare più di tanto, a causa dell'alcool o di problemi psichiatrici, ma anche incontrando loro non sono mancate sorprese. Le prime volte che sono andato a Termini, tornavo a Piglio a tarda notte e quando mi mettevo sotto le coperte non riuscivo più a prendere sonno al pensiero delle condizioni in cui avevo lasciato i miei nuovi amici della stazione. Dormivano nel gelo e nel freddo, mentre io avevo una stanza, un letto e delle coperte. Con occhi nuovi comprendevo il valore che aveva per loro una bottiglia, capace di scaldare non solo il corpo ma soprattutto di lenire le ferite dell'anima. Una bevuta spesso era un abbraccio mai ricevuto. Vivere delle ore con loro in strada mi stava cambiando. Gli incontri erano i più vari. Una volta diventati amici, si spaziava su qualsiasi argomento e non mancavano discussioni teologiche con chi era di religione musulmana o dibattiti con persone atee. Generalmente nessuno rifiutava un ascolto sincero e neppure una preghiera finale in semplicità. Col tempo mi ero fatto ben volere e il loro modo di manifestarmi l'affetto era quello di offrirmi un cellulare rubato o una canna, cose che chiaramente rifiutavo.

Gli incontri più forti sono avvenuti in piazza Esedra, sempre nella zona della stazione Termini. Come sempre, dopo aver pregato, ero partito alla ricerca di qualche ragazzo di strada ma non avendo trovato nessuno, mi ero seduto un attimo sui gradini della piazza. Avevo i capelli lunghi fino alla spalla e un giubbotto in pelle nero. All'improvviso un ragazzo di colore aveva iniziato ad apostrofarmi, intimandomi di andare via da quella zona, perché era la sua. Mi aveva scambiato per un nuovo spacciatore. All'inizio non capivo cosa volesse da me, finchè non ha alzato la maglietta per esibire una pistola. Per fortuna in quel momento era subentrato un altro ragazzo marocchino per prendere le mie difese, spiegando cosa facevo là con loro. Da quel momento Jajà era diventato socievole. Vivendo ogni sabato in strada, avevo iniziato a imparare i trucchi del mestiere, scoprendo le vari tecniche con cui viene gestito lo spaccio per eludere le forze dell'ordine.

Una sera sono stato coinvolto in un assalto improvviso della polizia in borghese, che era intervenuta violentemente sui ragazzi senza avere nessuna prova. Eravamo tutti seduti su un muretto a parlare e ci avevano aggrediti fisicamente. Grazie a Dio ho fatto in tempo a qualificarmi come operatore di strada, con tanto di tesserino, e allora si sono scusati, temendo che potessi sporgere denuncia per il loro atto ingiustificato. In strada se ne vedono di tutti i colori. Il mondo della notte è oscuro, sembra un mondo parallelo dove persone insospettabili, affermati professionisti di tutte le categorie, ricorrono alle droghe e al sesso usa e getta, senza scrupoli, nascondendosi il giorno dopo dietro una falsa immagine di perbenismo.

Dopo diversi mesi in piazza Esedra, ero finalmente riuscito a convincere diversi ragazzi a entrare in comunità per cambiare vita. Periodicamente venivano in strada con me anche altri ragazzi della comunità e l'aver ascoltato le loro storie aveva convinto i ragazzi della piazza a provarci. Finalmente era arrivato il giorno per cui avevo speso tante energie, ma proprio quel sabato in piazza non c'era più nessuno, era rimasto un solo giovane. Era seduto a terra con una bottiglia in mano ed era chiaramente fatto. Proprio quella notte una retata della polizia li aveva presi tutti portandoli in carcere. La delusione era cocente. Rabii era il ragazzo che aveva preso le mie difese con Jajà al primo incontro di mesi prima. Faceva fatica a fidarsi, perché la sua storia era davvero inenarrabile, fatta di violenze e tanto dolore. A fatica lo abbiamo convinto a entrare, ma poi in comunità si era sentito voluto bene e accolto. In particolare con Loredana aveva stretto un legame speciale, facendo un cammino di rinascita. Essendo musulmano non era tenuto a partecipare ai momenti di preghiera cristiani in comunità, tranne che alla meditazione del Vangelo, dove anche lui amava intervenire e dire la sua. L'approccio al Vangelo è proposto ai ragazzi che vengono dalla strada e dal carcere come parte integrante del cammino che liberamente scelgono. Più volte ho sentito Chiara dire nei colloqui d'ingresso: «Per chi crede, Gesù è il Figlio di Dio che ha lasciato il Suo Paradiso per mostrarci la via per ritrovare la pienezza della vita, ma per chi non crede resta comunque un grande uomo che ha segnato la storia dell'umanità e i cui consigli possono davvero cambiare la vita di tutti». Chi entra in comunità accetta un programma pedagogico riabilitativo che mira anche a raggiungere un equilibrio tra corpo, anima e mente, coltivando momenti di spiritualità, di lettura, di formazione, così come sono obbligatori lo sport e il lavoro come ergoterapia. Per me vivere in comunità con Rabii era un vero e proprio miracolo. Il fatto che fosse musulmano era per me una ricchezza di confronto e dialogo, non un impedimento, ma con mia grande sorpresa un giorno ha manifestato il desiderio di ricevere il Battesimo, perché sentiva di avere incontrato Cristo nel suo cuore. Dopo un tempo di preparazione, nel giorno di Pasqua, Rabii Matteo ha ricevuto i sacramenti del Battesimo, della Comunione e della Cresima impartiti dal vescovo Boccaccio. Negli anni, altri ragazzi musulmani si sono convertiti, altri ancora sono rimasti fedeli della loro religione, ma con un reciproco rispetto e dialogo che ci ha sempre permesso di crescere camminando insieme. Molte volte sono tornato a cercare Jajà e gli altri, senza essere mai riuscito a trovarli. Certe sconfitte sono cocenti, ma ho dovuto iniziare ad avere una certa dimestichezza col dolore, perché è parte includibile di questo tipo di missione.

Fiammelle di un unico fuoco

Chiara era instancabile e non si fermava mai, seguendo le comunità e tutti i nuovi progetti. L'avevo vista partire con un gruppo per avviare una missione in Colombia. Dopo diverse minacce di morte dai narcos[5], con tanto di fucili puntati contro di loro, il vescovo del luogo non se l'era sentita di mettere a repentaglio le loro vite e aveva così chiesto a Nuovi Orizzonti di limitarsi a sostenere delle suore del luogo, creando un ponte di aiuti umanitari e adozioni a distanza dall'Italia. Si trattava del nostro primo impegno in Sud America, portato avanti da Franco e Lino, che hanno continuato ad andarci, anno dopo anno. Ricordo il rientro di Chiara da quel viaggio. Era stanca e stremata.

Per mesi aveva dovuto fare una terapia di penicillina e antibiotici a causa di una febbre molto alta che proprio non se ne voleva più andare e che le provocava frequenti svenimenti e collassi. Nonostante i dolori acuti, il suo sorriso luminoso non veniva mai meno, anche se appariva un po' più tirato. Già allora era affetta dalla sindrome di affaticamento cronico e da quella fibromialgica, entrambe in stadi molto avanzati, che causano dolori sempre accesi, diffusi in tutto il corpo, colpendo muscoli, articolazioni, nervi, ossa, dando emicranie intense e continue, nevralgie acute, problemi all'apparato digerente e tantissimi altri sintomi cronici. Queste non sono le uniche patologie che sopporta ogni giorno: purtroppo, a

5 Trafficanti di droga.

causa della vita condotta in questi anni, ha anche una situazione problematica al cuore, tra cui una cardiomiopatia da stress o sindrome dal cuore infranto (il più delle volte infatti è causata dal troppo stress e dolore accumulati), soffre di ipertensione e ha una poracheratosi attinica diffusa molto aggressiva e precancerosa. Per quest'ultima, per evitare che i tumori degenerino in maligni, deve sottoporsi mensilmente a un day hospital per una terapia con bruciature del laser su tutto il corpo, nel tentativo di distruggere le cellule precancerose presenti nelle centinaia di macchie diffuse sulla pelle. I medici non hanno mai visto uno stadio del suo livello e si trovano sempre in difficoltà perché le anestesie, di qualsiasi tipo, su di lei non hanno effetto. Per chi conosce le sue numerose patologie e il ritmo di vita che nonostante tutto ha continuato a tenere, il fatto che sia ancora viva e riesca a cambiare la vita a tanti con la sua gioia contagiosa è davvero incredibile. Per i livelli raggiunti, dovrebbe essere già morta da tempo o quanto meno aver preso una grave depressione che normalmente accompagna le patologie con dolore acuto persistente.

Da questo punto di vista devo ammettere che solo negli ultimi anni ho iniziato a comprendere che quanto vive è davvero un mistero. Non so come abbia potuto affrontare trent'anni di questo tipo di vita, non solo sempre in prima linea, con tanti pesi e responsabilità, ma con così tante patologie capaci ciascuna, presa singolarmente, di mettere fuori gioco chiunque. Da questo punto di vista, davvero il miracolo più grande è proprio il suo sorriso.

La sua offerta continua e la capacità di infiammare i cuori all'amore di Dio hanno attratto tante persone a seguirla. I primi anni eravamo in pochi, ma nel tempo piano piano tanti hanno iniziato a seguirci e a entrare in comunità, lasciando tutto ciò che avevano per provare a vivere il Vangelo alla lettera, abbandonandosi alla Provvidenza. Molti ragazzi che hanno terminato il programma terapeutico riabilitativo, al termine del percorso, hanno sentito il desiderio di dedicare la propria vita a Dio, diventando responsabili capaci di aprire nuovi centri e di essere padri e madri per tanti giovani che, come loro, provengono dall'"inferno". Alcuni di questi oggi sono già in Cielo, in quella che noi chiamiamo "Cittadella celeste". Si tratta di perle preziose. Penso a Crescenzo, ex camorrista che ha fatto tutto il percorso comunitario, conseguendo da noi la licenza di scuola media e prendendo la patente. La sua vita passata sembrava uscire dai racconti di *Gomorra*, senza nessuno sconto, anzi la realtà superava l'immaginazione. Si era salvato da una condanna a morte oramai decretata dalla mala, lanciandosi dalla finestra dell'ospedale in cui era ricoverato. Da noi era arrivato tramite una lettera scritta dal carcere. La sua trasformazione è stata davvero incredibile. Si dedicava corpo e anima ai ragazzi e amava soprattutto andare in strada e nelle scuole per momenti di prevenzione. Prima di morire, a 32 anni, consumato da un tumore, ha detto a Chiara che aveva offerto tutto per lei, per la famiglia Nuovi Orizzonti e per la realizzazione della Cittadella Cielo a Frosinone, un progetto che allora dovevamo ancora realizzare. Alla domanda di Chiara se avesse paura di morire, aveva risposto di no, ma aveva aggiunto che era dispiaciuto di non poter andare ancora in missione. È nato in Cielo il 3 luglio 2010.

Penso anche a Robertone, che aveva riscattato una vita disastrata riuscendo a riconciliarsi con i parenti e a sentirsi profondamente amato dalle sue figlie oramai adulte. Aveva deciso di restare in comunità per dedicarsi agli altri ragazzi. Era molto schivo e riservato ma concreto e solido. Una persona su cui poter fare affidamento. Aveva un amore speciale per Chiara. Soffriva nel saperla sempre malata, per questo aveva chiesto a Dio di toglierle un po' di dolore perché potesse prenderselo lui. Chiara, quando aveva saputo di questa preghiera, gli aveva intimato di ritirarla, più volte. Me lo ricordo bene. Ma lui non ha mai voluto sentire ragioni.

Quando un tumore l'ha colpito, consumandolo lentamente, ha affrontato ogni attimo senza perdere il sorriso e rinnovando la sua offerta in preghiera. Dalla finestra del nuovo ospedale di Frosinone osservava con orgoglio il primo cantiere di Cittadella Cielo. Penso anche a Franco, a Tiberio, a Muniz... Penso a don Salvatore e alla mamma di Chiara, Maria Teresa all'anagrafe ma per noi tutti "Mietta", che era venuta a vivere con noi in comunità ai tempi di Piglio, diventando un importante punto di riferimento per tanti ragazzi e ragazze che ha seguito, un po' come la mamma Margherita di don Bosco, spendendosi per tutti senza misura. La sapienza di Mietta era rifugio sicuro per ogni cuore. E tanti altri sono i nomi scritti in Cielo di persone uniche e meravigliose che, nel nascondimento, hanno costruito con la propria vita un pezzetto di questa Cittadella Cielo spirituale.

In quei primi anni ricordo episodi pioneristici carichi di amore, coraggio e direi anche la necessaria incoscienza, come le diverse partenze di Loredana e Giulio. La prima alla volta di Montevarchi per aprire la prima grande sede dopo Piglio. Erano partiti con un furgone scassato e una carovana di auto malmesse, con giusto i soldi per affrontare il viaggio. Dopo alcuni anni a Montevarchi sono andati in Brasile per avviare la prime Casette Agape per accogliere i bambini di strada, avendo con sé una figlia piccola al seguito. Dopo anni di missione all'estero si sono rimessi in viaggio per Ischia, dando vita a un Pronto soccorso dell'amore dove accogliere chiunque avesse bisogno. Successivamente si sono trasferiti in Trentino per aprire un centro di accoglienza residenziale per donne con minori nello status di rifugiate: si tratta di donne a rischio di essere vittime delle terribili mafie che gestiscono la prostituzione-schiavitù. Oltre alla fatica di partire senza sicurezze e di avviare progetti nuovi, con tutto ciò che questo implica, la parte eroica è l'amore nel farsi carico di storie strazianti che sono difficili anche solo da ascoltare. Quanti piccoli grandi eroi, che il mondo mai conoscerà, ho il privilegio di aver incontrato e di avere come compagni di viaggio. Molti di loro sono per il mondo gli scartati della società, dei reietti, persone su cui nessuno avrebbe scommesso, bollati come irrecuperabili. Sono i miei fratelli e le mie sorelle, da cui ho potuto imparare tanto in questi anni e che osservavo ogni giorno in comunità con stupore. Davvero molti dei primi saranno ultimi e le prostitute e i pagani ci precederanno nel Regno dei Cieli.

Vivere a Nuovi Orizzonti significa anche scontrarsi con una realtà parallela della vita, molto cruda. È un po' come immergersi nel vaso di Pandora, non si tratta di aprirlo ma proprio di buttarcisi dentro e di farlo per scelta. A Tor Bella Monaca, quartiere della periferia romana, più volte mi sono avventurato nei palazzi più problematici, entrando come in un film horror. Bambini di dieci anni fanno i pali, chiedendo se cerchi la roba. In pochi minuti una situazione può degenerare e si rischia davvero la vita. Salendo una rampa di scale, sono dovuto fuggire perché era nata una rissa, la scintilla era stata la morte di un uomo per overdose: era il proprietario di un appartamento che le due famiglie confinanti avevano subito iniziato a contendersi, con il cadavere ancora per terra. In certe situazioni non si può scherzare.

Una giovane della provincia di Napoli viveva da qualche mese con noi. L'avevamo accolta per proteggerla. Rita aveva avuto un figlio nato in comunità e un altro prima, che l'assistente sociale, dopo averglielo tolto, le aveva proposto di rivedere. Chiara era molto preoccupata del suo rientro in zona a causa del "giro" di prostituzione da cui l'avevamo tirata fuori. Purtroppo Rita, forte dell'insistenza dell'assistente sociale, è tornata nella sua zona per rivedere il figlio. Si trattava di pochi giorni e prima di partire aveva dato a Chiara un forte abbraccio dicendole con le lacrime agli occhi: «Grazie Chiara, in comunità ho davvero ritrovato la vita! Tu sei per me la mamma che non ho mai avuto!». Arrivata dal figlio aveva chiamato Chiara con una voce molto preoccupata e impaurita chiedendole di parlarle ma improvvisamente era caduta la linea e per due giorni non avevamo più avuto nessuna sua notizia. Poi è arrivata quella terribile telefonata della polizia: il corpo di Rita era stato ritrovato in un casale abbandonato, senza vestiti, pieno di tagli e sfregi ovunque. Era un segno chiaro che i boss della tratta avevano voluto dare a tutte le ragazze che pensavano di scappare da quel tipo di vita infernale.

Sono tante le situazioni cruente che si è costretti ad affrontare e non è vero che più il tempo passa, più ci si abitua, anzi è come se il cuore venisse piano piano scorticato, diventando più vulnerabile. Certi episodi hanno segnato tanti di noi in modo indelebile.

Prima di trovare una famiglia affidataria, il bambino di Rita è stato accudito da Paola, una suora missionaria che, dopo aver lasciato la sua congregazione per la quale aveva vissuto nelle Filippine, aveva scelto di donare la sua vita a Nuovi Orizzonti. Proprio lei di lì a poco avrebbe aperto il primo centro di accoglienza femminile ed era la prima di diverse religiose che si sarebbero aggiunte negli anni diventando anch'esse colonne portanti dell'Opera, come Agnieszka, Nazzarena, Natalina, Fabia, Mariella...

Dopo il mio primo anno a Piglio, presto sarebbero arrivate diverse ondate di nuove vocazioni, dando vita anche alle prime casette di "piccoli della gioia"[6] a vita comune. Negli anni successivi ho visto tante fiammelle di un unico fuoco iniziare a brillare tutte insieme, intrecciandosi in una danza inaspettata e spesso sorprendente. Penso a com'era strano trovarmi a vivere in comunità con Silvia, una ragazza che prima era mia vicina di casa a Padova e che era stata mia animatrice in parrocchia. In una visita a Padova l'avevo incontrata casualmente insieme al fidanzato Alessandro e mi ero sentito di regalarle i libri di Chiara. Dopo quella lettura era iniziato un

6 "I piccoli della gioia" è il nome dei consacrati a Nuovi Orizzonti.

percorso che aveva portato Alessandro in missione in Brasile e poi su altre strade della vita, mentre Silvia aveva lasciato tutto – il lavoro, il fidanzato e la famiglia – per venire a vivere a Piglio, da un giorno all'altro. Tommaso, che nel 2000 frequentava il cenacolo di Padova, un giorno si era presentato in comunità, deciso a fermarsi. Aveva lasciato il lavoro di cuoco e non voleva tornare indietro, disposto a dormire un'altra notte in auto, dove aveva nel bagagliaio tutto quanto gli serviva per traslocare. Maurizio voleva a tutti i costi stare con noi e visto che non c'era nessun posto libero, aveva scelto di dormire per terra in lavanderia per un mese, pur di restare. Poco dopo lo aveva seguito il fratello gemello Enzo, che era stato precedentemente lo strumento della sua conversione. Da animatori di villaggi turistici, si ritrovavano a vivere in comunità con ragazzi provenienti da storie di droga, carcere, aids e vita di strada. Nel 2003, al termine di una missione a Verona, era stata la volta di Marco, che voleva a tutti i costi entrare subito. Mi ricordo quante volte gli avessi ripetuto che non c'erano posti, che non era possibile, che c'era un percorso di discernimento da seguire. Lui annuiva sempre ma poi la settimana seguente si era presentato alla giornata di spiritualità con tutti i bagagli, aveva già lasciato la sua casa. Giuseppe e Stefania sono stati tra i primi a sentire una chiamata come coppia, dovendo vivere forti tensioni con le proprie famiglie di origine perché si erano trasferiti in comunità appena sposati, lasciando il proprio lavoro e abbandonandosi alla Divina Provvidenza.

Storie tutte diverse e uniche. Giovani come Angela, Maurizio, Mirko, Luciano, Nicola e tanti altri provenienti dal carcere, dalla droga, dall'alcolismo, dopo esserne usciti hanno deciso di donare la propria vita a Dio, facendosi strumento di accoglienza. Tanti altri hanno lasciato casa, lavoro e affetti, come Alessandra, Cinzia, Danielina, Ilaria, impegnandosi a tempo pieno in prima linea. Ci sono persone come Sandra, Dania e tanti altri che hanno sentito di spendere la propria vita in missione all'estero. E in terra di missione sono nate nuove vocazioni, come Lidiana e tanti ragazzi recuperati che hanno deciso di restare per aiutare altri. Nel tempo sono nate tante forme diverse di donazione e missione, continuando a vivere nel mondo esercitando la loro professione, dedicano tempo, anima e corpo alle attività dell'Opera. Alcuni con una chiamata più attiva, altri più contemplativa. Tanti diversi modi di vivere la stessa unica missione e lo stesso carisma, proprio come le fiamme scintillanti che – pur essendo tutte uniche e speciali – fanno parte dello stesso fuoco.

Ogni nome è una storia, una battaglia, una vita spesa per gli altri. Ognuno meriterebbe un libro a sé, ma sento di voler condividere una storia paradigmatica: quella di Alessandra e Roberto. Come per tutti, anche per loro ci sono state Dio-incidenze importanti, anche se, diversamente da me, quelle che li hanno condotti a Nuovi Orizzonti sono giunte quand'erano già adulti e con due figlie. Da Como erano venuti appositamente fino a Piglio per il matrimonio di Giuseppe e Stefania, incontrando così Nuovi Orizzonti per la prima volta il 25 aprile 2004. Da quel giorno era nata in loro un'attrazione così forte da cercare ogni possibile contatto, anche a distanza. Non esistendo ancora una realtà a loro vicina, erano seguiti individualmente prima da Loredana, poi da Daniela. Facevano molti viaggi prima verso Montevarchi e poi verso Piglio. Il fatto che da loro la nostra realtà non fosse presente non li aveva ostacolati, anzi avevano sentito di dover dare loro vita a un primo cenacolo di preghiera familiare, che inaspettatamente aveva iniziato ad attrarre persone e giovani da tutta la Lombardia, generando nel tempo centri ed équipe di servizio in tutto il Nord-Ovest. È nato anche un primo gruppo giovani, che a sua volta ha dato impulso a tanti altri gruppi. Una scintilla, se non la si spegne, ne genera sempre un'altra e la sua potenzialità non ha confini se la si alimenta con il fuoco della preghiera e dell'amore.

Tornando al mio primo anno in comunità, dopo il mio

ingresso nel '99 ho vissuto avventure di tutti i tipi. Quello che amavo di più era andare a evangelizzare e incontrare i ragazzi nelle scuole e nei luoghi di aggregazione, come le discoteche e i centri sociali. Ho vissuto tanti diversi incontri accanto a Chiara, imparando non solo come muovermi in certi ambienti, ma anche a organizzare le missioni di strada, a cui negli anni avrebbero aderito diverse realtà ecclesiali, tra cui anche il Seminario Romano, per apprendere un metodo di evangelizzazione innovativo. Da Roma ci sostenevano il cardinale Ruini, l'allora vescovo di settore Nosiglia, il vescovo Fisichella e il vicariato con don Mauro Parmeggiani, a quei tempi direttore del Servizio diocesano per la pastorale giovanile di Roma. Ero un ragazzo appena maggiorenne che viveva un'esperienza davvero unica, anche se tutto aveva il suo prezzo. Vivere in comunità significava affrontare concrete rinunce e restrizioni, che per me facevano parte della scelta di sequela di Cristo a cui avevo aderito. Ad esempio, per raccontare un fatto, mi era costato molto rinunciare alla gita di quinta superiore per donare la somma del viaggio, in uno stile di povertà e comunione dei beni, ma dovevo confrontarmi con la povertà reale di chi aveva bisogno e dare anch'io il mio piccolo contributo. Per quanto fosse una vita dura, tutto era esattamente come desideravo. Avevo capito il mio posto nel mondo, vivevo finalmente in comunità, seguivo Chiara ed ero fidanzato con Elena, condividendo con lei la scelta di donare le nostre vite a Dio. Non avrei voluto cambiare nulla. Eppure, qualcosa stava per succedere, mancava un tassello importante di cui non ero ancora consapevole.

Mai dire mai

Ho festeggiato a Varsavia il capodanno che traghettava tutti nell'anno 2000, partecipando all'incontro europeo dei giovani organizzato dalla comunità di Taizé in Polonia. Condividevo quest'avventura con mia sorella Chiara, che si era aggregata da Padova. Era un'occasione di riavvicinamento. Il viaggio era stato particolarmente difficile con tante disavventure, tra cui la morte improvvisa di un ragazzo del gruppo. Un fatto scioccante. Sembrava incredibile, ma non c'era mai un momento completamente sereno, accadeva sempre qualcosa. Nonostante le difficoltà, avevamo visitato i santuari più importanti della Polonia, ma per me l'esperienza più forte, durante la veglia interconfessionale, era stata il pregare fianco a fianco con frère Roger Schutz. È stata una grazia unica. Quei giorni per me sono stati importanti anche per comprendere che non ero più innamorato di Elena. Fino ad allora non ne ero consapevole ma un episodio preciso me lo aveva fatto capire. Rientrato in Italia, dopo averle parlato sinceramente, abbiamo iniziato un tempo di verifica che ci ha portato a lasciarci, pur rimanendo in buoni rapporti. Come ogni storia importante ci sono stati strascichi e incomprensioni, ma il bene e il rispetto non sono mai venuti meno.

Il 2000 per me è stato l'anno della maturità ma anche l'anno del Grande Giubileo, iniziato con l'apertura della porta santa della basilica di San Pietro il 24 dicembre 1999, a cui è seguita l'apertura della porta santa di San Giovanni in Laterano, quella di Santa Maria Maggiore e quella di San Paolo fuori le Mura. Ricordo ogni momento con commozione perché anche Nuovi Orizzonti era presente, vivendo i singoli storici momenti. Tra i tanti ho nel cuore la Giornata del Perdono del 12 marzo 2000, prima domenica di Quaresima, in cui papa Giovanni Paolo II ha chiesto perdono dei peccati commessi dai membri della Chiesa: i peccati dei cristiani nel corso della storia; gli errori fatti per l'uso di metodi non evangelici nel servizio della fede (come diverse espressioni dell'Inquisizione); i peccati che hanno causato la divisione tra i cristiani; gli errori commessi contro il popolo dell'Alleanza, gli Ebrei; i peccati commessi contro l'amore, la pace, i diritti delle persone, il rispetto delle culture e delle religioni; i peccati che hanno leso la dignità della donna e l'unità del genere umano; i peccati legati ai diritti fondamentali della persona come gli abusi sui bambini, l'emarginazione dei poveri, la soppressione della vita con l'aborto o l'eutanasia e la sperimentazione sui feti. È stato un evento di purificazione della Chiesa stessa. Per me che ero ancora scottato dalla Chiesa per quanto avevo vissuto, è stata una lezione di vita che mi ha riconciliato, facendomi capire cos'è la Chiesa con la C maiuscola: una cosa è la Chiesa, altra cosa sono gli uomini di chiesa. Tutti noi siamo uomini e donne parte della Chiesa e la rappresentiamo in quanto battezzati; a causa della nostra incoerenza possiamo allontanare le persone da Dio oppure avvicinarle con una testimonianza di vita coerente. Uomini di chiesa hanno perseguitato padre Pio, la Chiesa l'ha proclamato santo e modello per tutti. Uomini di chiesa hanno condannato Giovanna d'Arco, la Chiesa l'ha riabilitata e proclamata santa.

In quell'estate ho vissuto la Giornata Mondiale della Gioventù a Roma. Si stima abbiano partecipato due milioni di giovani. Avevo accompagnato il vescovo Boccaccio che doveva tenere la catechesi per gli italiani essendo stati divisi per gruppi linguistici. I ragazzi erano tutti seduti sugli scalini dell'EUR e io ero tra loro. All'improvviso e senza preavviso, mentre parlava, don Salvatore mi aveva chiamato perché voleva raccontassi la mia storia e spiegassi cosa vivessi in comunità. Ero stato colto di sorpresa ma avevo cercato di dare del mio meglio. Il momento clou è stata la veglia di preghiera a Tor Vergata il 19 agosto 2000. Papa Giovanni Paolo II era un tutt'uno con noi. Le sue parole si sono incise nei nostri cuori, in particolare quelle riprese da santa Caterina da Siena: «Se sarete quello che dovete essere metterete fuoco in tutto il mondo!».

In quei mesi che vivevo da single, un giorno, mentre pregavo in cappellina, avevo avvertito per la prima volta una spinta interiore che mi proiettava verso il sacerdozio. Appena l'avevo avvertita mi ero ben guardato dall'assecondarla e mi ero alzato uscendo dalla cappella, un po' infastidito e stupito. Io ero convinto che il sacerdozio non facesse per me, anzi, avevo una certa avversione per ciò che avevo vissuto nel passato. Eppure, da quel momento, tutte le volte che mi fermavo in preghiera in solitudine, immergendomi nel silenzio, riemergeva questa spinta interiore. Non so spiegarla a parole ma in qualche modo percepivo che Dio mi chiedeva di diventare prete. Non so trovare altre parole che queste: si trattava di una spinta interiore. Una spinta che io cercavo di respingere e contrastare. Mi spaventava. Ricordo di aver detto al Signore: «Capiamoci bene, hai vinto e io sono tornato a te. È vero che ti ho detto che sono disposto a tutto, ma io ho lasciato la mia città, la mia casa, la mia famiglia, gli affetti, il calcio, tutto... Sono qui disposto a donare tutta la mia vita in comunità, ma non chiedermi di fare il prete: tutto, ma non il prete!». Era una resistenza radicata e radicale. Per me si trattava di una porta chiusa a suo tempo.

Non cambiando la situazione, anzi avvertendola in ogni momento di preghiera, avevo iniziato a evitare di fermarmi a pregare. Partecipavo ai momenti comunitari ma non mi fermavo da solo e cercavo di non scendere in profondità. La situazione sembrava un po' rientrata. Per cui una sera avevo commesso l'errore di fermarmi da solo in cappellina e quella volta la luce interiore era stata più forte che mai. Quella sensazione era stata così violenta da farmi balzare in piedi di scatto, urlando un forte "No, non voglio!" prima di scappare lungo il corridoio per raggiungere la porta che portava alla stanza di Chiara. Non ero mai entrato in quella zona riservata e mai mi ero sognato di disturbare la fondatrice così all'improvviso. Invece quella volta ho bussato forte, trafelato e in preda al panico. Mi aveva aperto e con aria sorpresa mi aveva chiesto cosa accadesse. Le avevo risposto: «Chiara, scusami, ma è successa una cosa... Stavo pregando e ho sentito che Dio vuole che diventi prete». E lei: «Ma è una cosa bellissima!». E io: «No! È tremendo! Io non lo voglio!». Ed ero scoppiato a piangere a singhiozzi.

Chiara mi aveva prima abbracciato senza dire nulla, attendendo che mi calmassi. Poi mi aveva chiesto cosa mi spaventasse. Non mi ero mai posto quella domanda. «Perché ti fa paura? Cosa ti intimorisce?». Dopo un po' di silenzio, ricordo di aver risposto che temevo di non essere felice, anzi ero sicuro che non sarei stato felice da sacerdote perché non era la strada per me. Allora lei aveva cercato di rassicurarmi: «Davide, stai tranquillo. Dio è amore. Dio è gioia! Ha pagato a caro prezzo il dono della nostra gioia, col suo sangue! Dio ti vuole felice, perciò fidati di Lui. Dio ti conosce meglio di come tu ti conosci e ciò che ti chiede è per la tua felicità. Se ti chiedesse davvero il sacerdozio, significa che è la via giusta per te». Avevo replicato che io non volevo. E lei: «Non preoccuparti allora, perché Dio non ti chiederà mai qualcosa che non ti renda felice. Lui è il primo che vuole la tua felicità». Mi aveva in parte tranquillizzato. Lo sguardo e il sorriso di Chiara sono rassicuranti. Il suo ragionamento non faceva una piega, anche se restava quel "se", per me un po' inquietante.

«In Manus Tuas»

Nei mesi successivi si era aperta la possibilità di un posto gratuito in pullman per un viaggio a Medjugorje. Mi avevano suggerito di andarci approfittando dell'occasione. Ero un po' restio e scettico, condizionato dai discorsi sentiti negli ambiti diocesani da cui provenivo. Non credevo a quelle apparizioni. Dunque, gentilmente, avevo rifiutato l'offerta. Dentro di me mi dicevo che potevo pregare la Madonna ovunque e non sentivo l'esigenza di andare a cercarla altrove, tantomeno in un luogo così controverso. Dopo neanche un mese si era ripresentata la stessa identica situazione: un gruppo da Passo Corese sarebbe passato a prendere alcuni di noi all'uscita del casello di Anagni-Fiuggi per portare gratuitamente a Medjugorje chi di noi avesse aderito. Chiara mi aveva proposto di partire, anche per verificare quella spinta vocazionale che le avevo confidato. A quel punto accettai.

Il pellegrinaggio era ben guidato dai sacerdoti della comunità mariana Oasi della pace. Per me era tutto nuovo. Per la prima volta ascoltavo la vera storia delle apparizioni avvenute in questo paesino sperduto tra i Balcani, a due passi da Mostar, in una zona in cui si è consumata una delle peggiori guerre del secolo scorso. Tante cose mi si chiarivano piano piano, perché la mia mente era intrisa di false versioni dei fatti riguardanti Medjugorje. Appena salito sul pullman avevo incrociato lo sguardo di una ragazza molto carina, percependo un reciproco interesse, una chimica scattata improvvisamente.

Avevo chiaro che avrei dovuto evitarla, per vivere bene il pellegrinaggio, così mi ero seduto appositamente nell'ultimo posto in fondo, lontano da lei che si trovava nelle prime file. Giunti al porto di Ancona, avevano chiesto ad alcuni di noi di aiutare a restituire i documenti di identità ai passeggeri. Fatalità, nel mazzo di documenti affidato a me c'era anche quello di quella ragazza, così ci siamo conosciuti e si è sciolto il ghiaccio. Da quel momento in poi abbiamo trascorso ogni attimo della settimana insieme. Era scattato qualcosa, era evidente, ma per prudenza e fedeltà agli impegni presi, non mi ero permesso nulla. Pregavamo, parlavamo, condividevamo e là ci si fermava. Lei vagamente accennava a una cosa importante che avrebbe dovuto dirmi per onestà. Pensavo avesse un figlio, cosa che per me non sarebbe stato di certo un ostacolo. La settimana è volata via e, una volta rientrati, a chi mi chiedesse come fosse andata e se avessi visto la Madonna, rispondevo che l'avevo davvero incontrata: era bionda, con occhi verdi e aveva l'accento siciliano. Al di là della mia tipica ironia, a Medjugorje ero stato bene, anche se non avevo avuto segni particolari, sicuramente avevo fatto esperienza di un luogo straordinario per il silenzio e la preghiera, pieno di giovani di tutto il mondo e con un concentrato di storie di conversione che mi avevano fatto ricredere sulla veridicità delle apparizioni. Se un albero buono non può dare frutti cattivi, a Medjugorje c'erano davvero frutti in abbondanza. Inoltre i cosiddetti "veggenti" erano persone molto semplici, che si dedicavano a tempo pieno ai pellegrini, conducendo una vita quasi insostenibile da tantissimi anni e, soprattutto, avevano subito un decennio di persecuzioni sotto il regime comunista di Tito, mentre erano ragazzini, rischiando la vita e mettendo a repentaglio le proprie famiglie per difendere la loro testimonianza di fede. Tornando a me, il momento che più mi aveva segnato era stata l'apparizione a cui avevo assistito per la prima volta, durante la quale mi ero sentito leggero, avvertendo come un soffio di brezza leggera, come se fossi stato avvolto in una bolla di grazia o proiettato in un'altra dimensione. Una sensazione strana, che mi aveva di sicuro interpellato interiormente, ma in generale direi che ero tornato come ero partito, quel pellegrinaggio non sembrava aver avuto un grande effetto su di me.

Avevo iniziato a frequentare la nuova amica a Roma, anche se non mi lasciavo mai andare oltre un abbraccio. Non ci siamo mai dati un bacio perché volevo fare le cose per bene, nella giusta gradualità. Era passato poco tempo da quando mi ero lasciato con Elena, dopo tre anni di fidanzamento. Un giorno finalmente si era decisa a rivelarmi il suo segreto: era sposata. Alla notizia ero rimasto spiazzato. Le chiesi come mai non portasse la fede e lei mi rispose che oramai era finita, anche se vivevano sotto lo stesso tetto. Mi aveva confidato la sua storia, nella quale un grande peso veniva dal non riuscire ad avere un bambino. Non sapevo più cosa pensare. Ero in stato confusionale. Tornato in comunità, avevo scritto un bigliettino a Chiara: «Appena puoi avrei bisogno di parlarti per una cosa importante». L'avevo imbucato nella sua cassetta in segreteria e avevo appena chiuso la porta quando mi sono trovato Chiara di fronte che mi chiedeva di parlare. Un po' sorpreso l'avevo seguita nella sala colloqui antistante. Chiara, senza sapere nulla, mi aveva detto che in preghiera aveva sentito che qualcosa non andava. Ero stupito. Nessuno sapeva quanto stessi vivendo e lei non aveva letto il mio biglietto. Le raccontai tutta la storia e il suo consiglio era categorico: avrei dovuto tagliare in modo netto la relazione. Alla mia domanda se quella fosse una "obbedienza"[7], come sempre mi aveva risposto che ero libero, che era un suo consiglio, ma

7 Con questa domanda intendevo comprendere se ero tenuto a aderire a ciò che Chiara mi diceva o se potevo decidere autonomamente, senza coinvolgere l'esercizio dell'impegno assunto come consacrato. I membri consacrati dell'associazione Nuovi Orizzonti – in diverse modalità a seconda dei differenti stati di vita e consacrazione – fanno promessa di povertà, castità, obbedienza e gioia. In particolare, si impegnano a praticare, nella misura e nel modo richiesto dal proprio stato di vita, l'obbedienza alla Parola di Dio, al Santo Padre, al vescovo diocesano e ai responsabili dell'associazione.

che la scelta doveva essere mia, aggiungendo che se avessi deciso di percorrere quella strada, avrei dovuto dirle che era una mia scelta. Il futuro di quella storia dipendeva da me.

Proprio quella sera avremmo dovuto avere un appuntamento a Roma. Invece l'avevo disdetto al telefono, senza spiegarle quanto accaduto con Chiara, ma dicendo che ci avevo riflettuto e avevo capito che era meglio chiudere i rapporti, anche per darle la possibilità di capire davvero a che punto fosse con suo marito. Naturalmente è stata dura per entrambi. Da quel giorno sono sparito completamente, cambiando mail e telefono. Non l'ho mai più incontrata. Solo una volta ci siamo incrociati. Dopo sei anni, il giorno prima della mia ordinazione sacerdotale, in modo del tutto inaspettato ho risentito la sua voce al telefono, perché era riuscita ad avere il mio numero. Mi aveva chiesto di non chiudere. Voleva ringraziarmi e mi aveva raccontato che con il marito non si erano più lasciati, grazie a un percorso di fede a Medjugorje, ottenendo anche la grazia di una figlia che avevano chiamato Miriam, in onore della Madonna. Mi aveva chiesto di poter venire con tutta la famiglia all'ordinazione. Ricordo di averli visti e salutati con uno sguardo da lontano, proprio subito dopo la consacrazione, vestiti per la prima volta i paramenti sacri.

Tornando al 2000, in quel periodo di taglio drastico, per me la confusione invece che diminuire era aumentata. Se guardavo a me, così com'ero, mi sembrava impossibile poter abbracciare una vita nel celibato, avendo un cuore così ballerino. Allo stesso tempo, se provavo ad ascoltare Dio, sentivo la stessa spinta interiore che confermava la chiamata al sacerdozio. Non era facile capire cosa fare. Questa contraddizione faceva riemergere una sopita rabbia verso Dio e un rifiuto per il sacerdozio. Perché Dio mi chiedeva questo, proprio a me? Perché tutti a Nuovi Orizzonti erano laici single, fidanzati o sposati e proprio a me chiedeva di diventare prete? Ci sono tanti che lo desiderano e viene a chiederlo a me che non lo voglio? Avevo promesso a Dio che avrei fatto qualsiasi cosa se me lo avesse chiesto, purché fosse chiaro. Adesso lo era, ma quanto chiedeva non corrispondeva a ciò che volevo. Ho vissuto un nuovo anno di lotta e battaglia interiore difficile da sintetizzare. La via consigliatami da Chiara era quella di mettermi in donazione ed effettivamente si è rivelata nel tempo molto efficace. Quando ci si mette a servire, automaticamente si smette di essere ripiegati su di sé e molte preoccupazioni, anche se viscerali, perdono un po' la loro forza. Nella mia testa una domanda era ricorrente: "Dio, ma cosa vuoi da me? Va bene tutto, ma non prete, ti prego". Eppure il mio sentire era continuamente schiaffeggiato da percezioni e piccoli segni inaspettati, che mi portavano verso quella via. Anche leggere o ascoltare un semplice passo evangelico mi mandava in forte crisi, anche se agli altri non faceva questo effetto. Ricordo in particolare una frase che mi ha letteralmente perseguitato, saltando fuori dappertutto, e mi dava fortemente fastidio quando me la trovavo davanti: «Tu sei sacerdote per sempre, alla maniera di Melchìsedek»[8]. Allora erano parole amare che rifuggivo, oggi sono parole dolci come il miele, che mi aiutano a pregare e a riscoprire chi sono davvero.

A un certo punto dell'anno, ero voluto tornare a Medjugorje. Questa volta il viaggio l'avevo veramente desiderato ed è stato tutto diverso. In quei giorni mi ero immerso profondamente nella preghiera e piano piano Maria ha operato con forza nel mio cuore. In realtà già nel primo pellegrinaggio un semino era stato posto dentro di me e stava crescendo, ma non me ne ero accorto. Non so descrivere bene quanto ho vissuto in quei giorni, ma l'immagine che meglio descrive ciò che è avvenuto è questa: è come se una mano invisibile avesse iniziato a rimuovere, con dolcezza e delicatezza, alcune pietre d'inciampo presenti nel mio cuore. Questi sassi

8 Salmo 109, 4; Ebrei 5, 6.

erano macigni che mi rendevano impossibile l'accettare la sola idea di diventare sacerdote. Non ho fatto niente di particolare e non ho avuto visioni, semplicemente ho vissuto lunghi momenti di silenzio sul Monte delle apparizioni, in particolare presso la Croce Blu, uno dei luoghi dove la Madonna è apparsa molte volte. Maria piano piano ha purificato la mia anima, portandomi a vivere un importante passaggio che Chiara tante volte mi aveva chiesto: fidarmi di Dio. Al termine di quei giorni ero riuscito a dire un "sì" senza più porre condizioni.

Tante volte Chiara aveva suggerito a tutti noi la preghiera che a Nuovi Orizzonti chiamiamo dell'*In Manus Tuas*[9], una delle formule che suggerisce di ripetere come preghiera continua durante la giornata, cercando di viverla con tutto il cuore e facendo sì che diventi parte di noi. Si inizia a recitarla con le labbra o mentalmente, facendola scendere nella profondità interiore. Si possono ripetere frasi semplici, come "Per te, con te, in te Gesù", "Tutto posso in Colui che mi dà forza", "Nulla è impossibile a Dio". Ma la preghiera principale è il fare propria la preghiera di Gesù, declinandola su di sé. Nel mio caso era diventata: «Padre, ti prego allontana da me questo calice. Io non voglio diventare sacerdote e non mi sento in grado di farlo. Non lo voglio. Ti prego, fa' che non debba essere questa la mia strada. Ma se tu hai pensato questo per me, mi fido di te! Padre, non sia fatta la mia ma la tua volontà! *In Manus Tuas Domine*!». Ho ripetuto queste parole ore e ore davanti alla Croce Blu, scalando le montagne, camminando nei campi... A volte piangevo, perché percepivo che Dio mi chiedeva di fidarmi.

Rientrato in Italia, al termine di quel viaggio, avevo confidato a Chiara che quella spinta interiore era troppo forte e che non andava via, anche se l'avevo combattuta con tutte le

9 Luca 23, 46. Sono le parole di Gesù sulla croce prima di morire, scelte da Chiara Amirante come incipit della preghiera di consacrazione dei Piccoli della gioia a Nuovi Orizzonti.

mie forze, pertanto sentivo che dovevo assecondarla e provare a fidarmi di Dio. Ero disponibile a iniziare un percorso per il sacerdozio. Non ero completamente guarito, la mia era una adesione di volontà. Interiormente restava vivo il combattimento. Il passo evangelico che più sentivo a proposito era quello delle nozze di Cana, dove Maria dice ai servi: «Fate quello che vi dirà»[10]. Era andata precisamente così. Mi fidavo di Gesù grazie a Maria, facendo tutto ciò che diceva, anche se mi sembrava una follia e io non l'avrei mai voluto: senza più chiedere spiegazioni, mettevo tutta l'acqua che potevo, fino all'orlo, fidandomi. Il resto ora doveva farlo il Signore.

Ogni uomo ha un suo compito nella vita,
e non è mai quello che egli
avrebbe voluto scegliersi.

HERMANN HESSE

10 Giovanni 2, 5.

PROVOCAZIONI

Nel dare forma alla nostra vita,
siamo la stecca da biliardo,
il giocatore o la palla?
Siamo noi a giocare,
o è con noi che si gioca?
ZYGMUNT BAUMAN

Le crisi ci aiutano a capire ciò che desideriamo davvero

Tutta la vita è un cammino con continue vette da scalare. Ogni tappa è una meta e una nuova partenza. Prima e dopo averle raggiunte c'è sempre un tempo di gioie, fatiche, prove, cadute, conferme, vittorie, sconfitte e soprattutto nuove consapevolezze. Alcune mete sono delle nuove partenze più significative di altre perché orientano e ispirano tutta la nostra esistenza. Noi tutti non solo abbiamo, ma soprattutto siamo una vocazione che con la vita si definisce. Quando ho incontrato Chiara Amirante ho percepito che Nuovi Orizzonti *era la mia vocazione perché quel carisma non era qualcosa di esterno a me, ma dava un nome e una precisa forma a ciò che io sentivo dentro di me da sempre. Chiara dava semplicemente voce a ciò che io provavo, come se parlasse di me, raccontando di sé. Non si trattava di un racconto e basta, ma di un "abito" interiore che già mi apparteneva.*

Il tempo è stato comunque necessario per maturare, scandagliare, verificare, mettere in discussione e poi scegliere. Certamente certi segni e determinate conferme sono importanti, ma lo sono anche le difficoltà. Anzi, è proprio grazie ai momenti critici che si raggiunge maggiore consapevolezza e conoscenza di sé. Le prove, o provocazioni, sono parte essenziale di ogni vocazione. Le sfide che la vita ci pone dinnanzi sono sempre un'opportunità di rafforzare la nostra scelta di fondo, definendo chi vogliamo essere. Lo scalpello è nelle nostre mani, anche se i colpi battuti provengono da forze al di fuori del nostro con-

trollo. Noi possiamo decidere dove collocare il punteruolo. Sant'Agostino scrive: «La nostra vita in questo pellegrinaggio non può essere esente da prove e il nostro progresso si compie attraverso la tentazione. Nessuno può conoscere se stesso se non è tentato, né può essere coronato senza aver vinto, né può vincere senza combattere; ma il combattimento suppone un nemico, una prova»[1]*. Non esiste una vita senza prove.*

Spesso si fallisce il bersaglio perché si è arrivati a compromessi con se stessi, si sono aperte porte che non si riesce più a richiudere e che minano alla base la nostra vocazione. La causa del mancato allenamento in tal caso dipende da noi e può avere motivazioni molto diverse. Lati oscuri personali, condizionamenti profondamente radicati, vissuti irrisolti, meccanismi di difesa e sovrastrutture, vizi che ci svuotano l'anima, la pigrizia, la superbia, il sopravalutarsi, l'egoismo o l'edonismo in genere sono i possibili ostacoli. Ognuno ha i suoi "mostri" con cui dover fare i conti. Far finta che non ci siano o mollare quando il gioco si fa duro non è mai la soluzione, anzi si prepara un successivo tempo in cui ci verranno ripresentate le stesse dinamiche in contesti e modalità differenti, ma sostanzialmente uguali.

C'è chi parte bene ma poi si stanca lungo il cammino, dimenticando ciò che l'ha fatto innamorare. Nella vita spirituale o si va avanti o si va indietro, non si può mai restare fermi, perché questo equivale ad andare indietro. C'è chi confonde le proprie motivazioni con l'evanescenza dell'innamoramento, cercando sempre nuove esperienze che tocchino la sfera dell'emotività, non riconoscendo il tempo adulto dell'amore che chiede colpi di volontà e iniziativa personale per alimentare i sentimenti. C'è chi smarrisce la via cedendo a una sola tentazione che si rivela fatale. C'è chi sottovaluta il rischio di essere idealista, poco a contatto con la realtà e la sua finitudine, scontrandosi improvvisamente con l'umanità e i limiti della propria realtà religiosa o del proprio partner, tanto da non riconoscersi più,

1 Sant'Agostino, *Commento ai Salmi*, Salmo 20, 2-3, CCL 39, 766.

come se fosse stato improvvisamente catapultato fuori dal libro della sua fiaba preferita. C'è chi esaurisce la spinta volontaristica su cui ha fondato la propria scelta vocazionale, trovandosi improvvisamente svuotato e con il muscolo della volontà atrofizzato, cadendo in tanti possibili oblii, tra cui spesso c'è il recupero di tutte le esperienze perse in un'ingordigia irrefrenabile.

Tanti sono i possibili risvolti e motivi che possono spingerci a perderci, a scendere dal treno, a gettare la spugna, ad abbandonare la propria vocazione. Difficilmente chi lo fa prende coscienza delle proprie responsabilità, di solito le scarica su uno o più capri espiatori. La mancanza di custodia, fedeltà, concretezza, spiritualità autentica e consapevolezza ci può indurre a essere colti alla sprovvista quando arriva un colpo inaspettato sul terreno di gioco. Se ci fossimo attrezzati avremmo potuto assorbirlo o evitarlo, ma non sempre è così facile.

A volte la responsabilità non è totalmente personale perché potremmo pagare lo scotto di chi doveva accompagnarci e guidarci in modo differente. Per questo, come in tutte le discipline sportive, non è secondario scegliere le figure strategiche del team preposto alla preparazione atletica. Alcune figure ci vengono date – come i genitori, i parenti, gli insegnanti... – ma a un certo punto siamo sempre e solo noi che possiamo "dare il potere" di guidarci ad alcuni.

La responsabilità di essere un educatore è davvero una vocazione in sé. Una persona che si affida a noi, soprattutto in un'età più plasmabile o in una situazione vulnerabile, mette nelle nostre mani la sua vita e noi possiamo aiutarla a crescere o danneggiarla per sempre. Stiamo parlando di un ambito delicatissimo che non si riduce mai a essere solo un mestiere, ma chiama in causa il livello più alto possibile di moralità e responsabilità. Il mio consiglio è di essere molto vigili prima di affidarsi a qualcuno. Oggi esistono grandi manipolatori che sono davvero pericoli pubblici, in ogni genere di relazione di aiuto. Non si tratta solo di persone senza scrupoli, ma anche di inconsapevoli narcisisti patologici o con personalità malate, che proprio in quanto non consapevoli dei loro problemi fanno dei danni incommensurabili. Come difendersi? Guardate a ciò che Dio guarda di più: il cuore e la coerenza di vita. Se qualcosa non vi torna, abbandonateli subito.

Imparate a fidarvi delle persone giuste e ad allontanarvi da chi può farvi del male. Affrontate ogni crisi chiedendo aiuto alle persone giuste e imparando ad ascoltarvi davvero. Prima di consegnarvi del tutto a qualcuno, datevi il tempo di verificare per bene i passi che state compiendo, avvalendovi delle figure importanti e solide che già avete. Camminate consapevoli che le prove, le difficoltà e le cadute ci saranno. Non spaventatevi mai. Abbiate occhi per riconoscere le provocazioni quotidiane e prima di agire pensate bene a quali conseguenze porteranno le vostre scelte. Se aveste fallito, non preoccupatevi, perché finché c'è vita non è ancora scritta l'ultima parola. Finché respirate avete ancora l'occasione di rialzarvi e definire chi volete essere, trasformando la vostra sconfitta in una importante lezione di vita. Il segreto per realizzare la propria vocazione è non arrendersi. La maggior parte delle persone si arrende alle prime sconfitte e ai primi problemi, senza capire che quei muri possono avere uno scopo prezioso: darci la possibilità di dimostrare quanto realmente teniamo a quello che vogliamo realizzare.

Dio non vuol forzare la nostra volontà,
prende ciò che gli diamo,
ma non si dà interamente a noi
finché noi non ci diamo interamente a Lui.
SANTA TERESA D'AVILA

Pure questa… No!

Gli uomini dell'occidente
vivono come se
non dovessero mai morire
e muoiono come se
non avessero mai vissuto.
DALAI LAMA

Nel novembre del '99 un'équipe coraggiosa aveva aperto la nostra sede di Montevarchi e nei mesi successivi c'era stato l'evento dell'anno: il matrimonio di Loredana e Giulio. Eravamo accorsi tutti alla grande festa. La messa era presieduta da don Salvatore. Per l'occasione c'erano anche mamma e papà venuti apposta da Padova. Erano oramai affezionati a Nuovi Orizzonti. Ho scoperto che papà ogni tanto faceva qualche visita improvvisa in quella sede, senza che io sapessi nulla. Era diventato un vero promoter con una efficacia unica, in particolare nei periodi del "cinque per mille".

La sera prima del matrimonio ho chiesto ai miei genitori di poter parlare. Ci eravamo ritrovati appartati in una cameretta della comunità. Erano chiaramente preoccupati, perché non sapevano mai cosa potersi aspettare da me. Era il periodo in cui avrei dovuto definire quale cammino universitario intraprendere. Papà era seduto sul letto, mentre mamma, per la tensione, era rimasta in piedi. Appena ho comunicato che avrei iniziato un discernimento per il sacerdozio, mamma si è lasciata cadere fisicamente all'indietro, sprofondando sul letto ed esclamando: «Pure questa… No!». Papà invece era rimasto di stucco con il volto tipicamente accigliato, scrutandomi a fondo e poi ponendo piccole domande volte a sondare se fossi sicuro di una tal scelta, rammentandomi l'esperienza del seminario minore... una ferita aperta che ancora sanguinava. Papà era più "soft" nelle sue obiezioni, mamma invece per dissuadermi aveva ingaggiato una vera battaglia, che sarebbe durata ancora per un bel po'. L'accoglienza e il supporto non erano stati dei migliori. Non ho mai avuto qualcuno che mi supportasse nelle mie scelte assecondandomi, ma ho sempre avuto la libertà autentica, che ti porta a essere responsabile di ciò che decidi. Anche il resto della famiglia ha cercato di farmi ragionare, ognuno a modo suo, lungo tutto l'arco degli anni di seminario.

In quel periodo propedeutico c'è stata una Dio-incidenza strana: nello stesso periodo in cui avevo manifestato a Chiara il mio "sì", si erano fatti avanti anche altri in comunità che sentivano la stessa chiamata. Fino a quel momento la comunità non aveva avuto vocazioni sacerdotali. Alcuni sacerdoti venivano da fuori per le confessioni. I sacerdoti di riferimento fissi, oltre al vescovo Boccaccio, erano don Alfredo e don Giulio. Don Alfredo era un neocatecumenale che veniva periodicamente, sentendo una grande comunione con il nostro carisma, don Giulio invece si sentiva chiamato a Nuovi Orizzonti, ma, dopo esser stato con noi un anno, era stato obbligato a tornare in diocesi dal proprio vescovo. Aveva sofferto molto per questo rimettendoci la salute fisica. Ricordo che anch'io mi ero arrabbiato molto sia con lui – perché avevo vissuto il suo allontanamento come un abbandono – sia con il suo vescovo. Alcuni seminaristi di diverse diocesi si avvicinavano alla comunità e uno di questi, mio omonimo, proveniente dalla diocesi di Belluno-Feltre, sarebbe stato il primo a vivere dal diaconato in poi con noi, dal 2003. Ma all'epoca non c'erano state ancora vocazioni sacerdotali, né esisteva un percorso per chi eventualmente potesse sentire questa chiamata.

Proprio in quei giorni in diversi avevamo percepito la stessa spinta a essere sacerdoti totalmente dedicati al servizio della comunità. Tra questi c'era Tonino, che si era lasciato con la nuova fidanzata dopo aver sentito la chiamata al sacerdozio a Medjugorje, e Francesco, che dopo essere uscito dall'ordine di Madre Teresa di Calcutta, aveva sentito di esser chiamato come sacerdote a Nuovi Orizzonti. A quest'ultimo Chiara aveva obiettato che non poteva assicurargli che fosse possibile "diventare preti" a Nuovi Orizzonti, perché non esisteva un seminario, ma Francesco aveva risposto che quello che aveva sentito era troppo forte e chiaro ed era pertanto disposto ad attendere i tempi di Dio. Altri tre si erano fatti avanti nello stesso periodo, senza sapere degli altri a cui stava succedendo lo stesso. È stata Chiara a radunarci, presentandoci al vescovo Boccaccio. Così è iniziato un periodo propedeutico con don Salvatore e Chiara come guide, vivendo in fraternità a Piglio e iniziando a frequentare alcuni corsi ad Anagni nel Pontificio Collegio Leoniano per il percorso accademico. Il nostro futuro era tutto un'incognita ma noi ci fidavamo semplicemente di Dio.

L'anno 2000-2001 mi era stato affidato il compito di sviluppare la rete di distribuzione per la vendita delle icone prodotte dal nostro laboratorio, che aiutavano la sussistenza del centro, o meglio, che avrebbero dovuto aiutare… Di fatto si era sempre in pareggio o in rosso, se non fosse intervenuta la Divina Provvidenza tramite generosi aiuti in donazioni libere e prestazioni lavorative gratuite. Nel mio piccolo avevo provato a studiare il settore, cambiando i materiali e aumentando la produzione, cercando di intercettare una domanda-risposta di mercato. Mi alzavo alle sei del mattino per evitare il traffico della tangenziale est e del raccordo di Roma e fare il giro di tutte le basiliche da San Giovanni in Laterano alle catacombe, concludendo in via delle Conciliazione e dintorni. Dalla mattina alle otto di sera giravo con la mia Fiat Tipo munito di campionari. Spiegavo che si trattava del frutto dell'impegno di ragazzi che si stavano rieducando al lavoro e che per loro era un'opportunità di rinascita. Non trovavo sempre accoglienza, però i negozi delle Edizioni Paoline, la basilica di San Giovanni in Laterano e la chiesa di Santo Spirito in Sassia avevano aperto le loro porte a quel ragazzino con i capelli lunghi che credeva profondamente in quel che diceva. Ci mettevo tutta la passione possibile.

A Piglio facevo grandi litigate con i ragazzi perché spesso trovavo gli ordini eseguiti male o in modo sbagliato, rischiando che saltassero le consegne. Avevamo passato così alcune notti a rifare cinquecento icone. I ragazzi avevano iniziato a odiarmi. Uno in particolare, detto "il Candidi", si era rifiutato di lavorare. Era uno di quei tipi che in carcere comandavano gli altri come dei boss e chiaramente non voleva prendere ordini da un ragazzino ben più giovane di lui. Scartavetrava alla velocità di una lumaca e faceva quelli che in gergo si chiamano "impicci", formando una combriccola tutta sua. Avevo provato prima con le buone e poi affrontandolo di petto, perché aveva ricreato le dinamiche del carcere dentro la comunità. La sua risposta era stata una semplice ma inequivocabile minaccia. Anche se ero un po' intimorito, mi ero fatto forza affrontandolo e gli avevo chiesto di ripetermi bene cosa aveva detto, pronto ad assumersi le sue responsabilità. Lui non aveva battuto ciglio ribadendo il concetto. Alla prima riunione operatori avevo portato il caso, facendolo convocare. Chiara anche in quell'occasione aveva sbrogliato la situazione con grande risolutezza e saggezza, forte della sua esperienza. Da quel giorno Giuliano mi ha sempre rispettato e anch'io ho potuto scoprire un uomo diverso. Dietro la maschera del duro c'era una persona semplicemente imbruttita dalla vita ma che in fondo era d'animo buono. L'aver fatto parte della malavita genera abitudini difficili da sradicare.

Nonostante i problemi di salute, anche quell'anno Chiara era andata in missione all'estero ed era stata la volta del Brasile. Il vescovo don Adelio Tomasin ci voleva assolutamente nella sua diocesi, in una delle zone più povere del Brasile, presso una cittadina nell'entroterra del Nord-Est, nel famoso sertão. In piena zona equatoriale, con il caldo a quaranta gradi e tanti disagi per ogni tipo di infestazioni stagionali, tra serpenti e tarantole, Chiara aveva sentito nel cuore di non poter lasciare inascoltato il grido di tanti piccoli incontrati a Quixadà. All'epoca era una cittadina dove non c'era nulla, solo un piccolo centro e tante favelas con fogne a cielo aperto, tra violenza ed elevata mortalità infantile. Nel suo viaggio aveva fatto tappa anche a Fortaleza, la capitale del Cearà, completamente diversa dalla zona di Quixadà perché collocata sul mare, turistica e internazionale, ma con una fortissima divisione tra classe ricca e povera. Si potevano vedere chilometri di recinzioni per ville extra lussuose davanti ad altrettanti chilometri di baraccopoli in condizioni disumane. Ad aggravare la situazione c'era un problema di droga dilagante, in particolare con il crack[2] consumato perfino dai bambini, che erano anche vittime di stupri e violenze di ogni genere. Fortaleza è una delle città più pericolose e violente al mondo, tra i centri principali del turismo sessuale minorile. Oggi alcune cose sono cambiate da allora ma non tutte in meglio.

Nel viaggio in Brasile del 2000, il vescovo don Adelio aveva capito come toccare il cuore di Chiara: sapeva che una volta incrociati quegli sguardi smarriti, non sarebbe riuscita a lasciare inascoltato quel grido. Anche se non avevamo mezzi economici né risorse umane né esperienza specifica in quel campo, Chiara e il consiglio avevano deciso: una piccola spedizione sarebbe partita quell'estate per costruire le prime casette di accoglienza. Io volevo assolutamente partire e mi ero offerto tra i volontari, ma Chiara mi aveva detto un "no" categorico. Temeva che fosse un'esperienza troppo dura e che la mia vocazione potesse essere messa a rischio. Era sicuramente preoccupata della leggendaria bellezza delle brasiliane e della mia fragilità affettiva. Anche se non volevo ammet-

2 Cocaina e bicarbonato di sodio e/o ammoniaca.

terlo, non aveva tutti i torti. Per diverse ragazze brasiliane in contesti di povertà la sessualità è molto libera e un italiano è visto come un'occasione di riscatto da quel mondo.

In modo del tutto inaspettato a maggio ho ricevuto una telefonata di Chiara che mi chiedeva se fossi ancora disponibile ad andare in Brasile. Le avevo dato il tormento ogni giorno, ma Chiara non è la persona che cambia idea se insisti. Adesso invece mi diceva che aveva pensato a me perché serviva davvero il mio apporto: «Davide, vuoi ancora partire per il Brasile? Nell'équipe penso che potresti sostenere Tonino che deve guidare la missione. Sarà dura e ci sarà molto da fare... Purtroppo non abbiamo più soldi in cassa, per cui dovrai provvedere a pagarti il biglietto per andare. Se trovi il necessario, prendiamolo come segno della volontà di Dio». In quel momento ero così contento della notizia che non mi ero preoccupato della quota da pagare. Poi però mi ero reso conto che serviva una cifra che oggi sarebbe di circa mille e quattrocento euro e io non avevo davvero una lira.

Per scelta personale non ho mai percepito nessuna entrata economica, vivendo pienamente abbandonato alla Provvidenza e devolvendo ogni mio introito alla cassa comune. Quando avevo bisogno, chiedevo e se fosse stato possibile sarei stato supportato, altrimenti era un'occasione per esercitarsi nella perfetta letizia francescana. Non avevo idea di come trovare i soldi necessari per quel viaggio. Alessandra, allora addetta alla contabilità, mi aveva riconosciuto un bonus per le vendite delle icone dell'anno, ma mancava un terzo della cifra. Allora mi ero ingegnato. Ci avevano regalato tante bombolette "mangia odori" di una nota marca. Le avevo rivestite di un'etichetta ad hoc e avevo iniziato a fare "la questua" casa per casa nei paesini limitrofi. Bussavo a ogni porta e spiegavo chi ero, cosa facevo, perché dovevo raccogliere quei soldi e chiedevo un'offerta in cambio di una bomboletta. In tre settimane avevo raccolto altre cinquecentomila lire. È stato umiliante, ma cercavo di rammentare i fioretti di san Francesco per farmi coraggio, affidandomi al Signore e alla sua volontà, anche se confesso di aver cercato sempre di forzarla un po' a mio vantaggio... In quei giorni non sono mancati incontri con dialoghi profondi, ma l'ultima settimana non avevo raggiunto ancora la somma completa. Non mi sembrava possibile farcela. Eppure, ecco il colpo di scena: una donatrice divenuta mia carissima amica, Teresa di Acuto, aveva messo l'intero importo mancante. Mi sono potuto presentare con il trofeo in mano, ma solo una volta ottenuto il mio biglietto ho scoperto che ero stato l'unico a pagarmelo per intero: a tutti gli altri la spesa mancante era stata coperta dalla comunità con un'offerta ricevuta. È la logica della Provvidenza, non si fanno parti uguali tra diseguali. Per me era stato un altro tassello importante per crescere nell'umiltà, nella fiducia, nella semplicità e nell'abbandono. Ora si partiva per la missione tanto attesa.

Il deserto vero

In piena estate 2001 siamo partiti per la missione. L'obiettivo era quello di porre le fondamenta da zero della prima realtà in Brasile. Abbiamo avuto il privilegio di vivere una sorta di *implantatio Ecclesiae*[3]. Arrivati nel cuore del deserto brasiliano, c'eravamo sistemati nel terreno precedentemente individuato da Chiara, Tonino e il vescovo Tomasin. Il sertão consiste principalmente di bassopiani tra i 200 e 500 metri sul livello del mare, con quote più elevate nella regione sub-umida, ovvero dov'eravamo noi nel Cearà. Trovandosi vicino all'equatore la temperatura è sempre molto elevata ed è un caldo umido. La piovosità è concentrata in un brevissimo arco di pochi mesi che rende la stagione delle piogge particolarmente violenta. A volte si vive il fenomeno del deserto che fiorisce e si contempla una rigogliosa foresta, altre volte arrivano acquazzoni improvvisi che devastano tutto rendendo impraticabili le strade fangose. Si passa dalla siccità a vere e proprie inondazioni, che rovinano i raccolti causando spesso negli anni gravi carestie.

La prima fase del nostro lavoro è stata occupata dalla diboscazione della zona della foresta in cui dovevamo costruire, successivamente abbiamo picconato la terra per le fondamenta, iniziando così la costruzione della prima struttura di accoglienza per i bambini di strada. In contemporanea dovevamo iniziare le prime attività sociali e di evangelizzazione in loco e andare anche a Fortaleza per una seconda costruzione, piantando i semi della Cittadella Cielo brasiliana.

3 L'inizio di un'opera missionaria.

Tonino capitanava la spedizione di dieci uomini e una donna. C'era un caldo asfissiante. Dormivamo in una casa sigillata tutto il giorno per evitare che entrassero serpenti e tarantole dalle finestre. Dentro non avevamo nulla: ognuno si era fatto un comodino con uno scatolone rovesciato. Non avevamo acqua ed eravamo in mezzo al deserto, con un laghetto marrone nelle vicinanze e montagne con una foresta fitta che giungeva fino ai lati delle nostre quattro mura.

Dopo una prima settimana di lavoro, una mattina era arrivata una jeep con un italiano che, senza presentarsi, ci aveva chiesto chi di noi potesse aiutarlo ad aprire una strada nel deserto. Aveva il suo machete in mano e ci aveva attrezzati tutti. Mentre ci avventuravamo tra le fronde sempre più fitte, abbiamo scoperto dalla croce pettorale che aveva sotto la maglia che si trattava del vescovo don Adelio. Il vescovo Tomasin è un uomo che in trent'anni di missione ha rinnovato tutto a Quixadà, cambiando il volto e il tessuto di un'intera società: ha realizzato strade, ospedale pediatrico, università, luoghi di aggregazione e un santuario famoso in tutto lo stato del Ceará, creando turismo religioso. Tra le tante comunità da lui chiamate lì c'era anche *Regina Pacis* di Verona, grazie alla quale, in vent'anni di duro lavoro, è stata sconfitta la mortalità infantile causata dalla denutrizione. Al termine di qualche ora di lavoro il vescovo aveva del sangue che colava dal braccio e al ritorno gli avevo chiesto se volesse del disinfettante ma lui, dopo aver sputato sul braccio, aveva affermato: «Questo è il migliore che ci sia!». Lo stesso uomo armato di machete incontrato la mattina, lo si ritrovava la sera in cattedrale con i migliori paramenti sacri, degni di San Pietro. Tanto era concreto e pratico, così era attento alla liturgia, alla sacralità del cerimoniale e all'unità tra le comunità presenti.

Si lavorava sotto il sole con quaranta gradi, avendo poca acqua e difficoltà a rifornirsi perché i primi negozi, dopo le favelas, distavano un'ora a piedi. Inoltre certe strade, come quella per *Juatama*, andavano percorse con cautela, a causa di possibili assalti. Non avevamo mezzi di trasporto. Qualche volta usavo l'asinello o un cavallo. Lo scavo delle fondamenta è stato molto complesso. Quella zona è molto sassosa, con pietre difficili da rimuovere. Avevamo scavato con pale e picconi due metri sottoterra. Ogni tanto spuntava un serpente corallo o una tarantola, bisognava essere attenti e rapidi nell'intervenire. La dinamite faceva poco effetto sulle pietre e ben due ruspe si erano rotte lungo il tragitto a causa del terreno dissestato.

Vivevamo in base alla luce solare. Non c'era rete elettrica né telefonia fissa, acqua corrente, fossa biologica, televisione, illuminazione esterna. Si poteva ammirare il firmamento nella sua piena luminosità, nel suo splendore. Passavamo il tempo libero a condividere tra di noi o a pregare in una stanzetta adibita a cappellina. Qualche volta andavamo a pregare in una comunità vicina a noi, L'Oasi della pace, una realtà religiosa molto bella che ci aveva accolti e supportati fin dagli inizi. A volte capitava anche di muoversi di notte grazie alla luce lunare che ci permetteva di non smarrire la via. Una volta, di ritorno dall'Oasi verso mezzanotte, ci eravamo avventurati in una notte senza luna. Mentre camminavamo piano, perché non si vedeva nulla, all'improvviso avevo sbattuto contro quello che sembrava un muro… ma era una mucca, che aveva muggito per l'urto. Io e Antonio eravamo tornati a casa a tutta velocità, battendo i record del grande Usain Bolt. Tante volte abbiamo preso grandi spaventi, anche perché si lavorava in condizioni estreme. Un giorno nella camera da letto che condividevo con Tonino abbiamo trovato una tarantola più grande della mia mano. Qualche volta un serpente velenoso capitava in cucina o lungo il nostro percorso. C'era sempre da stare attenti. I bambini del luogo invece giocavano con questi animali, capaci di immobilizzare serpenti corallo o di mettersi un boa attorno al collo.

Man mano che la casa prendeva forma anche noi ci evolvevamo. Da uomini della foresta improvvisati, avevamo acquistato la prima automobile, un pickup: finalmente *um carro* tutto nostro! Si trattava del peggior ferrovecchio possibile che Tonino aveva ottenuto con il poco che avevamo a disposizione. Ci stavamo in sei pigiati nei sedili e sul cassone prima in quattro o cinque sdraiati, poi con venti bambini addosso ci spostavamo visitando le favelas. Dopo nove ore di pala e piccone sotto il sole, eravamo capaci di andare a piedi per quaranta minuti nel deserto per giocare a calcio. I bambini si divertivano a umiliarci. Loro avevano i calli nei piedi, noi sanguinavamo tra sabbia, sassi e sterpaglia. Ingaggiavamo sfide improbabili Brasile-Italia. Non solo ci scartavano facendo tutti numeri alla Ronaldo "Il fenomeno", ma addirittura, anziché andare dritti in porta, tornavano per farci un secondo e terzo tunnel. Era così bello stare con loro. Bambini di strada con occhi grandi e teneri, che si attaccavano a ciascuno di noi come se non volessero lasciarci più. Inizialmente erano ostili, soprattutto verso le figure maschili, evidentemente per gli abusi e le violenze subite, ma poi diventavano spugne assetate di affetto. Nel tempo trascorso con loro la percezione più ricorrente era di sentire risucchiate le energie vitali. Hanno un bisogno d'affetto smisurato. Più di una volta la sera si viveva la sensazione di non avere più nulla da poter dare.

Alla fine di una partita, una sera un vecchio ci aveva invitato nella sua casa fatta di fango secco attaccato a dei bastoni incastrati tra di loro. In pochi metri quadri dormivano ben sette persone. Senza fognature né acqua corrente. In quel contesto di odori e degrado l'uomo ci voleva offrire da bere. Avevo ringraziato rifiutando, ma lui insisteva. Cercando di capire meglio cosa volesse dire, mi aveva fatto vedere che l'acqua che dava a me veniva da una confezione aperta per l'occasione per l'ospite. Lui beveva quella piovana raccolta in una cisterna esterna, tutta sporca e piena di ruggine, per noi aveva quella sigillata. I poveri davvero ti evangelizzano. In un'altra occasione, sempre visitando le favelas, non avevamo potuto rifiutare un invito a cena e abbiamo dovuto mangiare quel poco che c'era, anche se si faceva fatica a deglutire. In un'occasione mi ero lasciato scappare un "che schifo". Loro non capivano l'italiano. Un frate missionario, davanti a tutti, mi aveva fulminato: «Non dire mai più una cosa del genere. Quello che per te è superfluo, quello che a te fa schifo, per loro è vitale. Ti stanno dando il meglio che hanno». Aveva ragione. Non ho mai più pronunciato quelle parole in vita mia.

Un momento davvero critico è stato quando siamo rimasti senza acqua per diversi giorni. Non riuscivano a rifornirci ed eravamo senza mezzi perché Tonino era a Fortaleza. Avevamo mangiato l'ultimo pacco di riso rimasto, anche se era infestato di tarme che si muovevano dentro. Non potendolo pulire, avevamo cucinato tutto insieme mangiando quel piatto che scrocchiarellava un po'. Qualcuno aveva chiesto cosa fossero quelle cosette nere che facevano rumore, ma io e Biagio, che eravamo di turno in cucina, avevamo risposto che si trattava di una qualità particolare di riso tipica della zona. Senza mangiare si può resistere, ma senza acqua no. Suor Antonella, che era medico dell'Oasi della pace, ci aveva detto di non bere assolutamente dal lago. Dovevamo evitare anche l'acqua piovana, a meno che non la filtrassimo e la disinfettassimo con l'amuchina. Terminata anche quella, non avevamo più nulla. Avevamo chiesto anche soccorso ma tardava ad arrivare. Avevamo superato un giorno mangiando le croste di un'anguria per assumere liquidi. Poi non ce la si faceva più. Così avevo sorseggiato l'acqua del laghetto, dove ogni tanto facevo anche il bagno insieme alle mucche e agli asinelli. Non avevo avuto nessun effetto collaterale. Un altro ragazzo mi aveva visto e così mi aveva emulato. Quella stessa sera Onorino – uno del nostro gruppo missionario – è stato in preda a febbre altissima. Sentendolo delirare, mi sentivo in colpa. Quando aprivo la sua porta dirimpettaia alla mia, mi sembrava di vedere una scena del film *L'esorcista* da come stava male. Grazie a Dio i medici hanno fatto il loro dovere, anche se ha patito un bel po'.

Tutti questi disagi mi hanno fortificato e insegnato ad apprezzare tante cose date fino ad allora per scontate. Se dal punto di vista umano il fisico era provato e la mente doveva fare fronte a grandi stress emotivi – non sono mancati momenti di grande tensione anche tra di noi – dal punto di vista della fede si era ridotti così all'essenziale da doversi per forza rapportare continuamente con Dio. Nel deserto, senza inquinamento luminoso e acustico, nel silenzio assoluto, che in realtà è riempito dai rumori della natura ancora incontaminata, ho vissuto una delle esperienze di Dio più profonde di tutta la mia vita. Ci si ritrova soli, in silenzio con se stessi, nudi e privati di ogni possibile altro appiglio. Là si ha la vera misura di se stessi tra pregi e difetti, capacità e limiti, facendo una vera cernita tra ciò che è futile e ciò che è davvero importante.

Quando si dà il timone pienamente in mano a Dio, si contempla piano piano il realizzarsi anche dei sogni più profondi del nostro cuore, anche quelli fatti da bambino. In quei mesi avevo avuto l'occasione di accompagnare Tonino a Fortaleza per la futura prima sede all'interno del CEU[4], il villaggio ispirato alle Cittadelle Cielo che oggi è realizzato da più di venti

4 Il Condomínio Espiritual Uirapuru (CEU) – già citato nel IV capitolo – oggi è situato nel cuore della città di Fortaleza, riunisce più di venti comunità e realtà ecclesiali in un progetto pionieristico unico al mondo. Dentro il CEU – in più di cento ettari – convivono diversi enti senza scopo di lucro a servizio delle persone in situazioni di vulnerabilità sociale in diversi ambiti del disagio come giovani vittime delle varie dipendenze, donne che necessitano di protezione, minori e giovani vittime di abusi sessuali, adulti e bambini con il virus HIV, carcerati che scontano pene detentive di riabilitazione inviati dal sistema penitenziario... L'identità del CEU si basa sull'esperienza di fraternità tra diversi carismi nella Chiesa. Fanno parte del CEU religiosi e religiose, sacerdoti, famiglie e laici appartenenti a varie comunità, a partire dalle cinque realtà fondatrici – Fazenda da Esperança, Casa do Menor, Nuovi Orizzonti, Comunità cattolica Shalom, Suore di santa Dorotea da Frassinetti – a tante altre come le carmelitane scalze e benedettine, il Movimento dei focolari e la Canção Nova... Oltre alle opere di promozione umana, il CEU promuove anche progetti educativi e culturali. Ogni anno, a luglio, il CEU diventa anche l'Arena Halleluya, che accoglie un pubblico stimato di oltre un milione di persone, che si somma ai numeri dei cinque giorni del festival promosso dalla Comunità Shalom.

realtà ecclesiali diverse. Mi ero ritrovato a partecipare a una riunione con frei Hans Stapel e Nelson Giovanelli, fondatori della Fazenda da Esperança, e con padre Renato Chiera, fondatore della Casa do Menor. Tutte persone meravigliose e uniche! A me sembrava di sognare, anche perché quand'ero in seminario minore avevo due miti nel cuore, due persone che avrei voluto emulare nella mia vita. Una era Chiara e l'altra era proprio padre Renato, che avevo seguito allora in uno *Speciale Tg1* dove raccontava della sua esperienza di missione nata a Rio de Janeiro: nel 1986 si era trovato ad aiutare dei bambini che si erano rifugiati nella sua casa per scappare da una esecuzione a sangue freddo; con chi li aveva inseguiti aveva finto di non sapere dove fossero, ma quegli uomini, dopo averlo minacciato, il giorno dopo avevano comunque giustiziato i bambini, facendoglieli trovare morti davanti alla porta di casa. Da quell'evento in poi il sacerdote originario di Villanova Mondovì (Cuneo), ha donato la sua intera vita ai bambini di strada e alla missione in Brasile, dove ha trascorso fino a oggi più di quarant'anni in prima linea. Il mio sogno da bambino era diventare come lui e come Chiara. Per me erano dei supereroi. In quell'estate 2001 mi sono ritrovato inviato proprio da Chiara in missione in Brasile a collaborare con padre Renato. Una cosa inimmaginabile. Anzi, un'altra forte conferma e Dio-incidenza. In quell'occasione avevo chiesto a padre Renato di portarmi con lui nelle favelas più dure, dove mai avrei potuto addentrarmi da solo. Aveva acconsentito e quella notte ho vissuto un'esperienza unica che porterò sempre nel cuore, passando ore accanto ai più poveri e soprattutto condividendo la dura realtà di strada che vivono i bambini, vittime di crack, abusi, violenze, prostituzione e degrado. Non sarebbe stata l'ultima volta, ma la prima di altre poi vissute anche con Chiara, perché tra lei e padre Renato esiste una reciproca stima e sintonia profonde.

Racconto un solo episodio, anche se accaduto più avanti, in una uscita di notte in strada vissuta nel 2010. Ero sulla via centrale di Fortaleza Bellomar al fianco di Chiara e padre Renato. C'erano anche i responsabili di Nuovi Orizzonti, Sandra, Dania, Francesco, Lucia Ines, Lidiana... Eravamo seduti a terra con dei bambini di strada scheletrici, mentre sniffavano. Uno di loro aveva una gamba piena di ferite purulente. Sanguinava dal piede all'inguine. Era tutto tumefatto. Una scena orripilante. Chiara e padre Renato gli chiedevano cosa fosse accaduto e lui raccontava che quella notte era scappato di casa per rubare, ma erano stati sorpresi dalla polizia che li aveva bastonati e trascinati davanti al mare, buttandoli nell'acqua per poterli picchiare a sangue più a lungo. Chiara gli aveva chiesto: «Perché stai in strada, *menino*? Perché non torni a casa dalla tua famiglia?». E lui: «Anche mio padre mi picchia perché è sempre ubriaco». «Ma in strada è peggio e rischi di più». La sua risposta la ricordo ancora: «Sì, ma le botte di mio padre fanno più male». Quelle parole, quello sguardo, quelle ferite mi sono entrate così dentro che le ricordo ancora in modo vivido... Quel bambino è stato poi portato in comunità e soccorso. Sono incontri che non si dimenticano, restano indelebili nell'anima. La realtà in questo caso purtroppo supera la più crudele delle fantasie.

Tornando al 2001, dopo di noi Loredana e Giulio, con la piccola figlia Miriam al seguito, avrebbero guidato il secondo gruppo, che avrebbe vissuto lì in pianta stabile avviando le attività della prima comunità residenziale in Brasile. Un aned doto simpatico riguarda i permessi di soggiorno richiesti al consolato generale a Roma. I mesi passavano, ma non arrivavano mai. Chiara allora aveva chiesto delucidazioni e per tutta risposta le avevano detto che era la prima volta che si trovavano davanti a una lista di 13 missionari tutti con precedenti penali, a esclusione dell'unica donna e della figlia. Il consolato si è deciso solo grazie alle garanzie del cardinale Ruini, che ha garantito che si trattava di autentici missionari e li ha rassicurati sulla bontà dell'associazione. A loro sarebbero poi succeduti in una terza fase Sandra e Dania come responsabili delle Cittadelle sorte a Quixadà e a Fortaleza, sostenute da nuove vocazioni brasiliane. Noi avevamo semplicemente aperto una piccola strada che tanti avrebbero poi percorso, sviluppandola. Come tutte le esperienze, anche questa doveva terminare ed era arrivato il momento di rientrare, anche perché con Tonino avremmo dovuto iniziare il seminario, per il quale avevo molte preoccupazioni, frutto dei miei transfer personali.

«Back to the future»

Il primo film che ho visto al cinema con tutta la mia famiglia è stato *Bambi.* Quante lacrime allo sparo del cacciatore... Un film per certi versi duro per i bambini. Invece il primo film visto al cinema solo con mia mamma è stato *Ritorno al futuro – Parte III*, uscito il 20 settembre 1990 con Michael J. Fox e Christopher Lloyd. La nuova fase che si apriva davanti a me sembrava oscillare tra lo smarrimento del piccolo cerbiatto e lo stupore del giovane Marty McFly, dovendo riaffrontare i mostri del passato. Le mie paure più grandi erano rientrate tutte dalla finestra: il seminario che avrei dovuto rivivere, la mia incapacità a stare in certi schemi e regole, il pensare a una vita intera nel celibato... Mi ero deciso a iniziare, ma la mia umanità scalpitava. Dentro di me non era finita la lotta interiore con Dio: mi accompagnava un senso di ribellione perché avevo paura di sbagliare strada, avevo paura di fallire di nuovo, avevo paura di non essere in grado di mantenere gli impegni da prendere davanti a Dio, avevo paura di essere infelice. Quanto avevo vissuto a Medjugorje mi aveva dato la forza di fare un primo passo a cui cercavo di essere fedele, ma dopo la spinta iniziale avvenuta sotto effetto di grazia e dopo l'esperienza del Brasile, ero tornato con i piedi per terra. Sicuramente ero più maturo, grazie anche al Brasile che mi aveva forgiato e cambiato profondamente, ma non avevo ancora affrontato *vis-à-vis* ogni mia singola paura condizionante.

Il rapporto con Chiara e don Salvatore era così limpido che condividevo tutto apertamente. Non c'era argomento che fosse un tabù. Anche con il vescovo mi ricordo lunghe chiacchierate sulla sessualità e sull'affettività. In particolare a Chiara presentavo tutti i dubbi che avevano profonde radici, fondate sui contenuti di libri come *L'essenza del cristianesimo* di Feuerbach e *Umano, troppo umano* o *Al di là del bene e del male* di Nietzsche. Testi affascinanti e capaci di portare molto lontano da Dio, ma importanti per una fede che non sia solo emotiva. Avevamo ricchi confronti con i testi alla mano. La mia vena polemica mi portava a contraddire e a mettere tutto in discussione. In Chiara trovavo tanta pazienza, ma soprattutto un sincero confronto. Ho sempre ammirato la sua capacità di ascolto e di sincera ricerca del vero, pronta a perdere le proprie idee, senza timore di andare in crisi. Dubbi, timori, preoccupazioni erano nubi continue che andavano e venivano in un clima interiore sempre molto volubile, come è normale a quell'età ma anche a causa dei miei vissuti.

Al rientro dalla missione in Brasile, una volta arrivati a Fiumicino, avevamo appreso la notizia del dramma di quel tragico 11 settembre 2001. Non ne eravamo a conoscenza perché nel deserto eravamo isolati dal resto del mondo. Atterrati dopo ora di cena, Elena e Tommaso, due dei nostri consacrati, mi portavano verso Piglio, riferendomi che l'indomani sarei dovuto andare dal vescovo per organizzare una missione di strada a Frosinone. Pensavo fosse uno scherzo, perché ero consumato dai mesi di lavoro appena trascorsi, invece era tutto vero. Abbastanza in coma per il cambio di fuso orario, ero arrivato puntuale in curia. Dopo l'introduzione del vescovo, mi era stato chiesto di spiegare cosa c'era da fare: mappare la città; contattare le scuole per le attività di prevenzione; coinvolgere le parrocchie, la pastorale giovanile e le realtà ecclesiali; chiedere i permessi al comune; prendere contatto con i dirigenti scolastici; trovare sponsor per le spese e così via. A ogni cosa che dicevo c'era un sacerdote che si opponeva osteggiandomi, adducendo una serie di motivazioni per le quali non sarebbe stato possibile fare nulla. Provavo a spiegare che non era la prima missione che organizzavamo, ma lui a ogni soluzione opponeva una serie di nuove problematiche. Il vescovo provava a fare da paciere tra noi. Dentro di me avevo pensato: "Facciamo questa missione perché la chiede don Salvatore, poi saluti e baci e non lavorerò mai più con questo prete". Al termine della riunione, in disparte, il vescovo mi aveva presentato quel sacerdote dicendomi che sarebbe stato il mio futuro rettore di seminario.

Come sempre le apparenze ingannano. Don Sergio si era presentato male perché non aveva esperienza di quel tipo di missioni ed effettivamente la nostra proposta si presentava come innovativa ma anche complessa. Quella missione a Frosinone nel 2001 è stata fondamentale per lui, aprendogli una prospettiva di nuova evangelizzazione. È sceso in strada con noi, in prima linea. Nel tempo si è rivelato un uomo eccezionale, di vero cuore, incapace di dire un "no" a chiunque avesse bisogno. Nonostante le possibili visioni divergenti, il nostro rapporto franco è sempre cresciuto con grande profondità e stima reciproca. Durante quella missione abbiamo incontrato tanti giovani della città nelle scuole, nelle strade, nei pub, nelle piazze. Tra i missionari c'era anche Matteo Rabii ed ero commosso nel ritrovarlo così, irriconoscibile pensando ai primi incontri alla stazione Termini.

Terminata la missione, si era posto il problema di poterci formare in un seminario idoneo. Chiara e don Salvatore avevano sentito tanti esperti, tra i quali ricordo il canonista Ghirlanda. In un primo tempo erano orientati a cercare realtà religiose affini. Il rettore maggiore dei Salesiani si era reso disponibile ad accoglierci, ma aveva sconsigliato quel percorso perché secondo lui serviva una formazione specifica nel nostro carisma. Grazie al cardinale Ruini si sarebbe aperta una strada inedita: la costituzione di una casa di formazione al presbiterato equiparata a seminario. Così è nata Casa Emmanuel, che nel tempo ha avuto diverse dislocazioni e oggi è a Cittadella Cielo a Frosinone.

Io e Francesco c'eravamo trasferiti per primi a Ferentino, nei locali di una parrocchia che avrebbero ospitato la nostra casa di formazione. Il primo anno andavamo la mattina a scuola e passavamo il resto del giorno a scartavetrare i muri, a sistemare gli ambienti, a fare lavori edili perché mancava tutto: dall'acqua corrente alla fossa biologica. Piano piano abbiamo provveduto a costruire una stanza per gli ospiti, i bagni, il caminetto, gli scarichi e l'allaccio dell'acqua. Nei primi mesi per lavarci ci appoggiavamo dai vicini o in una palestra. Chi ci cercava ci trovava abitualmente con pala e cazzuola alla mano. Il primo anno eravamo in cinque. È stato un altro periodo magico. I disagi c'erano ed erano tanti, ma è il bello dei tempi di fondazione, dove si respira un Vangelo vissuto completamente abbandonati alla Provvidenza. Non avevamo i soldi per il riscaldamento e ci coprivamo con le coperte tagliate nel mezzo, stile poncho. Non avevamo i soldi per fare la spesa e c'eravamo dati la regola di non acquistare nulla, a eccezione del pane in caso di estrema necessità. Non avevamo i soldi per pagarci le rette del seminario e per fare fronte alle spese andavamo a lavorare o facevamo la questua nelle nostre parrocchie di origine o facendo testimonianze vocazionali in giro per l'Italia. Abbiamo mangiato tanto tonno in scatola e quel che passava il convento. Ma più eravamo radicali nella fedeltà evangelica e più arrivava tutto, anche le cose più impensabili, come vere e proprie carezze dal Cielo. Una sera, prima di entrare a messa, avevamo espresso il desiderio di avere un po' di Nutella. Al termine della celebrazione ne avevamo trovato un vaso da un chilo davanti alla porta della canonica. Cose del genere ci stupiscono tutt'oggi per la loro puntualità e finezza.

I fantasmi del passato però ogni tanto riemergevano inaspettatamente. Racconto un episodio emblematico. Il vescovo Boccaccio mi aveva chiesto di accompagnarlo a Padova con la sua Fiat Punto bianca. Doveva predicare gli esercizi spirituali proprio al seminario diocesano. Appena messo piede là, era iniziato a mancarmi il respiro, mi sentivo soffocare. Don Salvatore mi aveva fatto una semplice osservazione, richiamandomi al silenzio e a mettere da parte il cellulare. Quella sua correzione – in realtà molto pacata e paterna – mi aveva fatto esplodere in una reazione violenta: avevo iniziato a sudare diventando pallido e tremavo come una foglia. Il vescovo si era spaventato e mi ripeteva: «Davide! Davide! Che succede?». Sembravo andato in trance. Ero impietrito, incapace di esprimermi. Nel viaggio di ritorno siamo riusciti a parlarne, mettendo a fuoco alcune dinamiche che poi solo Chiara era riuscita a farmi capire. Avevo vissuto un transfer con le figure autoritarie del seminario minore. Per anni ho vissuto diversi momenti simili. Il cammino di conoscenza di sé e guarigione del cuore in comunità mi ha aiutato ad affrontare tanti conflitti interiori e a risolverli riconoscendone le origini, dando un nome alle mie ferite e alle paure condizionanti, imparando a controllare le emozioni e prendendo le misure con me stesso facendo pace con i miei limiti. È il cammino di una vita, che non si interrompe mai.

La prima visita dei miei genitori a Casa Emmanuel era stata imbarazzante, perché erano rimasti basiti dalle condizioni estreme in cui vivevamo. Avevano faticato a sedersi sul divano. Restavano in silenzio attoniti, guardandosi intorno e vedendo un ambiente davvero malmesso. Mio fratello Michele, che li aveva raggiunti da Roma, cercava di sdrammatizzare con la sua classica verve e ironia. L'anno seguente avrebbero apprezzato i risultati del nostro duro lavoro, rimanendo affascinati dal nostro stile di vita, anzi direi convertendosi proprio all'evidenza della Provvidenza. I parrocchiani erano speciali, semplici e concreti, con un cuore d'oro. In quella parrocchia avevano vissuto anni difficili e per questo avevamo trovato la casa in quelle condizioni. Non si trattava solo di un degrado fisico, ma anche morale, che aveva lasciato morti e feriti. Il vescovo ci aveva chiesto di essere proprio in quella situazione una presenza significativa, un seme di rinascita. Si trattava di scendere davvero in una delle sfumature più tetre degli "inferi" della Chiesa. La parrocchia piano piano aveva iniziato a ripopolarsi, grazie ai momenti che ogni settimana vivevamo con l'adorazione eucaristica, la messa con i canti, i vespri e il rosario. Sono nati in quegli anni legami di vera amicizia che ancora custodiamo come un tesoro.

Il nostro era un seminario sicuramente atipico e per questo per me era sostenibile, ma non era per nulla facile, perché imponeva una formazione sul campo, volta a renderci prima di tutto uomini responsabili, poi anche possibili candidati al sacerdozio. Non mancava la formazione filosofica e teologica ma la forza della fraternità, la vita dura ed evangelica, le relazioni strette, l'osmosi con la comunità di Piglio e la nostra grande responsabilizzazione facevano la differenza. La convivenza con la parrocchia ci dava la possibilità di vivere una pastorale ordinaria a cui aggiungevamo l'evangelizzazione in strada e le attività di Nuovi Orizzonti, che ci garantivano di crescere anche nel nostro carisma specifico. Avevamo la formazione di base e quella specialistica ben integrate. Si faceva tutto insieme: cucinare, lavare, stirare e pulire. Anche le vacanze erano un'occasione importante per condividere il tempo libero in modo costruttivo. A turno ricoprivamo il ruolo di "fratello maggiore" guidando il gruppo per una settimana. Non sono mancati diverbi, litigi, confronti e crisi, come in qualsiasi percorso e convivenza.

Vivevamo tutti con fedeltà un ritmo serrato che è stato mantenuto per tutto il percorso: sveglia alle sei, mezz'ora di adorazione silenziosa, ufficio delle letture e lodi mattutine, mezz'ora di meditazione del Vangelo, colazione e partenza per l'istituto teologico; rosario, pranzo e ora media; servizi, studio, formazione e gruppi o attività di strada con i giovani;

vespri e messa; cena, incontri d'evangelizzazione o adorazione e compieta prima di dormire.

Tutto è stato davvero molto utile e siamo divenuti gli uni custodi degli altri, vivendo un'autentica vita di fraternità, pur avendo caratteri molto diversi. Un aspetto particolare è sicuramente stata la vita non segregata ma integrata nel mondo, con la ricchezza del contatto con le famiglie e con figure femminili. Chiara è stata la nostra formatrice principale, tenendo lei stessa i gruppi formativi, alternandosi con Daniela. Avere Chiara e don Salvatore come formatori era sicuramente una grazia eccezionale. Nella Casa Emmanuel degli anni seguenti, la presenza femminile formatrice sarebbe stata la mamma di Chiara: Mietta è stata la responsabile per anni, divenendo punto di riferimento per tanti sacerdoti e tanti altri che ha seguito e accompagnato nei loro passaggi di crescita e rinascita. Ancora oggi per noi è importante che nell'équipe formativa sia garantita questa figura materna, per valorizzare il carisma proprio della donna all'interno di un seminario.

Nuova evangelizzazione

Dopo la prima missione di strada a Roma nel '98, varie realtà ecclesiali e diocesi italiane avevano iniziato a chiedere a Chiara di poter avere simili missioni, per poter imparare uno stile e un metodo nuovo di approccio verso i giovani, capace di creare un vero e proprio ponte tra la strada e la Chiesa. Sono nate così negli anni tante collaborazioni, con settimane di evangelizzazione e corsi formativi a cui hanno partecipato diverse realtà ecclesiali, pastorali giovanili, seminari diocesani, realtà religiose... Ma non è stato sempre facile. A volte abbiamo trovato forti opposizioni e critiche, perché ciò che è nuovo spaventa sempre, anche se in realtà di nuovo c'era solo ciò che Giovanni Paolo II aveva indicato come linee essenziali: «La nuova evangelizzazione non consiste in un "nuovo Vangelo", che deriverebbe sempre da noi stessi, dalla nostra cultura, dalla nostra analisi delle necessità dell'uomo. Perché questo non sarebbe "vangelo", ma pura invenzione umana e non vi sarebbe in esso salvezza. [...] La novità dell'azione evangelizzatrice che abbiamo citato riguarda l'atteggiamento, lo stile, lo sforzo e la programmazione, [...] l'ardore, i metodi e l'espressione. Un'evangelizzazione nuova nel suo ardore presuppone una solida fede, un'intensa carità pastorale e una grande fedeltà, che, sotto l'azione dello Spirito, generino una mistica, un incontenibile entusiasmo nel compito di annunciare il Vangelo»[5].

5 Cfr. Discorso alla XIX assemblea ordinaria del CELAM, 9 marzo 1983 e discorso di apertura dei lavori della IV conferenza generale dell'episcopato latinoamericano a Santo Domingo, 12 ottobre 1992.

Missioni di strada e azioni pastorali sono state strutturate da Nuovi Orizzonti in un percorso specifico innovativo. Innanzitutto si è iniziato dall'esperienza sul campo, non da progetti pastorali scritti a tavolino ma dall'incontro con i ragazzi in strada, ovvero dalla nuda e cruda realtà. Da questa concreta esperienza si è strutturata negli anni una metodologia efficace con risultati sorprendenti, capace davvero di puntare a nuovi atteggiamenti, stile, sforzi, programmazione, metodi di apostolato, linguaggio, tali da rendere accessibile, penetrante, valida e profonda la risposta all'uomo di oggi, senza per nulla alterare o modificare il contenuto del messaggio evangelico, come chiedeva Giovanni Paolo II. Già dai primi anni della nostra Opera, Chiara, come già raccontato, aveva ideato le missioni, strutturate in una o più settimane, prevedendo un tempo di preparazione, un tempo di formazione esperienziale e uno di post missione per non disperdere i semi piantati nei cuori dei giovani ma anche nei missionari stessi, perché i primi a beneficiare della missione sono i ragazzi che vi partecipano come volontari. È nata poi l'urgenza di far sorgere dei Centri di formazione all'evangelizzazione, con la consapevolezza che si impara a evangelizzare evangelizzando e con l'obiettivo di contribuire a riaccendere nei cuori dei cristiani il fuoco missionario. Non è possibile parlare di nuova evangelizzazione senza "nuovi evangelizzatori", ovvero persone davvero rinnovate dal Vangelo, capaci di essere testimoni efficaci nel quotidiano. È la via tracciata dal Concilio Vaticano II e fortemente rilanciata da papa Francesco in *Evangelii gaudium*, auspicando una Chiesa in stato di missione permanente.

Devo fare una precisazione: non è sufficiente prendere un metodo, copiarlo o recepirlo perché poi le cose funzionino e siano efficaci. Tante volte abbiamo assistito a veri e propri fallimenti di iniziative che in apparenza erano del tutto simili alle missioni di strada o alle iniziative pastorali di cui sto parlando, ma se manca il cuore, cioè un carisma o lo stile di cui parlava san Giovanni Paolo II, è come avere un corpo senz'anima. I cuori cambiano se incontrano Dio e perché questo avvenga bisogna lasciare spazio allo Spirito Santo. Se si porta se stessi non può funzionare. Se si opera per spot o, come ama dire papa Francesco, per "proselitismo", nessuna vita cambierà mai. Possiamo essere molto bravi a parole e nella teoria, ma le uniche parole efficaci sono quelle di coloro che le vivono. Per questo Paolo VI diceva che «l'uomo contemporaneo ascolta più volentieri i testimoni che i maestri, o se ascolta i maestri lo fa perché sono dei testimoni»[6]. Nell'attimo presente e nella concretezza si rivela chi si è. Sant'Antonio di Padova diceva: «Tacciano le parole e parlino le opere». "Il Santo" (così lo chiamano a Padova) riteneva che fosse l'intenzione a qualificare un'azione e questo vale in modo assoluto per l'evangelizzazione. Nell'incipit di *Deus caritas est* – uno dei documenti che considero tra i più belli nella storia della Chiesa – papa Benedetto XVI scrive: «*Abbiamo creduto all'amore di Dio.* Così il cristiano può esprimere la scelta fondamentale della sua vita. All'inizio dell'essere cristiano non c'è una decisione etica o una grande idea, bensì l'incontro con un avvenimento, con una Persona, che dà alla vita un nuovo orizzonte e con ciò la direzione decisiva»[7]. Questo incontro avviene nell'intimità tra l'uomo e Dio. Si può evangelizzare solo se si ha davvero a cuore che quanti non hanno ancora fatto esperienza dell'amore di Dio arrivino a questo incontro. Evangelizzare è amare. Si entra in punta di piedi, scalzi e senza secondi fini, nel luogo più sacro in cui una persona possa ospitare qualcun altro. Non è questione di tecniche, ma di cuore.

In più di vent'anni di Nuovi Orizzonti ho vissuto esperienze di missione fantastiche, in Italia e all'estero, e posso dire

6 Papa Paolo VI, Discorso ai membri del Consilium de Laicis (2 ottobre 1974): AAS 66, 1974, p. 568; *Evangelii nuntiandi*, 41 (8 dicembre 1975).

7 Papa Benedetto XVI, *Deus caritas est*, 1 (25 dicembre 2005).

di essere stato testimone di veri e propri miracoli. Ho avuto un punto di osservazione privilegiato da cui poter contemplare cosa Dio sia capace di operare nella vita delle persone, se gli apriamo il cuore e ci rendiamo suoi strumenti. Inoltre in ogni missione ho sempre ricevuto delle grazie straordinarie per me. A volte si è trattato di una crescita in un punto di fragilità, altre di una importante nuova consapevolezza interiore oppure di una grande guarigione personale. Chiara ci ha sempre spronati a esagerare nell'essere in donazione, spiegando che «Dio non si lascia vincere in generosità» e che questa è una via privilegiata per guarire le ferite del cuore. Anziché restare ripiegati su di sé, alzarsi e mettersi ad amare è una sicura fonte di guarigione per chi si decide a farlo. In diverse catechesi ci ha spiegato il senso del brano di Isaia[8] che assicura promesse meravigliose a chi si fa strumento per sciogliere le catene inique, per spezzare ogni giogo, per liberare gli oppressi, per dividere il pane con l'affamato, per accogliere i miseri e i senzatetto, per vestire gli ignudi. Isaia prosegue dicendo che per chi ama concretamente, vivendo la via del digiuno dal proprio ego, «una luce interiore sorgerà come l'aurora, le sue ferite si rimargineranno presto», il Signore si farà presente senza mai abbandonarci e facendo brillare una luce interiore più forte di ogni possibile tenebra, diventando per noi guida in ogni singolo passo e provvedendo in ogni situazione, rendendoci giardini irrigati e sorgenti le

8 Il brano integrale di Isaia 58, 6-12: «Non è piuttosto questo il digiuno che voglio: sciogliere le catene inique, togliere i legami del giogo, rimandare liberi gli oppressi e spezzare ogni giogo? Non consiste forse nel dividere il pane con l'affamato, nell'introdurre in casa i miseri, senza tetto, nel vestire uno che vedi nudo, senza distogliere gli occhi da quelli della tua carne? Allora la tua luce sorgerà come l'aurora, la tua ferita si rimarginerà presto. Davanti a te camminerà la tua giustizia, la gloria del Signore ti seguirà. Allora lo invocherai e il Signore ti risponderà; implorerai aiuto ed egli dirà: "Eccomi!". Se toglierai di mezzo a te l'oppressione, il puntare il dito e il parlare empio, se offrirai il pane all'affamato, se sazierai chi è digiuno, allora brillerà fra le tenebre la tua luce, la tua tenebra sarà come il meriggio. Ti guiderà sempre il Signore, ti sazierà in terreni aridi, rinvigorirà le tue ossa; sarai come un giardino irrigato e come una sorgente le cui acque non inaridiscono. La tua gente riedificherà le antiche rovine, ricostruirai le fondamenta di epoche lontane. Ti chiameranno riparatore di brecce, restauratore di case in rovina per abitarvi».

cui acque non inaridiscono mai. Inoltre l'essere in donazione in questo modo attrae altri: la gente riedificherà insieme a noi le rovine dei cuori e insieme si diventa "riparatori di brecce". È proprio quello che ho visto compiersi in me e nella vita di tanti. La vera formazione non l'ho ricevuta dai libri, ma dalla Parola di Dio e dalla vita delle persone che ho incontrato, vivendo esperienze di pura donazione che hanno realizzato queste promesse. Potrei elencare in modo preciso episodi e situazioni. Durante gli anni del seminario la mia vera scuola è stata questa. Ogni settimana era fondamentale il contatto con i ragazzi della comunità, l'andare in strada a Frosinone e a Roma e vivere le diverse missioni di strada in giro per l'Italia e d'estate all'estero.

Nel 2002 abbiamo vissuto una missione nella diocesi di Verona, la nostra base era nella parrocchia di Zevio. Avevamo scelto di andare anche in zone pericolose, ma era sempre andata bene, nonostante un'aggressione subita da un gruppo di naziskin. Avevamo saputo che esisteva una cartiera abbandonata in cui nessuno osava entrare. Si trattava di grandi strutture fatiscenti a due passi dal centro. La zona era nota a tutti per essere un Bronx molto pericoloso. Era circondata da un muro alto e vi si poteva accedere solo attraverso alcune spaccature nel muro, che sembravano delle vere e proprie ferite inferte, ma in quel caso a noi fungevano da feritoie per accedervi. La polizia entrava solo per fare retate organizzate. Prima di entrare eravamo stati fermati dalle forze dell'ordine, che avevano cercato di convincerci a tornare a casa. Una volta superata la spaccatura del muro, si attraversava un parco simile agli scenari di una città appena bombardata, tra macerie, alberi con siringhe piantate sui tronchi e macchie di sangue ovunque. Man mano che ci addentravamo, si percepivano gli sguardi delle vedette in alto sugli stabili abbandonati. Dal fetore che ci raggiungeva era evidente che dentro c'era anche qualche cadavere. Intere fabbriche cadenti erano abitate da un popolo anonimo. Eravamo stati catapultati in una realtà parallela. Al suo interno si erano organizzati per gruppi etnici o per clan. Chiaramente non è passato molto tempo prima che iniziassero a fermarci per chiederci chi fossimo e cosa volessimo. Ci muovevamo andando due a due, determinati a rischiare anche la vita pur di accogliere il grido di fratelli e sorelle in condizioni così disumane. Le persone che incontravamo erano incredule. Pensare che qualcuno entri in un posto del genere non per ricevere droga o altro ma solo per donare ascolto e una prospettiva di liberazione stupisce sempre.

Abbiamo raccolto molte lacrime e confidenze. Spesso in queste situazioni si vive l'impotenza assoluta e può sembrare insensato rischiare così tanto per non poter fare nulla di concreto. Ma io sono certo che il valore di un atto d'amore genera sempre qualcosa di potente. E così quella volta è avvenuto. Tommaso si era fermato con un ragazzo steso a terra, che gli aveva raccontato delle overdose cercate per farla finita. Era un giovane cresciuto come "il figlio del mostro" (il compagno della madre era stato condannato per l'omicidio della prima moglie) in un paesino della provincia trentina. L'infanzia era oscillata tra il terrore e la ghettizzazione per quel marchio. Era caduto precocemente nella droga e nell'alcool a causa del padre e quindi del compagno della madre, entrambi tossicodipendenti. Tommaso lo aveva ascoltato a cuore aperto. Alla fine gli aveva detto: «Lo sai che c'è una possibilità anche per te? Si chiama Gesù!». Mirko era rimasto spiazzato e incuriosito. A quelle parole racconta però d'aver sentito come una chiave che iniziava a dar vita a un quadro elettrico da troppo tempo spento. Nessuno gli aveva mai parlato di Gesù come un possibile amico, a lui poi che da bambino non aveva mai avuto amici e se ne era dovuti creare di immaginari. Racconta che l'unico "gioco" che faceva era stare chiuso dentro un armadio in silenzio, per non farsi sentire ed evitare i pestaggi. L'unica amica della sua vita era stata fino ad allora l'eroina. Mirko era rimasto molto colpito dall'incontro con Tommaso ma alla fine della missione non si era presentato all'appuntamento a cui invitavamo tutti per avviare un possibile percorso. In apparenza sembrava che le cose fossero andate così e che non avessimo potuto donare altro che un attimo di tregua alla sua storia di inferno.

Solo dopo diversi mesi abbiamo saputo cosa era successo nei giorni successivi. Mirko, la sera stessa, era finito nuovamente in carcere per una rissa in un bar. Quella volta però aveva chiesto di entrare in una comunità, ma non in una qualsiasi ma in una che avesse un percorso spirituale. Normalmente un tossicodipendente che vive in strada non ha nulla. Mirko aveva conservato il bigliettino consegnatogli da Tommaso. In cella aveva chiesto una Bibbia e all'assistente sociale aveva così chiesto di Nuovi Orizzonti. Il giudice aveva concesso 48 ore di tempo per avere una nostra risposta affermativa. Angela, una ragazza che aveva completato il percorso di recupero in comunità e che allora era diventata una consacrata e una operatrice, ricevuta la telefonata, aveva accettato subito di accoglierlo, anche se non c'erano posti disponibili. Mirko è entrato in comunità ed è stato per lui un cammino duro e difficile. Ha dovuto lavorare molto su di sé. Ha pensato più volte di abbandonare tutto ed è arrivato lì lì per farlo. Ha dovuto soffrire, perché medicare certe ferite interiori è molto più doloroso che per quelle fisiche. Ci sono state mete importanti e battute d'arresto, ma ha sempre voluto proseguire con tenacia, forte della nuova esperienza di Dio come Padre misericordioso e come amico intimo e fedele, e avendo trovato in Nuovi Orizzonti la sua nuova famiglia. Mirko si è sposato con Alessandra e oggi è padre di tre figli e di tanti altri giovani che da anni accoglie e aiuta a diventare uomini. È un lavoratore instancabile, un creativo capace di inventarsi e reinventarsi in mille lavori diversi. Ora gestisce una impresa sociale che insegna a diventare cuochi, maître di sala, camerieri per cerimonie di alto livello, arrivando a servire anche cinquecento persone e con prenotazioni di catering che riempiono ogni settimana. Non ha solo realizzato un reinserimento lavorativo, ma ha risposto con forza a una vocazione nel creare possibilità per i ragazzi che terminano il percorso in comunità e nel puntare alla massima qualità proprio credendo in loro. Mirko e Alessandra sono una Famiglia Nazareth – ovvero dei consacrati Piccoli della gioia che si dedicano all'accoglienza – responsabili di diversi centri nel Trentino. Grazie a chi ha saputo scommettere su di lui, oggi Mirko è diventato un uomo che ha permesso a tanti altri di riscattare la propria vita. Mirko per me è un modello oltre che un fratello. Avrò ascoltato la sua storia centinaia di volte ma sempre mi commuove. Solo Dio può operare miracoli come questi.

Di tante missioni vissute, sicuramente alcune mi sono rimaste nel cuore più di altre, come quelle del 2001 e 2003 nella zona Centocelle, che sono state missioni pilota per poi avviare le missioni "Gesù al Centro" nella Diocesi di Roma. Mentre a Riccione nel 2003, dove è nata l'esperienza pastorale "La Luce nella notte"[9], abbiamo fatto una grande esperienza di comunione fra diversi carismi, inaugurando una lunga stagione di collaborazione con Gianni Castorani, iniziatore di Jeunesse Lumière Italia, e padre Pierre Aguila, allora membro della comunità delle Beatitudini e poi fondatore della Fraternità missionaria Giovanni Paolo II. Le esperienze di missioni

9 La Luce nella notte è una esperienza pastorale che si può modulare in diversi modi, adattandola alle necessità. Abitualmente in una chiesa si svolge un momento di adorazione eucaristica. Fuori dalla chiesa i giovani, due a due, parlano con le persone che incontrano, invitandole a entrare in chiesa. Qui l'adorazione è animata con canti adatti a un momento intimo di incontro con il Signore. Alcune persone si dedicano all'accoglienza, invitando chi arriva a scrivere in un biglietto una preghiera a Gesù (una domanda, un grazie, un dubbio... quello che si vuole). Poi vengono accompagnati a consegnare il biglietto davanti all'Eucarestia, in un cestino in cui c'è scritto "Gesù ti ascolta" e successivamente a pescare un biglietto dal cestino con la scritta "Gesù ti parla". Questi ultimi biglietti contengono frasi dalla Bibbia, che arrivano sempre dritte al cuore della persona che le riceve, aprendo un momento di dialogo con chi la sta accompagnando o anche con il sacerdote, con cui invitiamo chi vuole a confessarsi. Dovunque si svolga questa iniziativa sono tanti i miracoli che si contemplano e a volte dura tutta la notte. Entrano tanti che da anni non pregano e che in quell'occasione aprono il cuore a Dio e si confessano.

di strada e di spiaggia, che si sono delineate anche come missioni formative, alternando catechesi, workshop, esperienza sul campo e rilettura, hanno fatto da scuola a tante diocesi. Nella sola missione del 2004 eravamo duecento giovani da varie parti d'Italia e tutto il seminario romano.

Nei quattro anni di seminario vissuti tra servizio, donazione e missioni, non sono mancate le prove. Ho avuto momenti in cui ho vacillato. Ricordo una ragazza che, proprio durante una missione, mi voleva convincere in tutti i modi ad andare a letto con lei, certa che poi avrei cambiato idea e non mi sarei mai più fatto prete. Oppure un'estate in cui mi ero invaghito di un'amica che provava dei sentimenti per me. Sono stati momenti importanti in cui ho potuto confermare la mia scelta. Ricordo bene come percepivo un'attrazione per quella ragazza al mio fianco e contemporaneamente sentivo un trasporto vocazionale guardando giovani sacerdoti che celebravano la messa. L'esperienza di seminario che stavo facendo era completamente diversa da quella del minore. Non ero più in una campana di vetro, ero stato messo dinnanzi a una scelta libera, consapevole e responsabile. Nessuno pretendeva nulla da me e nessuno mi obbligava. Ero libero. Dipendeva solo da me. Non ho più avuto altri segni particolari e così sono andato avanti cercando di essere fedele al proposito iniziale. Per quattro anni mi sembrava di essere riuscito a superare tutte le prove, uscendone fortificato. Mi sembrava già quello un segno chiaro e per me inaspettato. Sicuramente il vivere in comunità uno stile missionario e fraterno mi aveva facilitato perché non sarei sicuramente durato molto in altri ambienti. Molti amici e parenti, anche se stimavano l'impegno di Nuovi Orizzonti, mi provocavano dicendomi che avrei potuto vivere ciò che facevo da laico o da sposato. Effettivamente era il tarlo che maggiormente scavava dentro di me ma la risposta era molto semplice: non lo avevo scelto io, mi era stato chiesto dal Signore e lo avevo sentito in modo forte e chiaro. È vero che avevo ricevuto quei segnali e poi c'è stato un lungo periodo di silenzio durato tutto il tempo del seminario... ma era un po' come per i navigatori: finché non c'è da svoltare, non ti viene fornita una nuova indicazione, devi semplicemente proseguire per la rotta tracciata. Rimaneva in me la resistenza alla scelta del sacerdozio ma la chiarezza con cui avevo sentito la chiamata mi dava la forza di continuare, anche se sapevo benissimo che avrei potuto vivere, come la maggior parte dei membri della comunità, da laico o da sposato pur prendendo impegni come consacrato Piccolo della gioia. Inoltre a Nuovi Orizzonti si vive lo stile delle prime comunità cristiane, dove nessuno stato di vita è ritenuto superiore a un altro; c'è una gerarchia normata dagli *Statuti generali*, ma non si respira una sensazione di *status* vocazionali di serie A o di serie B, si convive in armonia e ci sono laici o famiglie che hanno una capacità di donazione e di eroismo tale da essere modelli per tanti sacerdoti e consacrati religiosi.

Ricordo flash nitidi di discussioni o ammonimenti ricevuti anche da persone sconosciute. Alcuni sono stati consigli importanti, che avrei capito solo molto tempo dopo. Nella missione di strada al Borgo don Bosco con don Maurizio Verlezza – un salesiano che è sempre stato vicino alla comunità – vedendo il mio entusiasmo, un sacerdote mi aveva avvicinato per esortarmi a restare sempre così innamorato di Dio nella gioia e fissandomi negli occhi mi aveva ripetuto con forza: «Davide, ricordati: "Solo chi persevererà sino alla fine sarà salvato"[10]». Invece una donna anziana, sbucata dal nulla in sagrestia, mi aveva afferrato per il braccio per dirmi che non sarei mai dovuto diventare sacerdote, perché non sarei mai stato in grado di portarne il peso e soprattutto non sarei stato capace di essere fedele nella castità. Era riuscita a destabilizzarmi, toccando in un secondo i miei punti di fragilità; ma non potevo fare altro che ammettere i miei limiti e

10 Matteo 10, 22.

consegnare le mie paure ancora una volta a Dio, chiedendo a Lui la forza per vivere ciò che mi chiedeva. Ogni volta che dovevo vivere una delle tappe previste per il percorso di preparazione al sacerdozio (l'ammissione agli ordini sacri, il lettorato, l'accolitato), succedeva qualcosa che mi riportava a fare i conti con i miei dubbi. Ricordo che in uno di questi passaggi, prima di entrare in chiesa per iniziare la messa, mio fratello Michele cercava di dissuadermi in tutti i modi, insinuando dubbi e obiezioni, ma alle provocazioni rispondevo con maggiore determinazione, non volendo tradire la chiamata ricevuta e l'impegno preso. C'era in me sicuramente un volontarismo che ancora doveva fare i conti con le mie fragilità. Oramai sembrava comunque tutto scritto.

Fin dall'inizio del seminario avevo precisato al vescovo che ero disposto a diventare sacerdote solo se mi avesse trovato una formula canonica per garantire e tutelare la mia vocazione nel carisma di Nuovi Orizzonti. Non esistendo la possibilità d'incardinazione in un movimento, il vescovo Boccaccio, il canonista Gianfranco Ghirlanda e altri canonisti, avevano messo a punto una convenzione specifica tra l'Associazione privata di fedeli Nuovi Orizzonti e la diocesi, che garantiva l'appartenenza alla comunità, sul modello di altri movimenti e nuove realtà ecclesiali. Se non fosse stato possibile, avevo detto con chiarezza che avrei preferito rimanere un laico consacrato, pur dedicando la mia vita a Dio. La chiamata che sentivo al ministero sacerdotale per me era lo specifico stato di vita in cui incarnare la primaria vocazione come Piccolo della gioia e non viceversa. Avuta anche questa garanzia, stavo camminando davvero sereno.

Un bacio e tre stelle

Al penultimo anno di seminario sono stato travolto da un vero e proprio tsunami. Un bacio inaspettato è stato capace di rovesciare completamente tutto. Era giunto il giorno della partenza della mia migliore amica, con cui mi confidavo senza riserve. In quegli anni avevamo condiviso tanto e ci conoscevamo davvero molto bene. Avevamo passato tanto tempo insieme, avevamo condiviso esperienze comunitarie e pellegrinaggi senza che mai fosse accaduto qualcosa tra di noi, perché davvero eravamo solo amici e la qualità della nostra amicizia era profonda. L'avevo sempre guardata solo con gli occhi di un amico. Avevo deciso di non accompagnarla in aeroporto perché avrei sofferto troppo, così ci eravamo incontrati il giorno prima della partenza in un bar per salutarci. Quando stava per entrare in auto per partire, si era voltata all'improvviso per darmi un bacio e poi andare. Dentro di me avevo sentito una vera e propria deflagrazione, rendendomi conto per la prima volta di essere coinvolto affettivamente. Quello che in me era sopito si è manifestato prendendo pienamente forma. È iniziato da lì un vero e proprio calvario che mi ha portato a vivere uno sdoppiamento mai sperimentato prima, una scissione interiore che mi ha fatto soffrire molto. Da una parte il mio cuore batteva come non mai, dall'altra avevo la consapevolezza di aver sentito con estrema chiarezza la chiamata di Dio per il sacerdozio. Era cambiato tutto in un istante: ora lei era il mio primo pensiero del mattino e l'ultimo della sera prima di addormentarmi. Per un po' ho provato a portare questo peso da solo, lottando contro me stesso, facendo finta che non fosse accaduto nulla, ma dopo un po' avevo iniziato a stare troppo male.

Non sapendo cosa fare, avevo cercato di capire se ci fosse la possibilità di diventare sacerdote sposandomi. Avevo preso contatto con alcuni riti cattolici[11] che contemplano questa opzione ma non sarebbe stata una via agevole, soprattutto perché sarei dovuto andare a vivere lontano e avrei dovuto lasciare Nuovi Orizzonti. Non vedevo via d'uscita. Mi sentivo messo all'angolo con un dilemma insolubile: lasciare il seminario per verificare ciò che provavo, andando contro la vocazione sentita, oppure rinnegare i miei sentimenti per rispondere alla chiamata? Nell'uno e nell'altro caso avrei dovuto rinnegare una parte di me. Ero in completa crisi, scisso interiormente. Il cuore era ferito e sanguinava, la mente iniziava a perdere lucidità e un buio interiore piano piano si era fatto strada. Com'era possibile che Dio permettesse tutto questo? Non me l'ero cercata. Era semplicemente accaduto. Davvero al cuore non si comanda.

Con il passare del tempo il malessere ha iniziato a manifestarsi fisicamente. Sono alto quasi un metro e ottanta e peso ordinariamente ottanta chilogrammi. In quel periodo avevo perso appetito e quel che mangiavo iniziavo a vomitarlo. Stavo davvero male dentro ed ero arrivato a pesare sessanta chili. Alcune persone iniziarono ad accorgersi che qualcosa

11 La Chiesa cattolica, sia in Occidente che in Oriente, ha un'ampia gamma di riti, il cui numero oscilla tra i 23 e i 29 (in base al criterio con i quali si conteggiano, perché alcuni sono quasi del tutto estinti, anche se ancora validi). Il rito romano è senz'altro il più largamente diffuso nel mondo e insieme a quello ambrosiano rappresentano gli unici riti a escludere la possibilità di avere sacerdoti sposati, scegliendo di ammettere al sacerdozio, tra i propri candidati, solo coloro che abbracciano il celibato. Gli altri riti, per antica tradizione, contemplano la possibilità di avere sacerdoti sposati a determinate condizioni, in particolare la celebrazione del matrimonio antecedente all'ordinazione sacerdotale e riservando la nomina a vescovi per i soli sacerdoti celibi. In Occidente il rito principale è quello romano, mentre in Oriente ci sono il rito antiocheno, il rito bizantino e il rito alessandrino.

non andava, perché capitava che all'improvviso mi sanguinasse il naso o non avessi più le forze per reggermi in piedi. Ero piombato in un tunnel che sembrava senza uscita. A quel punto ho dovuto raccontare tutto a Chiara e a don Salvatore, che si sono rivelati accoglienti e comprensivi. Il vescovo aveva apprezzato la mia trasparenza e in un primo tempo aveva pensato di farmi uscire dal seminario per verificare quanto provavo, anche se era chiaramente dispiaciuto. Poi aveva cambiato idea, proponendomi di continuare il cammino, pur potendo verificare i miei sentimenti, tenendo riservato il tutto per non destabilizzare le persone che fino ad allora avevo seguito. Don Salvatore mi aveva dato il suo numero di telefono privato, dicendomi che avrei potuto chiamarlo in qualunque momento. A causa delle fregature prese nella vita volevo metterlo alla prova. Una notte, in preda all'insonnia, lo avevo chiamato. Quando mi aveva chiesto cosa succedeva, avevo risposto che desideravo solo verificare se era vero che ci sarebbe stato sempre e a qualunque ora. Ricordo che la sua voce si era un po' inasprita, mentre cercava di nascondere l'irritazione e di contenere il suo carattere sanguigno.

Ho vissuto un tempo concordato con lui in cui potermi verificare e sperimentare, ma ero andato ancora più in confusione. Lei era esattamente tutto quello che da sempre avevo desiderato. Un'anima unica, profondissima, con la mia stessa chiamata al nostro carisma, e desiderava spendere tutta la vita per Dio. Mi chiedevo come mai il Signore mi stesse tirando uno scherzo del genere. Avevo fatto tanta fatica per dirgli il mio "sì" e ora mi metteva in una prova affettiva di quel calibro. Ero arrivato a rimettere in discussione la vocazione al sacerdozio. Forse Dio me l'aveva fatta sentire per attirarmi in un determinato percorso formativo, ma poi mi chiedeva altro... In fondo per le linee formative dei seminari, si ha la certezza della vocazione solo quando si viene ordinati sacerdoti. Questi ragionamenti e il tormento interiore mi facevano impazzire. La distanza tra noi rendeva tutto più complicato, alterato, ridondante. La spaccatura interiore era tale da sentire un dolore fisico al petto che mi aveva costretto a fare dei controlli al cuore, a cui mi ero già sottoposto in precedenza per lo stress da *burnout*[12] in comunità. Cercavo comunque di andare avanti senza voltarmi indietro, anche se iniziavo a pensare che quell'innamoramento fosse un segno che forse davvero il sacerdozio non era la strada pensata per me.

Riaprire questo discernimento e vivere quel dilemma interiore aveva fatto riaccendere una rabbia verso Dio che non avevo più provato dai tempi del seminario minore, quando mi ero sentito ingannato e tradito da chi fungeva da suo rappresentante. Ero tornato in lotta. Due scene rappresentano bene cosa vivessi. La prima è nel film *Fratello sole, sorella luna* del 1972 girato da Zeffirelli, quando san Francesco in cattedrale cerca di togliersi gli abiti, cingendo il bavero della maglia, perché si sente soffocare e strozzare dai vestiti che indossa; la seconda è nel *Francesco* del 1989 girato dalla Cavani, quando nel bosco a La Verna il santo si butta in ginocchio e grida: «Parlami! Parlami!». Cercavo una luce da Dio ma non riuscivo a percepire niente.

Volendo porre fine a quel tormento, volevo costringere Dio a parlarmi. Avevo chiesto il permesso di andare a pregare isolandomi in un luogo solitario. Mi ero rinchiuso in una chiesetta dove si celebrava solo la domenica, munito di bottiglie d'acqua e fette biscottate, con l'intenzione di non uscire senza una risposta. Mi ero messo su una sedia dinnanzi al tabernacolo, in attesa. La mia era una vera e propria sfida, iniziata a braccia conserte. Sono trascorsi tre giorni così, rimanendo quasi tutto il tempo in quella posizione, ma non era arrivata nessuna risposta. Avrei voluto continuare ma Chiara mi aveva chiesto di "scendere dal monte" per tornare a Pi-

12 Il *burnout* è l'esito patologico di una condizione di stress prolungata nel tempo, legata a contesti lavorativi. *Burnout* significa esaurimento, crollo o surriscaldamento. La sindrome da *burnout* è associata soprattutto alle professioni sanitarie e assistenziali, alle relazioni di aiuto, alle posizioni di grande responsabilità.

glio. Non so quanto la mia resilienza avrebbe potuto durare ancora, perché sentivo che mi stavo sfibrando piano piano.

Il 2 aprile 2005 è spirato papa Giovanni Paolo II. Il mondo intero si era fermato davanti all'immagine di piazza San Pietro. Quel papa che ha cambiato la storia e che per la mia generazione ha avuto parole profetiche e lungimiranti era morto. Il mondo sembrava scoprirsi improvvisamente orfano. C'era un vuoto palpabile nell'aria. Avevo vegliato a lungo in cappellina, invocando anche l'aiuto di quel papa che per tutti noi era già santo e che per Nuovi Orizzonti era stato il primo ad abbracciare Chiara e ad ascoltare la sua testimonianza in aula Paolo VI. Quella sera, senza motivo, in preda a un impulso interiore, mi ero alzato di scatto per correre sul terrazzo, sbattendo le porte dietro di me, andando a urlare contro il Cielo. Ricordo che piovigginava. In quel momento all'improvviso ho visto davanti a me la scia luminosa di due stelle cadenti che sfrecciavano una di fianco all'altra dall'alto, dalla zona del cielo alla mia sinistra, giù verso l'orizzonte, alla mia destra. Appena si erano spente, dal punto esatto in cui avevano terminato la loro corsa, ne era sorta una che andava verso l'alto. Mentre contemplavo quello spettacolo avevo sentito dentro di me il chiaro significato di quel segno: le due stelle parallele rappresentavano le strade che avrei potuto percorrere, quella del sacerdozio e quella del matrimonio; l'ultima stella che andava verso l'alto rappresentava ciò che Dio mi chiedeva. Era come se il Signore mi dicesse: «Davide, tu puoi farti santo e realizzarti sia nel sacerdozio sia nella famiglia, ma se ti fidi di me, io ti chiedo il sacerdozio». Ero caduto in ginocchio sotto la pioggia, singhiozzando tra le lacrime che non riuscivo a contenere. Non ho sentito una forzatura da Dio, ma tanta libertà. Avevo chiesto un segno chiaro e l'avevo ricevuto.

Ho raccontato subito l'accaduto a Chiara e a don Salvatore. Per loro la prova che quanto era accaduto era vero consisteva nel mio repentino e risoluto cambiamento. Avevano sofferto con me e conoscevano bene quello che avevo vissuto. I miei sentimenti per la ragazza del bacio non erano cambiati ed eravamo ancora entrambi innamorati, ma quella ragazza aveva davvero Dio al primo posto nel suo cuore e ha avuto la forza di lasciarmi andare. Non è stato semplice. Ricordo una sua lettera durissima che mi aveva fatto capire quanto ci si volesse davvero bene e quanto involontariamente ci fossimo anche fatti del male. Quanto siamo complessi e com'è difficile gestire il vero motore di ciò che siamo. In quel frangente lei è stata capace di leggere quanto stava accadendo con gli occhi dello spirito e di dare prova di vero amore. Chiara più volte ci ha ripetuto: «Non è vero che l'amore è cieco. L'amore ci vede molto bene e il nostro cuore deve imparare a scegliere il vero bene. Tra il dire e il fare c'è di mezzo l'amore». Amore vero è sapere rispettare, aspettare, pensare al vero bene altrui rinnegando se stessi, fino a imparare a lasciare andare. È ciò che lei è riuscita a fare per me e per la mia chiamata. La vocazione non è mai solo nostra, è un parto a cui tanti prendono parte. Lo strazio interiore è durato anni e se è vero che il tempo medica le ferite, è anche vero che le cicatrici faranno sempre parte di noi.

Quell'estate sono tornato a Borca di Cadore dove il vescovo aveva riunito i seminaristi di Casa Emmanuel e della diocesi. Dopo quello che avevo passato, pensavo che il mio cammino avrebbe giustamente avuto tempi più lunghi. Invece, inaspettatamente, don Salvatore mi aveva comunicato la data già fissata per il diaconato. Era una notizia che mi aveva completamente spiazzato. Il diaconato è il primo grado del sacramento dell'ordine e chi lo riceve per poi diventare sacerdote compie un passo con cui abbraccia in modo definitivo il celibato. Forse Dio, sapendo di che pasta sono fatto, aveva fretta con me e ha voluto prendermi per i capelli, che all'epoca erano lunghi fino alle spalle. Nonostante mi percepissi in piena convalescenza, non mi ero sentito di porre obiezioni, affidandomi completamente: «Signore tu sai come sono e conosci bene le mie fragilità perché mi hai creato tu. Mi fido di te ma vedi di aiutarmi perché da solo non ce la posso fare».

Il 7 dicembre 2005 nei primi vespri della solennità dell'Immacolata Concezione sono stato ordinato diacono a Frosinone. Avevo scelto la citazione evangelica *In manus tuas* che esprimeva tutto quello che stavo vivendo, e avevo fatto mia una preghiera che anche don Salvatore aveva utilizzato nella sua ordinazione, scritta da padre Septime Léonce Ludovic Loyzeau de Grandmaison:

Santa Maria, Madre di Dio,
conservami un cuore di fanciullo,
puro e limpido come acqua di sorgente.
Ottienimi un cuore semplice
che non si ripieghi ad assaporare le proprie tristezze;
un cuore grande nel donarsi, facile alla compassione;
un cuore fedele e generoso,
che non dimentichi alcun bene e non serbi rancore
di alcun male.
Formami un cuore docile e umile,
che ami senza esigere di essere riamato,
contento di scomparire in altri cuori sacrificandosi
davanti al tuo Figlio Divino;
un cuore grande e indomabile
che nessuna ingratitudine possa chiudere
e nessuna indifferenza possa stancare;
un cuore tormentato dalla gloria di Gesù Cristo,
un cuore ferito dal Suo amore
con una piaga che non rimargini se non in Cielo.

TESTO ORIGINALE IN FRANCESE

Sainte Marie, mère de Dieu,
gardez-moi un coeur d'enfant,
pur et transparent comme une source.

Obtenez-moi un coeur simple, qui ne savoure
pas les tristesses;
un coeur magnifique à se donner, tendre à la compassion,
un coeur fidèle et généreux,
qui n'oublie aucun bien et ne tienne rancune d'aucun mal.
Faites-moi un coeur doux et humble,
aimant sans demander de retour,
joyeux de s'effacer dans un autre coeur,
devant votre Divin Fils;
un coeur grand et indomptable,
qu'aucune ingratitude ne ferme,
qu'aucune indifférence ne lasse;
un coeur tourmenté de la gloire de Jésus Christ,
un coeur blessé de Son amour,
et dont la plaie ne guérisse qu'au Ciel.

Mi domando
se le stelle sono illuminate
perché ognuno possa
un giorno trovare la sua.
ANTOINE DE SAINT-EXUPÉRY

POST-VOCAZIONE

Molte cose,
non è perché sono difficili
che non osiamo farle,
ma è perché non osiamo farle
che sono difficili.
LUCIO ANNEO SENECA

Ciò che amiamo necessita di cura e protezione

Dio non gioca con noi a fare il burattinaio. Se sbagliassimo in buona fede, farebbe concorrere a un bene maggiore ogni nostro passo falso. Affinché questo avvenga serve davvero cercare la sua volontà, mettendo Dio al primo posto, pronti a perdere se stessi e disposti a fare tutto il necessario. Per ridurre i margini di rischio è importante imparare dai propri errori, diventando più prudenti e imparando a fidarci un po' di più di noi stessi. Troppo volte è difficile trovare il giusto equilibrio tra l'ascolto del proprio cuore e il fare tesoro dei consigli di chi è più avanti di noi nel cammino. Sicuramente è fondamentale cercare un autentico discernimento, puntando a un'umiltà che diventa una condizione privilegiata per essere in ascolto della voce di Dio grazie alla preghiera del cuore. E se avremo fatto tutti i passaggi necessari mettendoci davvero in gioco, anche se si cadesse in errore, sono convinto che, magari con qualche deviazione e disavventura, si giungerà a destinazione.

La vita è sempre imprevedibile. Per questo è bene attrezzarsi al meglio. Per tutti prima o poi arrivano momenti di aridità tali da mettere in discussione anche le più solide convinzioni o le più alte esperienze spirituali. In quei frangenti bisogna rimanere fermi e risoluti, continuando a procedere come se nulla fosse cambiato, attendendo che la tempesta passi, per ragionare poi a bocce ferme e non sotto l'impulso emotivo. L'acqua smossa dalle onde non ci permette di vedere con chiarezza e solo quando torna la bonaccia è possibile scrutare il fondale. Per un consacrato è fondamentale ancorarsi anche all'obbedienza, non come giogo o deresponsabilizzazione, ma come esercizio della propria libertà e come atto di umiltà che dà la garanzia di non lasciar prevalere il proprio ego. Chiaramente mi riferisco a un esercizio corretto di obbedienza dialogante, avendo l'accortezza di non avere guide cieche che guidano altri ciechi[1]. *Chiara ci ha insegnato che l'umiltà, l'unità e l'obbedienza ci rendono "fortezze inespugnabili" come Maria.*

Dopo il periodo romantico dell'innamoramento arriva sempre il tempo della maturità, nel quale si è chiamati a confermare i propri sentimenti anche senza la sensazione di farfalle nello stomaco. L'innamoramento dura un tempo limitato e prima o poi svanisce. In quel periodo unico e magico – per la coppia o per chi vive la scoperta dell'incontro con Dio – si vive tutto sotto effetto di una spinta che conferisce come dei superpoteri. Si percepiscono segni e conferme, ci si capisce al volo reciprocamente, tutto di lei/lui o della propria realtà religiosa è meraviglioso e non c'è interesse per nessun altro e nient'altro. Quando questa fase termina svaniscono anche i superpoteri e i piccoli difetti o incongruenze iniziano a pesare. Inizia il banco di prova dell'amore.

Se in una coppia non si fa la fatica reciproca di capire come l'altro si aspetti di essere veramente amato e non ci si esercita in questo, custodendo i tempi necessari per coltivare la relazione e verificarsi, è sicuro che prima o poi i due naufragheranno. Se una persona che vuole rimanere nell'amore di Dio inizia a scendere a compromessi, a non custodire la propria vocazione o a non ricaricare il cuore pregando con fedeltà, donandosi nell'apostolato che genera vita, prima o poi per inerzia si spegnerà, perdendo la propria identità. Ogni vocazione necessita di cura e nutrimento. L'amore chiama amore. Non basta dare un orientamento alla propria vita perché è sicuro che prima o poi arriveranno tempi di deserto e bivi ardui che potrebbero mettere tutto in crisi o diventare il ponte di lancio per una rinnovata scelta.

È possibile smettere di commettere sempre gli stessi errori?

1 Cfr. Matteo 15, 14.

Forse no, ma è sicuramente possibile imparare a ridurre i margini di errore e a evitare certe situazioni pericolose. «Fratelli, cercate di render sempre più sicura la vostra vocazione e la vostra elezione. Se farete questo non inciamperete mai»[2]*. Se ci tieni davvero al tuo rapporto di coppia o al tuo cammino con Dio, cerca di rendere sempre più sicura la tua vocazione. Impara a capire cosa ti fa bene e cosa ti è nocivo. «Tutto mi è lecito ma non tutto mi giova»*[3]*.*

Innanzitutto, considera la tua chiamata un'elezione: Dio si fida di te a tal punto da mettersi nelle tue mani! Dio si fida di te a tal punto da donarti quest'uomo/donna come anima gemella da amare e custodire! Dio si fida così tanto di te da affidarti un suo figlio nella paternità/maternità! Quanta fiducia! Quanto Amore! Tutti noi abbiamo una "missione" nella vita e a volte ne abbiamo più di una. Amiamola, custodiamola e alimentiamo quella fiamma che riscalda il nostro cuore e dà senso ai giorni della nostra esistenza. Dipende da noi. «Omnia vincit amor et nos cedamus amori» – *"L'amore vince tutto, arrendiamoci anche noi all'amore"*[4]*.*

Un passo indispensabile è acquisire sempre maggiore consapevolezza di sé e della propria missione. Un serio cammino di verità interiore è un percorso faticoso che non ha mai fine. L'ho compreso a mie spese arrivando a fare quello che Chiara chiama passaggio di "ciak interiore" tra l'io ideale e l'io reale, ovvero con dolorosi momenti di verità con me stesso e parti di me che non volevo guardare e di cui spesso ero ignaro. A volte si è trattato di contattare parti oscure della mia storia o aspetti del mio carattere, altre volte ha significato guardare in faccia le mie miserie o i miei bisogni. Tutto questo serve per evitare che siano le ferite, le paure condizionanti o i bisogni non riconosciuti a farci agire inconsciamente in una direzione contraria rispetto alla meta della nostra piena realizzazione.

2 2 Pietro 1, 10.
3 1 Corinzi 6, 12.
4 Publio Virgilio Marone, *Bucoliche* X, 69.

Ad esempio, grazie a questo continuo percorso di contatto con me stesso, ho imparato a non presumere troppo di me, evitando di schiantarmi in piena corsa contro un muro, come più e più volte mi è accaduto. Se impari a conoscerti, l'unica via per non farti nuovamente del male è evitare di esporti in situazioni dove già sai di non poter avere il controllo. La vittoria o la sconfitta sono frutto di diverse scelte che le precedono. Se sei intrappolato nei social e perdi ore preziose della tua vita perché ne sei dipendente, esci ed elimina i tuoi account. Ne gusterai i benefici occupando quel tempo per investire energie in ciò che ami: passioni, sport, musica, arte, lettura e amicizie reali. Se non sai gestirti al bar, cambia compagnia o non andarci più. Se hai relazioni ambigue o negative, chiudi e blocca quei contatti. Circondati di persone sane e positive che vogliono il tuo bene e che ti dicono cosa pensano davvero.

Nulla è più potente della verità, perché ci rende liberi[5]*. Questa stessa verità non solo è liberante, ma ti permetterà di essere sempre di più te stesso, imparando ad amarti perché potrai fare esperienza di essere amato realmente. Quando ho avuto il coraggio di mostrarmi per ciò che sono ad alcune persone fidate, mi sono sentito amato in quanto "Davide" nella mia totalità ed essenza. È un'esperienza unica! Se continuiamo a indossare delle maschere, per quanto sottili possano essere, non ci sentiremo mai amati per chi siamo davvero. Aver condiviso le mie paure e le mie fragilità mi ha anche reso più forte. Chiara usa questa bella immagine: le tenebre messe alla luce diventano luce. È proprio vero. Perdono forza.*

Fai tutto ciò che puoi per proteggere ciò che ami. Coltiva la tua vocazione/missione come una pianticella. Custodiscila, alimentala e prima di tutto impara ad amarla. Bisogna lottare per ciò che si ama. A volte passerai per stupido, idealista, romantico, illuso o sognatore, ma tu sarai sereno e felice di guardarti allo specchio.

5 Cfr Giovanni 8, 32.

E quando nel proprio percorso si fallisce? E quando si ricade sempre nei soliti errori, incapaci di tenere fede ai propri propositi? Non essere né troppo duro né troppo indulgente con te stesso. Ciò che conta è che cerchi di fare il massimo possibile partendo dal tuo reale punto di partenza, provando sempre a migliorarti. Non si può chiedere a se stessi o agli altri più di ciò che si può dare, ma non è corretto neppure accontentarsi del minimo. In medio stat virtus – *la virtù sta nel mezzo.*

Per imparare la prudenza Chiara mi ha consegnato questa frase sapiente: «Fugi longe, cito, semper» – *"Fuggi lontano, subito, sempre". Appena una delle tre condizioni viene meno, la caduta è assicurata. Valgono solo se messe in atto tutte e tre in contemporanea. Fuggi da quella situazione/persona nociva, lontano, subito e sempre. Ma soprattutto impariamo dai nostri errori e ricordiamoci che finché c'è vita c'è speranza. Non è un modo di dire. Il Signore ci assicura che non si stanca mai di noi: «Ecco, sto alla porta e busso. Se qualcuno ascolta la mia voce e mi apre la porta, io verrò da lui, cenerò con lui ed egli con me»*[6]*. In qualsiasi momento possiamo accoglierlo e Lui può prendere dimora stabile in noi. Dio non ci violenta mai: sta alla porta e bussa. Si tratta di una porta che ha una maniglia sola e questa sta all'interno: sta a noi aprirla. Se lo facciamo Dio può sempre compiere con noi un capolavoro ineguagliabile.*

In mezzo alle difficoltà, riparti dal far memoria della motivazione che ti ha portato a fare la tua scelta, da ciò che ti ha fatto innamorare della tua missione e ritorna con il cuore e la mente alla scintilla originaria. Il fuoco potrebbe tornare ad accendersi all'improvviso.

Tutta la varietà,
tutta la delizia,
tutta la bellezza della vita
è composta
d'ombra e di luce.

LEV TOLSTOJ

6 Apocalisse 3, 20.

Un salto nel vuoto

Non è dunque affatto certo
che tutti desiderino essere felici,
perché chi vuol avere gioia,
ma non da te che sei la sola felicità,
non desidera davvero la felicità.
SANT'AGOSTINO

Il mio cammino è stato incidentato e pieno di sorprese, mai lineare. Credo comunque che tutto ciò che viviamo, anche i nostri errori, possono concorrere a un bene maggiore, se col cuore si continua a desiderare la volontà di Dio senza scoraggiarsi mai e rialzandosi sempre. Per descrivere il mio stato d'animo prima del grande passo del diaconato, cito una scena del film *Indiana Jones e l'ultima crociata*, quando Harrison Ford compie la terza prova per raggiungere il santo Graal, chiamata "il balzo della fede". Davanti al protagonista c'è solo una via per poter proseguire: uno strapiombo troppo largo perché lo si possa superare con un salto. Non sapendo cosa fare e ripetendo a bassa voce il nome della prova, Indiana Jones la supera mettendo una mano sul petto e muovendo un primo passo nel vuoto, avanzando a occhi chiusi. A quel punto il suo piede tocca un ponte invisibile che gli permette di andare oltre. Non ho fatto una scelta definitiva perché fossi certo di farcela, ma semplicemente perché avevo sentito con chiarezza che il Signore mi chiedeva quell'atto di fede.

Il giorno del diaconato mi sono fidato completamente di Dio. Sul piatto della bilancia c'erano tanti elementi per dire razionalmente che la mia umanità non era idonea per il sacerdozio e altrettanti indizi e segni che invece mi confermavano. Nessuno può avere la certezza matematica per la propria vocazione, si arriva però a un'evidenza interiore che prevale su tutte le altre opzioni e ci spinge a compiere un salto in cui ci si consegna con fiducia, rendendosi vulnerabili e rischiando tutto. Secondo me non c'è un'altra via e modalità possibili. Solo il tempo e la concretezza della vita quotidiana potranno darci ragione o smentirci. «La realtà è superiore alle idee e il tutto è superiore alla parte.[7]» Avevo già firmato una cambiale in bianco con Dio, avendo lasciato casa, famiglia e affetti per seguirlo a Nuovi Orizzonti, ma in quel momento la mia chiamata stava prendendo forma anche in uno stato di vita specifico, assumendo il celibato prima del sacerdozio. Avevo in me tutte le paure di sempre ma sentivo che stavo rispondendo a una chiamata precisa e avevo chiaro che l'unico modo che avevo per vincere la paura era affrontarla.

Da quel giorno ho avvertito qualcosa cambiare in me, in particolare nel modo di vivere la celebrazione eucaristica e nella sensibilità del cuore, anche perché avevo da tempo iniziato a seguire un'indicazione datami da Chiara, che mi aveva suggerito di provare a conformarmi a Gesù giusto servo, meditando in particolare i carmi di Isaia[8] per incarnarli nel quotidiano. Avevo speso molto tempo su Isaia 61, 1-4, che è un brano centrale per Nuovi Orizzonti:

«Lo Spirito del Signore Dio è su di me
perché il Signore mi ha consacrato con l'unzione;
mi ha mandato a portare il lieto annunzio ai poveri,
a fasciare le piaghe dei cuori spezzati,
a proclamare la libertà degli schiavi,
la scarcerazione dei prigionieri,
a promulgare l'anno di misericordia del Signore...».

7 PAPA FRANCESCO, *Evangelii gaudium*, 231-237.
8 Cfr Isaia 42, 1-9; 49, 1-7; 50, 4-9; 52, 13-53, 12.

Prima e dopo il diaconato ho provato a essere servo senza risparmiarmi, cercando di essere sempre in donazione, evitando sempre di giocare al risparmio. Ero arrivato stanco alla fine dell'anno ma con il cuore gonfio di gioia, facendo davvero esperienza che l'amore è tutto e che la vera gioia è donarsi nella gratuità. Ero così soddisfatto da essere compiaciuto di me stesso, ben lontano da quanto indica san Paolo: «Non valutatevi più di quanto è conveniente valutarsi, ma valutatevi in maniera da avere di voi una giusta valutazione, ciascuno secondo la misura di fede che Dio gli ha dato»[9]. Nel colloquio di fine anno con Chiara ebbi la presunzione di dire: «Mi sento così felice di me stesso che non avrei paura di morire in questo preciso momento». Dopo aver pronunciato quella frase si è letteralmente scatenato l'inferno. È come se il Signore avesse tolto la sua mano dalla mia testa per farmi capire di cosa sarei stato capace senza la sua Grazia. Ho iniziato a prendere una botta dopo l'altra, vivendo una situazione particolare che mi ha segnato, aprendo un vero e proprio vaso di Pandora con cui avrei dovuto fare i conti poi per molto tempo. Quell'estate mi hanno salvato gli impegni missionari che mi hanno costretto a restare in donazione e a servizio, insieme alla garanzia della fraternità che è anche una custodia e una protezione.

Dopo aver vissuto due grandi missioni, una a Marina di Ragusa e un'altra all'Isola d'Elba, dormendo per terra e andando ovunque con tantissimi giovani missionari, avevo ricevuto un'altra inaspettata comunicazione del vescovo Boccaccio: sarei stato ordinato sacerdote il 23 settembre 2006. Era davvero una data molto vicina. Ho avuto l'impressione che Dio avesse fretta con me, per prendermi letteralmente per i capelli cogliendo la mia apertura di cuore. Mi ero organizzato per tornare in Terra Santa per preparami in preghiera al Getsemani, ma a pochi giorni dalla partenza il viaggio era

9 Romani 12, 3.

saltato, perché il 10 agosto 2006 un ventiquattrenne di Monterotondo (Roma), Angelo Frammartino, era stato ucciso a coltellate a Gerusalemme da un palestinese. Dispiaciuto per la tragica notizia, oltre ad aver pregato per quel povero ragazzo e la sua famiglia, mi ero dovuto riorganizzare, perché in quel momento non mi era possibile tornare in Israele. Avevo deciso che il luogo dove san Francesco ha ricevuto le stimmate era il posto ideale per me. Amavo sostare a La Verna in preghiera ed ero già stato lì per gli esercizi spirituali in preparazione al diaconato, immergendomi in solitudine a contatto con la natura nel bosco che avvolge il santuario.

In quei giorni avevo aperto il cuore ai miei genitori, consegnandogli cosa stavo vivendo e, tra le tante cose, avevo detto loro anche una dura verità: «Papà e mamma, avete capito cosa succederà? Già con la consacrazione come Piccolo della gioia ho trovato una nuova famiglia a Nuovi Orizzonti, ma ora sarò anche innestato nella Chiesa come sacerdote in un presbiterio, per cui non sarò più solo vostro figlio, ma figlio della Chiesa. Significherà non poterci essere come in passato, perché non mi apparterrò più. Non sarò più di nessuno se non di Dio». Nei loro occhi avevo visto smarrimento ma anche consapevolezza. Mi stringevano forte le mani, come un lungo abbraccio prima di lasciarmi andare nuovamente.

Sono giunto alla data dell'ordinazione sacerdotale interiormente azzerato. Di nuovo mi sentivo spogliato delle mie certezze, questa volta però ero arrivato a capire come fino ad allora avessi vissuto spesso un volontarismo che non mi aveva mai permesso di lasciare davvero la guida al Signore, credendo anche di essere forte e bravo, capace di qualsiasi cosa. Gli ultimi mesi e quanto avevo vissuto mi avevano messo a contatto con le mie fragilità come non mai. Percepivo che dovevo imparare a fidarmi e ad abbandonarmi sul serio, senza più contare sulle mie presunte capacità e forze. Ognuno ha la sua storia. Conosco sacerdoti che raccontano di aver sentito la chiamata da sempre o comunque di averla vissuta solo con tanta gioia, come coronamento di un proprio sogno. Nel mio caso invece si è trattato di mettere da parte i miei sogni per fare spazio al sogno di Dio, anche se io non lo sentivo aderente al mio essere, fidandomi semplicemente di Lui. Per me la data del sacerdozio che si stava avvicinando era simile alla mannaia di un boia. Ero intimorito e avrei voluto fuggire. Si era attivato un countdown interiore che avrei voluto fermare. L'unica cosa che mi portava pace era pensare a quanto avevo vissuto e sentito, rivivendo quel: «Se ti fidi di me, ti chiedo di essere sacerdote», a cui rinnovavo la mia risposta: «Sì Signore, mi fido di te».

Ho trascorso la mattina del 23 settembre fin dalle prime luci dell'alba sul monte Scalambra in solitudine. Non avevo la forza di dire nulla, ripetevo mentalmente queste parole: «*In manus Tuas Domine*». Piangevo dentro, avendo la sensazione di morire lentamente. È stato un personale Getsemani. A un certo punto don Sergio mi aveva raggiunto per comunicarmi che di notte il vescovo era caduto facendosi molto male ed era dovuto andare al pronto soccorso e non si sapeva se si sarebbe svolta o meno l'ordinazione prevista per la sera. Dopo essermi accertato che Boccaccio non rischiasse la vita, avevo pensato che il Signore avesse cambiato idea ascoltando il mio grido, ma dopo qualche ora mi era stato comunicato che il vescovo aveva espressamente detto che, a costo di firmare per uscire dall'ospedale, voleva celebrare l'ordinazione.

Quando sono arrivato alla chiesa di Sant'Antonio di Padova a Frosinone, mi sembrava di essere dentro una bolla d'aria insonorizzata. Appena don Salvatore è arrivato, aveva iniziato a raccontare cosa gli era accaduto quella notte. Eravamo in sacrestia con diversi altri sacerdoti. Inizialmente pensavo stesse scherzando, invece era molto serio. Mi fissava negli occhi dicendo: «Questa notte sono caduto a terra, ma non è stato un incidente. Ho sentito una chiara e netta spinta da dietro. È stato il diavolo, perché non vuole che io ti ordini sacerdote, ma io sono venuto lo stesso». Ascoltavo in silenzio, spiazzato e confuso da quelle parole. Il vescovo non era il tipo da dire frasi del genere, tantomeno davanti a tutti, senza filtri.

Indossati i paramenti sacri, siamo usciti in processione e si è svolta la celebrazione con l'ordinazione sacerdotale. Nel primo banco c'era la mia famiglia e subito dietro Chiara e mamma Mietta. Dopo le domande e le promesse pronunciate, ricevuta l'unzione, sono sceso verso mia mamma, che ha sciolto il panno che legava le mie mani, fissandomi intensamente negli occhi, mentre accanto papà era visibilmente commosso. Sono immagini impresse dentro di me. Ricordo gli sguardi di Chiara, di tutta la famiglia Nuovi Orizzonti, dei parrocchiani di Ferentino, dei parenti e degli amici. Nel concelebrare la mia prima messa avevo avvertito che qualcosa era cambiato dentro di me: è come se una parte di me fosse morta per far nascere qualcosa di nuovo: «Sono stato crocifisso con Cristo e non sono più io che vivo, ma Cristo vive in me. Questa vita nella carne, io la vivo nella fede del Figlio di Dio, che mi ha amato e ha dato se stesso per me»[10]. Al termine della celebrazione don Salvatore aveva insistito per baciarmi le mani, chiedendomi di benedirlo. Avevo provato istintivamente a ritrarle, ma lui con forza mi aveva fermato dicendo: «Non lo faccio per te, non bacio te, ma bacio le mani di Cristo».

Il giorno seguente ho presieduto la mia prima messa in comunità a Piglio, inaugurando una settimana di esercizi spirituali tenuti da Chiara con settecento persone. Per l'occasione c'erano anche i miei formatori del seminario minore don Gino e don Antonio, il mio parroco di Padova don Severino e tanti volti amici che negli anni mi avevano sostenuto e aiutato. Marco Tecilla, primo sacerdote focolarino, mi aveva guidato nel portare il calice e la patena a Chiara, in segno di riconoscenza per avermi sostenuto nel dire un sì che

10 Galati 2, 20.

altrimenti non sarei mai stato in grado di pronunciare. Ho presieduto la mia prima messa in Vaticano sull'altare presso cui è sepolto papa Giovanni XXIII e successivamente nella chiesa di Santo Spirito in Sassia durante la missione *Gesù al Centro* a Roma.

Come ricordo dell'ordinazione avevo scelto un'immagine di Gesù risorto che abbraccia un ragazzo evidentemente senza forze, con una maglietta viola e i jeans, e lo sostiene mentre il giovane tiene tra le mani un chiodo e un martello, con sotto la scritta: «Gesù non ci condanna mai, ci perdona sempre! Anche quando abbiamo il martello e i chiodi tra le mani». Nel retro: «Fate quello che vi dirà»[11] e «Noi predichiamo Cristo crocifisso, scandalo per i Giudei, stoltezza per i pagani; ma per coloro che sono chiamati, sia Giudei che Greci, predichiamo Cristo potenza di Dio e sapienza di Dio. Perché ciò che è stoltezza di Dio è più sapiente degli uomini, e ciò che è debolezza di Dio è più forte degli uomini»[12].

Il 23 settembre 2006 a venticinque anni ero diventato sacerdote. Era una meta raggiunta e contemporaneamente l'inizio di un nuovo percorso tutto da scrivere e da vivere. Sicuramente quel giorno ho percepito una Grazia che mi ha riempito della presenza di Dio, ma la mia struttura umana non era magicamente scomparsa o annientata e, come tutti, dovevo cercare di custodire quanto ricevuto. Solamente nel tempo avrei potuto comprendere meglio quanto viveva san Paolo quando, nella seconda lettera ai Corinzi, scrive che «abbiamo un tesoro in vasi di creta»[13]. La consacrazione sacerdotale mi poneva *in persona Christi,* imprimendo un carattere indelebile, ma la creta rimane creta ed è bene esserne consapevoli, perché è fragile e può facilmente ammaccarsi o rompersi.

11 Giovanni 2, 5.
12 1 Corinzi 1, 23-25.
13 Cfr. 2 Corinzi 4, 7-15.

Il tuo Brasile è qui

Da sempre ho sognato essere missionario in Africa o in Sud America. Dopo l'esperienza del 2001 in Brasile avevo il desiderio di tornarci in pianta stabile e così, negli anni del seminario, mi ero aggrappato a don Salvatore, che mi aveva assicurato che ne avrebbe parlato con Chiara e mi avrebbe mandato lì da sacerdote. Così, fresco di ordinazione, mi ero presentato da lui in curia per fissare la data della mia prossima partenza, ma con grande stupore, invece dell'accoglienza che mi aspettavo, il vescovo aveva battuto i pugni sul tavolo urlando: «Basta con questo Brasile! Non lo hai capito in questi anni? La tua missione è qui. In Brasile non ci andrai mai. Il tuo Brasile è qui». Ero uscito mortificato e deluso, con un senso di tradimento nel cuore. È vero che avevo detto un "sì" incondizionato con un voto di obbedienza, ma dentro di me era davvero un sogno a cui mi ero aggrappato per anni. Quelle parole si sarebbero rivelate profetiche nel tempo, anche se allora non le avevo comprese e mi avevano lasciato con l'amaro in bocca. Chiara cercava di spiegarmi che a volte è più facile e gratificante fare ciò che ci piace, anche se si trattasse di stare con i bambini di strada, mentre la santità autentica si costruisce nel rimanere là dove Dio ti ha posto, imparando anche a morire a se stessi. Non ero ancora in grado di fare un salto così ma cercavo di fidarmi e di impegnarmi, anche perché davvero desideravo solo fare la volontà di Dio, nonostante limiti e fragilità personali.

Nei primi giorni da sacerdote, stranamente, ho fatto esperienza di tanti diversi inferni che sarebbero poi stati proprio gli ambiti specifici in cui avrei dovuto immergermi negli anni. In una missione a Roma mi ero trovato ad ascoltare tanti sacerdoti in difficoltà; in comunità mi ero imbattuto in casi difficili legati alle nuove dipendenze ma anche alle sette sataniche, e avevo dovuto richiedere l'intervento di esorcisti e della Penitenzieria apostolica; tanti giovani mi cercavano, desiderosi di capire qualcosa in più sulla spiritualità o discernere la propria vocazione. Avevo già contemplato la potenza del carisma di Nuovi Orizzonti, ma con la grazia del sacerdozio, immergendomi nella celebrazione dei sacramenti, ero strumento e spettatore di qualcosa di speciale. Sembrava esserci sempre una regia superiore che mi faceva incontrare proprio quelle persone che avevano vissuto le mie stesse ferite, che diventavano feritoie perché l'amore di Dio passasse, anche solo ascoltandole.

A Nuovi Orizzonti si vive un'alternanza continua tra inferi e cielo. Sembra di vivere sulle montagne russe. Si passa rapidamente da attimi di cielo a prove davvero durissime. È quanto ho sperimentato fin da subito nel mio ministero. Ho vissuto i miei primi tre anni di sacerdozio aprendo un nuovo centro di formazione ed evangelizzazione a Guidonia, alle porte di Roma, in zone difficili di borgata. Nell'avvio mi aveva sostenuto molto Enzo come responsabile e la nostra équipe era molto eterogenea. C'era con noi anche Crescenzo, l'ex camorrista che allora aveva ancora una misura detentiva da scontare; in tutto eravamo quasi una trentina con storie molto diverse: chi proveniva dal mondo delle dipendenze e chi da esperienze apparentemente più lineari, ma tutti desideravano dedicare la loro vita a Dio. C'era anche una persona con problemi spirituali importanti che stava affrontando questa battaglia sostenuta da un bravo esorcista.

I primi tempi avevamo ristrutturato gli ambienti per renderli vivibili e piano piano ci eravamo organizzati in un clima di autentica fraternità, ritmata da preghiera, formazione, condivisione e lavoro. Una caratteristica di quel centro era la presenza di molti artisti, che organizzavano spettacoli e attività di prevenzione nelle scuole, girando l'Italia e particolarmente il territorio della diocesi di Roma.

Durante una notte ero stato svegliato dalle urla di un ragazzo, che si era presentato al cancello perché a tutti i costi voleva incontrare la sua ragazza che viveva da noi. Non lo conoscevo ma era fuori di sé e mi minacciava. Sapevo che faceva uso di cocaina, che aveva problemi di gestione della rabbia. Enzo e Crescenzo erano scesi con me, pronti a intervenire se mi avesse aggredito. Inizialmente avevo cercato di farlo ragionare ma non era nelle condizioni per riuscirci. Quando è arrivata la volante dei carabinieri, che avevo precedentemente chiamato, quel ragazzo si era improvvisamente trasformato in un agnellino. I carabinieri volevano portarlo via, ma davanti a lui li avevo convinti a lasciarmi da solo, facendogli promettere che non avrebbe più fatto il pazzo. Una volta andati via, quel giovane aveva cambiato completamente atteggiamento. Mi ero assunto un grande rischio, ma da quel giorno in poi è nato tra noi un rapporto davvero bello, che l'ha portato a iniziare un percorso personale. Ha fatto grandi passi, chiudendo con le cattive abitudini per diversi anni, arrivando a sposarsi e a crearsi un'attività lavorativa indipendente, frequentando sempre la comunità. In quegli anni abbiamo vissuto missioni di evangelizzazione di strada insieme e lui era particolarmente bravo con i ragazzi che avevano un passato come il suo. Abbiamo condiviso esperienze molto profonde.

Purtroppo alcune problematiche personali lo hanno poi portato ad allontanarsi e a sbandare. Una mattina l'ex moglie mi aveva mostrato un suo messaggio che mi aveva gelato il sangue. Appena letto le avevo detto di non seguirmi, ma lei non aveva voluto sentire ragioni. Arrivati nel suo locale, lo abbiamo trovato esanime, con il collo legato alla maniglia della porta e una lettera a terra. Abbiamo provato a rianimarlo, tra le grida e il pianto dell'ex moglie, ma non c'era più nulla da fare. Ho dato il sacramento dell'unzione, pregando in attesa che arrivassero i soccorsi e le forze dell'ordine. Quel giorno un senso di morte ha invaso la mia anima penetrando in profondità nel mio cuore. È come se una sciabola affilata mi avesse trapassato dividendomi in due. Percepivo una ferita profonda che il tempo non è mai riuscito a rimarginare e che dinnanzi ad altri casi di suicidio in cui mi sono trovato, si è riaperta immediatamente.

In quel caso davvero solo la fede mi ha aiutato, nella certezza che tutto l'amore seminato da lui non sarebbe stato perduto, perché la morte non avrebbe avuto l'ultima parola. Ho vissuto mesi drammatici, con sensi di colpa e l'odore della morte addosso. L'amore dei fratelli e la preghiera mi hanno aiutato a superare anche quel momento. Sono certo che Dio non si dimentica del bene che abbiamo seminato, anche se si arriva a gesti così estremi. Non posso generalizzare, ma per questo mio amico sono certo che la sua libertà fosse ridotta al minimo da una depressione che l'ha portato alla disperazione, capace di ingannare la sua intelligenza e il suo cuore. Quante notti insonni chiedendomi se avessi potuto fare qualcosa di più, ma oramai non potevo fare più niente. Non è facile doversi arrendere all'ineluttabile.

La morte è un'altra misteriosa costante con cui doversi confrontare e che ha caratterizzato il mio primo tempo da sacerdote. Ogni volta si è presentata in forme nuove e inaspettate, facendomi capire come tutto abbia davvero un inizio e una fine e quanto ci si renda conto troppo tardi del valore di certe persone.

Dopo la mia ordinazione, il vescovo Boccaccio non si era più ripreso dalla caduta, che aveva seriamente compromesso il suo ginocchio e così, con un cuore già infartato e più volte operato, si è sottoposto a un intervento che ha dato inizio a un lento e inesorabile declino. Ha vissuto due anni tra letto, terapia intensiva e carrozzina. Avevo sognato tanto di avere don Salvatore come vescovo e lo era diventato... Un anno dopo l'intervento, ricordo il suo eroismo nel venire a trovarci a Piglio, trasportato in ambulanza con la sedia a rotelle, tra sforzi incredibili per pronunciare parole pregnanti, frasi interrotte completate dalle lacrime nei suoi occhi, gestendo una tracheotomia dolorosa e debilitante.

Vivendo a Guidonia, partivo una volta a settimana per passare la notte con lui, lo facevamo a turno tra amici e sacerdoti. Era davvero dura vederlo soffrire impotenti, ma era anche arricchente, consapevoli di stare al capezzale di un sant'uomo che aveva speso la sua vita, come diceva lui stesso, imparando dagli ultimi, andando a scuola alla "cattedra dei piccoli e dei poveri". I ruoli si erano improvvisamente invertiti. Lui che era sempre stato un uomo forte, energico, in prima linea visitando carceri, ospedali, comunità, guidando pellegrinaggi a Lourdes, infiammando i cuori di tutti, ora si trovava inerme in un letto, incapace di parlare e bisognoso di tutto. Non ha mai perso la sua dignità e soprattutto il suo amore per Gesù. Si è attrezzato con una lavagna con l'alfabeto che gli serviva per parlare: con una bacchetta indicava le lettere per comporre le parole. Amava pregare continuamente, a volte ascoltando il rosario, il breviario e letture spirituali, altre volte in lunghe meditazioni silenziose. Periodicamente faceva chiamare Chiara che era diventata la sua confidente, trattenendosi a lungo con lei. Devo ammettere che ho faticato a sopportare quel lacerante, lungo e inesorabile addio. Il contatto con quel tipo di dolore mi ha fatto male dentro. Quando ero a Guidonia, rimuovevo inconsciamente l'idea che stesse male, per non soffrire ulteriormente, era un meccanismo di difesa. Quando mi rendevo conto di qual era veramente la realtà, allora scoppiavo a piangere.

Con la mente attingevo ai bei ricordi delle passeggiate in montagna, delle nostre lunghe chiacchierate, dei momenti di evangelizzazione in strada, nei pub, tra i giovani... In particolare tornavo a pensare alle parole che mi aveva regalato un pomeriggio, quando stava ancora bene e mi aveva chiamato in casa sua aprendo una scatola con i ricordi della sua infanzia. In quell'occasione mi aveva raccontato tutta la sua vita e le Dio-incidenze che lo avevano portato al sacerdozio. La sua era stata una vita molto dolorosa. Era cresciuto nella povertà ma con una mamma speciale che lo aveva amato e educato al primato di Dio. Era un uomo straordinario e fuori dal comune, per certi tratti direi molto simile a don Tonino Bello, a parte la cadenza romanesca e le battute di spirito che non rovinavano per nulla la poesia con cui si esprimeva. Tra le confidenze ricevute, c'è il racconto della morte della sorellina. Era piccolo e lei era tra le sue braccia morente. Mi spiegava che aveva pregato tanto, chiudendo gli occhi per chiedere la guarigione e riaprendoli certo che Gesù l'avrebbe esaudito. Ancora con le lacrime, a distanza di tanti anni, mi spiegava come fosse stata bruciante la delusione nel constatare che il miracolo non era avvenuto. Quelle parole riecheggiavano dentro di me perché anch'io chiedevo la sua guarigione ma percepivo il silenzio totale di Dio.

Quando oramai il quadro clinico non dava più speranze per un recupero, don Salvatore aveva voluto tornare nella sua camera in episcopio. Si era preparato a quel momento e negli ultimi tempi piano piano aveva salutato tutti, uno a uno, con grande lucidità. Tante persone gli sono state accanto con amore, accudendolo fino alla fine. Sopraggiunto il blocco renale, nessuno aveva il coraggio di dirgli che oramai la morte era imminente. È stata Chiara a comunicargli questa notizia e don Salvatore ha reagito con gioia, pensando al Cielo e dichiarandosi subito pronto. Erano rimasti da soli in camera mentre noi attendevamo fuori.

In quegli ultimi istanti don Salvatore ha voluto dettare il suo testamento spirituale a Chiara.

Dopo aver saputo dall'amica medico Consuelo che restava poco tempo, Chiara era andata da don Salvatore e gli aveva chiesto se desiderasse partire per il Cielo. Lui aveva risposto di sì, aggiungendo: «Non ci penso più. Se il Signore vuole che io resti ancora, benedetto nei secoli il Signore, se il Signore vuole che io vada, sempre sia benedetto nei secoli il Signore!». Allora Chiara: «Guarda don Salvatore che ho parlato con Consuelo e mi ha detto che con questo blocco renale, a meno che non ci sia un miracolo, il tuo fisico non ce la può fare, anche la dialisi sarebbe troppo aggressiva...». «Ma certo siamo nelle mani del Signore, lasciamo fare a Lui» «Allora questa volta parti davvero per il Cielo!» «Grazie Chiara non mi potevi dare una notizia più bella, grazie di cuore, finalmente andrò a Cittadella Cielo, voglio dare una benedizione a tutte le opere di Nuovi Orizzonti, a tutte le iniziative, a tutti i centri, a tutti i ragazzi a cui il Signore ha ridonato la vita, a tutti i consacrati.» «C'è una parola che desideri lasciare per tutti?» «Sono davvero tante, sono tante le cose che vorrei dire a tutti, sono tante! Ma una sola resta la più importante: *In Manus Tuas, in Manus Tuas, in Manus Tuas!* Sì, dite questo a tutti da parte mia: *In Manus Tuas*! È questa l'unica cosa importante: il pieno e completo abbandono alla volontà del Padre, sia quando a noi pare bella, sia quando a noi pare brutta, credere sempre che tutto è dono squisitissimo e delicatissimo della tenerezza dell'Amore del Padre per noi! *In Manus Tuas, Domine*, grazie Papà! E un'altra cosa... L'ho sempre amato! Dite questo da parte mia e un bacio nel Signore a tutti.»

Don Salvatore è morto in episcopio a Frosinone il 18 ottobre 2008. Per me non era morto solamente il vescovo, ma il padre che mi aveva accompagnato da quando avevo quattordici anni e che conosceva tutto di me. Mio papà Sergio era sceso per il funerale che ha coinvolto tutta la diocesi, che aveva allestito maxischermi in varie piazze della città di Frosinone.

Dopo la sua morte ho vissuto un anno di smarrimento, un po' frastornato e disorientato, commettendo anche diversi errori, tra i quali il pensare di poter ritrovare una relazione simile a quella avuta con don Salvatore con un nuovo padre spirituale. Per mesi e mesi avevo provato ad aprirmi con persone davvero di alto livello, ma non c'era nulla da fare, non mi sentivo capito. Col passare del tempo avrei compreso che certe relazioni sono uniche e irripetibili e non si possono ricreare nuovamente. Ce ne potranno essere di nuove molto belle, ma in questo caso è impensabile che si possa ricreare un'affinità d'anima così profonda, costruita nel tempo con la persona che mi aveva accompagnato, insieme a Chiara, fin da bambino. La sensazione che ho avuto è stata quella di essere stato buttato in mare, dove avrei dovuto imparare a nuotare da solo. E poco dopo ne avrei avuto conferma, ricevendo un secondo strappo interiore che mi avrebbe dato il via per imparare davvero a camminare da solo. Certi eventi, come la morte, ti costringono a fare un salto.

Dopo la morte di don Salvatore si era posto il problema di individuare un nuovo assistente spirituale generale per Nuovi Orizzonti. Durante un volo aereo, Chiara mi aveva chiesto se avrei accettato un'eventuale nomina. Mi ero rifiutato categoricamente, reputandomi troppo giovane e inadatto. Ero ancora troppo dolorante e instabile. Alla prima consultazione il mio nome era tra i candidati possibili e alcune persone mi facevano riflettere su come don Salvatore mi avesse accompagnato, formandomi per questo tipo di servizio.

Un episodio che avevo completamente dimenticato mi era riaffiorato alla memoria. Era avvenuto quand'ero seminarista, durante un volo per la Terra Santa. Il vescovo era seduto accanto a Chiara e mi aveva chiamato per parlare. Mi aveva parlato della figura di san Giuseppe, spiegandomi il suo ruolo delicato e importante come padre putativo di Gesù nella custodia della santa Famiglia di Nazareth e aveva poi concluso dicendo: «Ricordati queste parole Davide: tu sei san Giuseppe!». Non avevo capito cosa stesse dicendo e avevo iniziato a sorridere, buttandola in canzonella. Don Salvatore mi aveva ripreso insistendo seriamente: «Tu devi essere san Giuseppe. Ricordati queste parole che ti sto dicendo. Tu devi essere san Giuseppe per Chiara e per Nuovi Orizzonti. In questi anni tanti hanno cercato di usare Chiara o la comunità, purtroppo anche molti sacerdoti, facendosi belli con Nuovi Orizzonti o appropriandosi del carisma anziché servirlo. Tu dovrai essere attento, dovrai saper proteggere quest'Opera di Dio, custodendola pur restando al tuo posto, proprio come san Giuseppe». Il riaffiorare di questo ricordo mi aveva portato a cambiare opinione, maturando l'idea che non mi sarei tirato indietro se mi avessero eletto. Avevo dato il mio voto a favore di Tonino, ma per un solo voto non ha superato il mio nome. A quel punto non mi ero potuto esimere dal dire un nuovo *In Manus Tuas Domine,* fidandomi di Dio anche in questa occasione.

Prove ricorrenti

Certe prove sono cicliche e colpiscono i nostri punti nevralgici dove siamo più fragili. Nei primi tre anni di sacerdozio ho dovuto da subito fare i conti con aspetti di me di cui non ero consapevole. In totale buona fede mi ero sempre dedicato all'evangelizzazione e agli altri, senza rendermi conto di essere ancora condizionato da cosa gli altri pensavano di me, elemosinando approvazione e mosso da una subdola vanità, anche nelle cose più sante. È vero che nella mia vita non mi sono mai risparmiato, ma sotto sotto, vagliando in profondità le intenzioni del mio cuore, c'è sempre stato uno spazio per un sottile tornaconto personale. All'epoca non me ne accorgevo e all'esterno potevo sembrare una persona sempre disponibile e capace di assumersi responsabilità, ma certi campanelli d'allarme sono stati l'occasione per aprire gli occhi. Non sarei mai stato in grado di farlo da solo. È stato necessario che qualcuno, *in primis* Chiara, mi confrontasse a volte anche duramente, per farmi prendere contatto con una parte di me che non riuscivo a vedere e che forse non volevo riconoscere. In quei momenti ci sono due possibilità: farsi aiutare e lavorare su di sé mettendosi in discussione oppure continuare come nulla fosse rifiutando le correzioni, rischiando di zoppicare per il resto della vita.

Oggi non sono per nulla guarito e questa battaglia, a distanza di tanti anni, è ancora in atto, ma intanto essere consapevole delle proprie fragilità significa non esserne in balia, avendo la possibilità di fare delle scelte precise. Anche se certi automatismi restano radicati in noi tutta la vita e l'età in cui ci si lavora fa molto la differenza, perché man mano che cresciamo ci strutturiamo e diventiamo meno plasmabili, per me è stato importante essere smascherato nelle dinamiche inconsce, avendo così l'opportunità di crescere e cambiare, facendo la mia parte con fatica grazie ai preziosi consigli del percorso di Spiritherapy. Si tratta di individuare esercizi pratici: cercare gli ultimi posti, fare le cose nel nascondimento senza prenderne il merito, non lasciare mai i servizi più umili, mettermi comunque in gioco, evitando così di andare in panchina e di rifugiarmi in una comoda falsa umiltà per evitare di espormi. Un suggerimento in particolare di Chiara mi ha aiutato: individuare quale motivazione profonda guida le scelte quotidiane e di volta in volta, se necessario, provare a convertirla. Tante volte è doloroso prendere contatto con me stesso ma è un allenamento importante nel quale continuo a esercitarmi con tenacia.

Passato il tempo dell'innamoramento, è arrivato anche per me il momento di fare un salto di qualità passando al tempo dell'amore, dove si è tutti chiamati a confermare il proprio "sì" senza l'influsso di una spinta emotiva che è tipica dei primi tempi. In modi diversi sono giunte diverse prove. A volte si è aperta una vera e propria voragine affettiva, che mi ha portato a dover fare i conti con radici profonde legate alla mia storia. Altre volte si è trattato di sentire la mancanza di una relazione esclusiva, personale e intima. In altre fasi invece si è fatta sentire l'assenza di un figlio. L'affettività mi ha portato a cercare compensazioni più o meno sane. Non ho mai sentito di mettere in discussione il sacerdozio, ma a volte la sofferenza è stata molto forte, come un grido acuto dell'anima. Ho imparato a parlarne, a consegnarmi, a dare un nome preciso ai miei bisogni, a non averne paura. Sicuramente ho avuto la fortuna di trovare sempre persone capaci, ma anche di avere la forza di non rimanere mai solo. Per me è sempre stato chiaro che Nuovi Orizzonti, proprio come comunità di vita, è la mia vocazione e contemporaneamente la mia salvezza. Nel concreto mi ha salvato e aiutato avere una libertà dialogica con i miei responsabili, un ambiente vitale sano a contatto con amicizie maschili e femminili di diversi stati vocazionali, con le quali condividere la quotidianità, essere custodito e potermi consegnare in una precisa e autentica fraternità. Se penso alla mancanza di un figlio, ad esempio, è stato sempre fondamentale poter esercitare una dimensione di paternità verso le persone che mi sono affidate. Se penso a chi mi chiede se mi basta l'amore di Dio, rispondo che sicuramente nella preghiera trovo un grande ristoro per il mio cuore, ma che ho anche bisogno di persone che custodiscano la mia fragilità umana, come gli amici, la fraternità e la comunità. Gesù stesso aveva un amico speciale e si rifugiava a Betania da Lazzaro, Marta e Maria. Una dimensione dell'affettività umana resterà per forza incompleta in una dimensione celibataria.

Rispetto alla sessualità, potrei dire scherzosamente di essermi più volte ritrovato nella preghiera di sant'Agostino: «Dammi la castità e la continenza, ma non subito»[14]. Il desiderio sessuale può essere considerato un istinto fondamentale per la specie umana. A me ha sempre aiutato partire dal ricordarmi che ciò che vivo è una scelta "contro natura". Il celibato è un'anticipazione della condizione del Regno dei Cieli e una scelta di totale dedizione al servizio di Dio. Ma bisogna stare attenti a non estremizzare troppo, perché anche uno sposato potrebbe essere tutto di Dio e dovrebbe mettere al primo posto Dio nel cuore. Quando sento parlare di "cuore indiviso" – pur comprendendone il senso – mi sembra si possa facilmente scadere in uno spiritualismo che va contro il principio dell'incarnazione scelto

14 SANT'AGOSTINO, *Le Confessioni* VIII 7, 17.

da Dio. Nella concretezza della vita quotidiana nessuno ha un cuore indiviso. Tutti amiamo alcune persone più di altre. Gesù uomo ha avuto amici più stretti e rapporti diversi preferendo alcune relazioni personali. Il cuore indiviso esiste solo in astratto nel mondo delle idee. Il cuore ama sempre persone concrete con un nome e un cognome. Chi dice di amare tutti ma non ama qualcuno nel concreto, in realtà non ama nessuno. Maria e Giuseppe da sposi sono il modello della consacrazione tanto per i religiosi o i sacerdoti celibi quanto per gli sposati. Nessuno più di loro aveva Dio al primo posto nel cuore, cercavano di vivere solo la volontà del Signore, riuscendo ad amare Dio e amandosi tra di loro. L'amore non è schematico né matematico, non si può incasellare nelle funzioni o nelle parcellizzazioni. L'amore non ha confini, può sempre espandersi e includere. Sicuramente se io fossi sposato non potrei dedicare il tempo che oggi dedico alla mia missione, perché avrei dei doveri diversi da armonizzare, ovvero una vocazione nella vocazione. Penso ai fratelli ortodossi o agli altri riti della Chiesa cattolica in cui sono ammessi sacerdoti sposati. Si tratta di un tema complesso che non mi azzardo a trattare banalmente. Riconosco il valore e il grande significato che il celibato ha nella Chiesa e per me non dovrà mai venire meno. Ma partire dal dato concreto che si tratta di una scelta contro natura e che, come diceva san Giovanni Paolo II, si tratta di un carisma, ovvero di un dono, mi ha aiutato nel cercare di viverlo al meglio delle mie possibilità.

Assumere il celibato per tutta la vita, decidendo di non sposarsi e vivere una vita di astinenza sessuale è una scelta che non si può fare basandosi sulle proprie forze. Molti arrivano troppo impreparati a una sfida grande con cui fare i conti tutti i giorni della propria vita. La si fa perché innamorati di Dio, sotto la spinta di una dose di follia d'amore, ma poi serve un continuo lavoro su se stessi, un continuo esercizio del domino di sé, che diviene più o meno difficile in base alle fasi della propria esistenza. È vero che più ci si esercita nella castità e più si è favoriti, ma è altrettanto vero che basta un niente per tornare indietro dopo innumerevoli sforzi. Non a caso la Bibbia dice di non esaltarsi se si ha il dono di vivere in continenza, perché si tratta più di un dono che di un esercizio di volontà, anche se è l'alchimia di questi due elementi a darne la durevolezza.

Per me è stato importante conoscermi e arrivare a comprendere come posso funzionare. Se vivo una vita intensa di preghiera, se mi ritaglio i tempi personali per lo sport e il recupero psicofisico, se mi lascio custodire ed evito di espormi a situazioni che non sono più in grado di controllare, allora posso farcela. È stato decisivo capire che non posso più presumere di me, perché non si tratta di un ambito che posso gestire da solo. Anche se il mio cuore vuole essere fedele e posso sentirmi sicuro, non posso prevedere come starò in quel tal luogo e in quella situazione. Nel concreto, in tanti anni di vita comunitaria, ho scelto di prendere le distanze dalle situazioni ambigue; di non avere mai il computer o la televisione in camera da letto; di evitare il più possibile di viaggiare da solo; di scegliere, nei momenti di fragilità, di parlarne, mettendomi a nudo; di prendermi i miei spazi per scaricare la tensione e così via... Tutto questo è stato un lungo cammino, ancora in corso, frutto di dialogo, confronti e anche di concrete esperienze in cui ho dovuto fare i conti con le mie fragilità. La mia scelta comporta una parte di mortificazione e di rinuncia, che ho cercato di vivere, almeno quando ci riesco, in questo modo: «Vi esorto dunque, fratelli, per la misericordia di Dio, a offrire i vostri corpi come sacrificio vivente, santo e gradito a Dio; è questo il vostro culto spirituale»[15].

Un'altra prova ricorrente che puntualmente torna nella mia vita è legata alla mia esperienza di Chiesa. Dopo aver

15 Romani 12, 1.

fatto l'errore di gettare via il bambino con l'acqua sporca, facendo di tutta l'erba un unico fascio ai tempi dell'uscita dal seminario minore, avevo imparato a distinguere la Chiesa con la C maiuscola dagli uomini di chiesa, trovando conforto nel fatto che anche papa Benedetto XVI avesse fatto questo distinguo, a cui io ero arrivato dopo averlo sperimentato sulla mia pelle.

La Chiesa è guidata dallo Spirito Santo e, al di là delle sue povertà umane, permane e prevale lo Spirito di Cristo che la guida. La prova del nove è che qualsiasi istituzione umana è crollata lungo il corso della storia, mentre la Chiesa è ancora ben viva. Resta però una ferita in me, inferta da rappresentanti dell'istituzione, che mi hanno portato a rinnegare, a suo tempo, Dio e la Chiesa stessa. Il tempo e la testimonianza di uomini e donne di Dio mi hanno curato e la ferita si è rimarginata, ma resto molto sensibile a certe ingiustizie e incoerenze con il Vangelo. Dalla mia conversione in poi non mi sono mai stati risparmiati colpi proprio su questo punto e davvero ho pensato che sia una strategia del diavolo per farmi mollare. Se dovessi elencare le prove subite da uomini di chiesa in questi anni, dovrei scrivere un libro a parte. Già il trattamento riservato a don Giulio dal suo vescovo mi aveva allora molto urtato. A volte non mi sono trattenuto dinnanzi a vescovi o preti che anziché valorizzare il potenziale di movimenti, realtà ecclesiali e giovani disponibili a sacrificare le loro ferie per evangelizzare, li hanno osteggiati e a volte usati. Ho dovuto fare i conti con la gelosia, l'invidia, l'arroganza, l'indifferenza e la grettezza di piccoli uomini che, con in mano uno stuzzicadenti, ne hanno abusato comportandosi come se avessero uno scettro. La fedeltà di Chiara alla Chiesa mi ha edificato e educato all'obbedienza, anche se più volte sono andato in crisi dinnanzi a fatti davvero vergognosi. La Chiesa – pur essendo guidata dallo Spirito, avendo come capo Cristo e come meta Dio Padre – è fatta anche di uomini che possono fare la differenza. La parola che mi aiuta e che cerco di vivere è: «Non lasciarti vincere dal male, ma vinci con il bene il male»[16].

Il dover monitorare e lavorare sulla mia vanagloria e sulla mia affettività e sessualità, i nuovi colpi sulla ferita ancestrale procurata dagli uomini di Chiesa, sono le prove ricorrenti che ciclicamente si alternano e a cui vengo sottoposto con creatività sempre rinnovata. Penso sarà così per tutta la vita.

16 Romani 12, 21.

«Per aspera ad astra»

Ci sono tappe della vita che si incidono a fuoco dentro di noi, lasciando un segno indelebile. Si tratta di prove che non hanno eguali e che più di altre ci chiamano in causa, portandoci a un bivio inevitabile: o se ne esce migliori o se ne esce peggiori. Possono essere tunnel senza via di uscita o trampolini da cui imparare a spiccare il volo. Ne ho vissute alcune davvero significative. Forse avrei potuto affrontarle meglio, comunque mi hanno lavorato dentro.

Dopo un periodo positivo, con i normali alti e bassi che capitano a chiunque, mi sono trovato immerso in una situazione completamente nuova. All'improvviso si è spenta la luce dentro di me. È come se qualcuno avesse premuto l'interruttore della luce interiore. Senza una causa specifica, mi sono trovato in una notte buia. È stato tanto inatteso quanto sconvolgente. Per quanto avessi già fatto esperienza del buio interiore o avessi sofferto anche intensamente per altri motivi, nulla era paragonabile a quel sentimento di smarrimento, non senso e desolazione. Non sentivo più nulla, nessuna emozione, solo il vuoto e l'assenza. Nella mia anima era sceso l'inverno. La notte era così tenebrosa da perdere la speranza e da credere di aver perso la fede. L'anima sperimentava una assoluta aridità. Tutto aveva perso colore. In un istante ero in un *blackout* totale. Ma lo vivevo da sacerdote, con la complessità di dover portare avanti responsabilità, incontri, colloqui, direzioni spirituali, confessioni, celebrazioni… Dovevo di fatto fingere che andasse tutto bene e dire cose e fare gesti che all'improvviso mi sembravano vuoti e insensati. Un vero inferno interiore, soprattutto per uno come me abituato a essere trasparente.

Avevo potuto raccontare quello che vivevo solo a Chiara. Capivo che aveva già vissuto prove ben superiori alle mie, perché era capace di descrivere quello che stavo vivendo con grande precisione. Oltre a raccontarmi alcune sue esperienze, mi aveva spiegato il significato di alcuni passi della Bibbia in cui si parla della purificazione interiore. In particolare aveva citato: «Siete ricolmi di gioia, anche se ora dovete essere un po' afflitti da varie prove, perché il valore della vostra fede, molto più preziosa dell'oro, che, pur destinato a perire, tuttavia si prova col fuoco, torni a vostra lode, gloria e onore nella manifestazione di Gesù Cristo»[17]. Mi aveva consigliato di andare avanti facendo tutto come se non fosse cambiato nulla, spiegandomi che allora davvero si trattava di fare un "atto di fede" e di mettermi in donazione "pura", amando senza nessun possibile ritorno, perché non sentivo e non percepivo nulla: «Davide, se fino adesso hai camminato per un sentiero vedendo il sole e all'improvviso le nubi lo oscurano, non è che il sole non esista più, semplicemente ora non è visibile ai tuoi occhi, come accade in montagna quando le nuvole oscurano il sole. Se perseveri e vai oltre raggiungendo la vetta, arrivi a sovrastare le nuvole ritrovando la luce sopra di te». Le spiegavo come fosse difficile andare avanti e quanto mi sembrava di essere falso, fingendo con le persone. A quest'obiezione mi aveva citato un prezioso testo di Chiara Lubich, dicendomi che non avrei dovuto recitare una commedia, bensì una *Commedia Divina*:

«Tutte le volte che sentirai la disperazione dell'anima
e continuerai a sorridere

17 1 Pietro 1, 6-7.

e a parlare agli altri di speranza;
tutte le volte che sentirai la morte dell'anima
e continuerai a sorridere
e a parlare agli altri di amore
e ad amare concretamente;
tutte le volte che avrai l'anima piombata nel buio più assoluto
e continuerai a sorridere
e a parlare agli altri di luce;
ti sembrerà di fare una commedia,
di non essere nella verità.
Ricordati:
quella è la Commedia Divina,
è la logica del dono autentico!
È essere con Gesù sulla Croce!».

L'amore vero arriva proprio quando non c'è alcun ritorno, diventando amore puro. Restare al proprio posto e continuare ad amare nel quotidiano è il vero banco di prova dell'amore. Il dolore e l'aridità non erano scomparsi, ma il colloquio mi aveva dato direttive importanti.

Ricordo un suo consiglio che mi aveva dato ogni giorno la forza di andare avanti: «Davide, puoi rifiutare questo tempo di forgiatura, non sei obbligato a viverlo, ma può portarti a un grande salto di qualità se, anziché subirlo, lo scegli cercando di dargli un senso. Non esiste preghiera più potente del dolore offerto per amore. Durante la giornata vivi ripetendo le parole *In Manus Tuas* nel tuo cuore e cerca di avere una tensione interiore verso l'offertorio della messa, dove provi a offrire ogni goccia di sangue che esce dal tuo cuore, proprio perché non vada sprecata ma cada dentro il sacro calice come offerta a Dio». Ricordo il mio stupore a quelle parole, perché l'immagine ricorrente che balenava fra i miei pensieri e di cui non le avevo parlato, era proprio quella di un cuore che sanguinava piano piano, sentendo fisicamente un dolore al petto.

Questa prova è durata due lunghi anni, in cui ho cercato di esercitarmi nella *Commedia Divina* e a offrire ogni goccia di sangue nel sacro calice. Non riuscivo a fare nient'altro di più. Quello che mi ha stupito maggiormente è che le persone intorno a me non si sono mai accorte di come stessi dentro, anzi mi ringraziavano per come davo l'Eucarestia alla messa, per come pregavo o celebravo oppure per le parole dell'omelia, mentre io pensavo tra me e me: "Se sapessero come sto veramente dentro...". Ho fatto esperienza di questa parola: «In noi opera la morte, ma in voi la vita»[18]. Anche se mi sentivo morto, ero comunque strumento di vita per altri e forse mai lo sono stato come in quel periodo. Dopo due anni vissuti così e al termine di un'intera estate in servizio a Medjugorje, appena rientrato in Italia, in un giorno qualsiasi, senza una qualche spiegazione, quel buio interiore si è dissolto in un istante, così com'era venuto. Qualcuno aveva premuto l'interruttore.

Una cosa che mi aveva molto stupito nei giorni seguenti è che, passando il tempo, è cresciuta la nostalgia di quell'unione sperimentata con Gesù nell'offerta eucaristica. Avevo la sensazione di essere a mani nude, senza avere più nulla da offrire. Mi ero così abituato a mettere sull'altare me stesso, il mio cuore sanguinante e una profonda sofferenza interiore, che mi ritrovavo a non sapere più che cosa mettere nel sacro calice. So che può sembrare strano e difficile da comprendere, ma è andata così. Sicuramente quella prova mi è tornata poi di grande utilità quando mi sono trovato ad ascoltare altri che sono stati chiamati a esperienze simili di aridità e deserto interiore.

Un'altra importante prova della mia vita è legata ai quattro anni successivi all'8 dicembre 2010, data nella quale Nuovi Orizzonti ha vissuto una tappa storica, ricevendo l'approvazione pontificia come Associazione internazionale privata

18 2 Corinzi 4, 12.

di fedeli. Presso il Dicastero dei laici, il cardinale Rylko ha consegnato il decreto di approvazione dei nuovi *Statuti generali* e, in un secondo momento, papa Benedetto XVI ha ricevuto la comunità in udienza presso l'aula Paolo VI. Per l'occasione c'erano anche i miei genitori. La sera commentavamo l'accaduto, felici e commossi. A cena avevo notato una strana inappetenza di papà, anche se avevo cucinato il risotto ai funghi porcini che amava. Poco tempo dopo, il 27 marzo 2010, di domenica mattina, diverse chiamate e messaggi mi avevano avvisato che durante la notte mio padre era caduto in bagno. Si trovava ricoverato in ospedale a Padova, in attesa di accertamenti, ma durante il viaggio in treno mia mamma in lacrime mi aveva aggiornato sull'esito degli esami. Si pensava fosse un'ulcera, invece si trattava di tumore all'esofago e ai polmoni. Da quel momento è iniziato un lungo e lento calvario per tutta la famiglia.

In quello stesso periodo ogni membro del consiglio di coordinamento della nostra associazione aveva iniziato ad avere problemi importanti: il papà di Daniela al cuore e un tumore al sangue, i genitori di Silvia entrambi con tumore al pancreas, Giuseppe un tumore al sangue, la salute di Chiara peggiorava e la sua mamma Mietta aveva avuto il primo ictus, che l'aveva portata alla sedia rotelle, perdendo l'uso di un braccio e una gamba. Un giorno papà mi aveva cercato per dirmi in dialetto: «Davide, senti una cosa, ho osservato che da dicembre abbiamo iniziato ad avere problemi sempre più gravi, Chiara e poi tutti i genitori del direttivo... Ma non è che stiamo pagando noi per voi quest'approvazione pontificia?». Papà non era certo il tipo da esternazioni di questo genere. Mi aveva spiazzato e non avevo saputo rispondergli.

Non l'ho mai visto mollare una volta. Ha lottato ogni giorno, sostenuto dalla mamma e dall'affetto di tutti. Non l'ho mai sentito chiedersi perché questo succedeva proprio a lui, più volte invece cercava di indagare il senso di questa prova, chiedendo a me o ad altri e soprattutto a Dio quale potesse esserne il significato. Il suo rammarico più profondo era lasciare sola mia mamma e non poter vedere crescere i nipotini per cui stravedeva, avendo da sempre un dono e una passione per i bambini. Nonostante non fosse anziano, si reputava fortunato rispetto a tanti bambini e giovani che incontrava in ospedale.

Dopo un anno di terapie, c'è stata un'operazione di più di otto ore che ha portato a debellare completamente il male. La ripresa è stata molto lenta ed è durata un altro anno. Quindi ne siamo usciti vittoriosi. Abbiamo avuto un anno "regalato", come diceva lui, in cui gustare l'essenza della vita, la semplicità delle relazioni, imparando a dare valore alle piccole cose. Pur essendo debilitato, piano piano era tornato a essere quello di prima e noi eravamo tutti più uniti e maturi. L'estate abbiamo potuto brindare alla vittoria definitiva, vivendo una vacanza tutti insieme, con i vecchi amici e le amate bocce.

A novembre 2013 è calato all'improvviso il gelo. Papà era diventato improvvisamente giallo. Si era presentato un nuovo tumore, ma non si trattava di una recidiva, bensì di un male diverso alla bocca del pancreas. I medici erano basiti perché si trattava di una circostanza molto rara: due tumori diversi a distanza di così poco tempo. Il male era all'inizio e in altre circostanze sarebbe stato operabile, ma a causa del precedente intervento il fisico di papà non era in grado di affrontarne uno nuovo.

Abbiamo vissuto il capodanno nella stanza dell'ospedale di Padova brindando comunque. Papà si è affidato ai medici e alla preghiera, senza abbattersi mai. Quei mesi sono stati molto duri. Si è piano piano consumato fisicamente e la chemio ha influito sul suo carattere, rendendolo a volte molto duro, anche se poi tornava mortificato a chiedere perdono e a riproporsi con la sua caratteristica dolcezza. Ricordo momenti di grande tensione e dolore, ma anche di profondità tra dialoghi, preghiere, carezze e tanto amore per i nipotini, i figli e la mamma. Ha cercato oltre misura di superare i propri limiti fisici, arrivando ad alzarsi in piedi con la schiena a pezzi pur di fare un trenino improvvisato, aggrappandosi al deambulatore in fila indiana con i bambini.

Ho avuto il privilegio di accogliere una sua ultima confessione che mi rimarrà sempre nel cuore. Papà Sergio ha vissuto ogni attimo in bilico tra la speranza di potercela fare, non esimendosi dal lottare, e l'affidamento a Dio se doveva arrivare la sua ora, preparandosi con cura all'incontro più importante della nostra vita. Per sei mesi ha vissuto in casa circondato dall'affetto di tanti. Ha vissuto gli ultimi giorni in ospedale, in stato di semi coscienza. A volte nell'espressione del suo viso era ben visibile il dolore, dinnanzi a cui eravamo inermi e impotenti. I medici non erano sicuri che ci sentisse, ma quando gli chiedevamo di usare la mano per rispondere "sì" a qualche domanda, dopo qualche istante la stringeva con energia. L'immagine che ho fissa nel cuore sono le dita della mano di mia madre strette alle sue, con le fedi nuziali vicine. Il 6 maggio 2014 ha iniziato a respirare in modo affannoso, fino a esalare l'ultimo respiro. Con tutta la famiglia eravamo al suo capezzale e anche questo è stato un grande dono. Le lacrime scendevano copiose, lacrime di dolore, di gratitudine e di amore.

Avevo chiesto alla Madonna che mi desse un segnale per sapere se fosse andato in Cielo, chiedendole di accoglierlo tra le sue braccia. Il decesso è avvenuto alle 18:40, l'orario esatto in cui avviene l'apparizione della Madonna a Medjugorje, luogo che anche per papà era molto importante e dove era stato molto prima di me, già nel 1981, quando erano iniziate le prime apparizioni. Per me quella è stata la dolce firma di Maria, mentre la morte di papà è stato un vero e proprio calcio nel sedere che mi ha costretto a entrare definitivamente nel mondo degli adulti.

Umiltà = umiliazioni

Nel continuo lavoro di conoscenza di sé e guarigione del cuore, alcune provocazioni di Chiara mi toccavano più da vicino, portandomi alla consapevolezza di dover cercare di spiccare il volo facendo un vero salto di qualità:

> «Qual è la motivazione più vera attorno a cui ruotano le tue decisioni? Qual è il centro della tua vita? È davvero Dio o non rischia di essere piuttosto, mascherato in mille modi diversi, il tuo io?»[19].
>
> «Se un'aquila desidera volare verso le alte vette e tu leghi la sua zampa a una ringhiera, che si tratti di un filo di nylon (pressoché invisibile) o di una pesante catena, in entrambi i casi non le sarà possibile volare. Lo stesso avviene con la nostra anima quando resta intrappolata in qualche dipendenza. Magari ci sentiamo soddisfatti perché siamo riusciti a liberarci da qualche "catena" importante ma se non riusciamo a tagliare anche i numerosi fili di nylon delle dipendenze meno evidenti, ogni tentativo di volare risulterà vano, continueremo a fare tanta fatica, frustrante e inutile»[20].
>
> «Anche se in molti ci diciamo cristiani, molto spesso ci fermiamo qui. Diciamo di voler seguire Gesù nella via

19 C. Amirante, *Dialogare con Dio. La preghiera del cuore: una via per la pace*, Piemme, 2015, p. 35.

20 *Ibidem*, p. 59.

della luce che Lui ha preparato per noi ma di fatto non ci decidiamo a fare questa fondamentale conversione, continuiamo a occuparci e preoccuparci molto più delle cose dell'io che di Dio!»[21].

Le grandi dipendenze della mia vita le avevo affrontate di petto una a una, cercando di non farmi sconti e monitorandomi nel tempo chiedendo aiuto ai fratelli di cammino. Eppure, più vado avanti più percepisco che c'è ancora tantissimo da fare. L'immagine migliore è sempre di Chiara, che descrive l'anima come una stanza, che quando viene riordinata e pulita a fondo, se si fa entrare la luce del sole si inizia a vedere il pulviscolo ancora presente. Non si finisce mai di lavorare su di sé.

Un giorno ben preciso ho chiesto a Dio il dono dell'umiltà. Avevo percepito che quella richiesta accorata era giunta a destinazione. Proprio il giorno successivo è iniziato per me un periodo di persecuzioni e umiliazioni molto pesanti, durato quattro anni. All'inizio si è trattato di mail costruite ad arte con accuse infamanti, inviate a tutti i circa 250 vescovi italiani. Le lettere sono partite da luoghi particolari, tra cui da un internet point nei pressi del Vaticano. Si trattava di un lavoro certosino, con una falsificazione del mittente, volto a insinuare dubbi e discredito, unitamente a singole mail mandate a ogni gruppo di vescovi legati a una conferenza episcopale regionale, utilizzando indirizzi mail personali molto difficili da reperire, non presenti nell'annuario pontificio o nel database della Conferenza Episcopale Italiana. Insieme al sottoscritto prendevano di mira in modo pesante Chiara, in qualità di fondatrice di Nuovi Orizzonti.

Nella prima mail venivo accusato di pedofilia (in tempi davvero difficili per la Chiesa, in cui c'era una grande caccia alle streghe), insinuando dubbi, perché i mittenti finge-

21 *Ibidem*, p. 149.

vano di essere sacerdoti e membri di Nuovi Orizzonti che chiedevano l'intervento dell'autorità ecclesiale, non avendo altro mezzo per denunciare tali fatti e dichiarando di avere prove inconfutabili anche per altro. Chiara invece era accusata di riciclaggio di denaro sporco, di uso di sostanze stupefacenti e di ogni genere di nefandezza. Ricordo di essere rimasto sotto shock alla lettura di quel violento attacco, anche perché vedevo i vari destinatari vescovi e iniziavo a ricevere telefonate da diversi di loro che mi assicuravano la loro solidarietà. Alcuni mi avevano anche messo in guardia sul fatto che altri vescovi loro vicini, non conoscendoci direttamente, erano allarmati e a qualcuno i dubbi erano venuti, perché chiedevano spiegazioni ai vescovi amici. Non volendo dare questo carico a Chiara ho gestito per due settimane questa situazione da solo e il peso era enorme. La sensazione era di essere solo e impossibilitato a difendermi dinnanzi a un nemico invisibile.

Quando ho potuto parlare con Chiara per aggiornarla, lei aveva molto minimizzato, non lasciandosi toccare per nulla da quelle mail che intanto si moltiplicavano e iniziavano ad arrivare anche ad alcuni giornalisti. Avevo trovato Chiara serena, della serie "male non fare paura non avere". Non era preoccupata per se stessa, ma solo per l'associazione, che veniva così pesantemente colpita e infangata. In poche persone ho trovato una tale libertà di spirito e compresi che avevo molto da imparare e tanto amor proprio di cui dovermi liberare.

Le mail sono continuate per un lungo periodo. A volte precedevano un intervento che Chiara o il sottoscritto dovevano fare in un meeting, raggiungendo il vescovo della diocesi e gli organizzatori del convegno, altre volte arrivavano dopo una nostra presenza sui media. Le mail erano sempre sofisticate, con tante falsità e accuse, insieme a dettagli che volevano farci capire che eravamo pedinati. Ad esempio, in una ero accusato di avere una relazione omosessuale e di aver passato notti di sesso con una persona a Roma; era sorprendente che fosse arrivata proprio poco dopo che effettivamente una sera avevo avuto un lungo colloquio a Roma con una persona in difficoltà. Avevamo parcheggiato dove capitava, ci eravamo fermati in un luogo non prestabilito... Da questi e altri particolari avevamo compreso di essere pedinati e sotto controllo. Le forze dell'ordine ci hanno sostenuto e consigliato perché era evidente che qualcuno era interessato a carpire informazioni per manipolarle e gettare discredito.

Si sono presto aggiunte minacce e vessazioni. Sono iniziate le manomissioni agli automezzi su cui Chiara viaggiava, di quelle che si fanno per ucciderti. Abbiamo realmente rischiato la vita in certe situazioni. Per puro caso, o meglio Dio-incidenza, mentre guidavo in auto con Chiara, siamo rimasti fermi dopo lo scoppio improvviso di una ruota, mentre uscivamo piano piano dal casello autostradale. Il meccanico da cui siamo andati, che non sapeva chi fossimo e che non conoscevamo, dopo aver guardato cos'era successo, ci aveva chiesto se avessimo qualcuno che ci voleva male, perché era evidente che la pinza del freno era stata manomessa in modo tale che la ruota si bloccasse in piena corsa, causando un incidente di cui non si sarebbero mai scoperte le cause. E aveva aggiunto che quel lavoro si può fare solo con strumenti particolari, perché la pinza dei freni non si tocca facilmente nella normale manutenzione di un'auto.

A Desio invece, dove dovevamo intervenire in un meeting mariano, il vescovo ci aveva convocato insieme all'organizzatore, spaventato da una mail che minacciava di mandare la finanza se avessero fatto parlare me e Chiara. Di fatto non successe nulla, ma poi la finanza è arrivata davvero a fare i controlli a Nuovi Orizzonti e anche a nostri amici coinvolti nel sostenere l'Opera. Grazie a Dio non c'è stata nessuna conseguenza, perché tutti, noi compresi, hanno potuto provare di avere operato in chiaro e secondo la legge.

I carabinieri sono sempre stati al nostro fianco, ma per me è stata una prova molto difficile, emotivamente sfibrante. Ovunque andavamo eravamo preceduti da fango e avevamo dei problemi. A un certo punto è chiaramente emerso che dietro tutto questo c'era una mafia internazionale che aveva l'intento di screditarci e delegittimarci, per potersi poi impadronire della Cittadella Cielo vicino a Medjugorje. La struttura è stata costruita dall'imprenditore Fabio Sghedoni, che l'ha data in gestione a Nuovi Orizzonti. Quando è stato acquistato il terreno, non aveva un grande valore, quindi eravamo del tutto ignari degli interessi che la mafia nutriva per il nostro villaggetto. In Bosnia Erzegovina avevamo già avuto dei problemi, ma pensavamo fossero legati ad altro, soprattutto al fatto che non avevamo voluto pagare delle tangenti che ci avevano chiesto per poter operare e avere i permessi. Non pensavamo ci fossero altre motivazioni che li spingessero ad accanirsi contro di noi, invece i mafiosi sapevano già cosa sarebbe avvenuto negli anni a seguire: la Slovenia e la Croazia sarebbero entrate a fare parte dell'Unione Europea; l'autostrada in costruzione avrebbe situato il suo ultimo casello proprio a due passi da noi; la Cittadella Cielo sarebbe stata la struttura più grande nelle vicinanze dell'ultima dogana tra l'UE e la Bosnia Erzegovina. Per i loro traffici si trattava di una struttura molto appetibile. Questi risvolti ci sono stati svelati solo in seguito ma inizialmente noi subivamo attacchi in Italia e in Bosnia Erzegovina senza capirne il motivo.

Dal 2000 a Medjugorje Nuovi Orizzonti ha fatto un grande lavoro, costruendo il centro Stella del mattino e poi, lavorando a pieno ritmo con l'aiuto di numerosi volontari, realizzando il progetto Cittadella Cielo Orizzonti di pace. Per questo si erano impegnati, oltre a Fabio Sghedoni e alla sua famiglia, tanti piccoli donatori che avevano creduto nel progetto, attraverso campagne di sensibilizzazione e raccolta fondi. Si è lavorato molto per rispondere alle continue richieste di aiuto di persone in difficoltà nel territorio dei nostri centri, oltre ad accogliere tanti pellegrini italiani che si recano a Medjugorje e che vengono da noi. Per anni la Cittadella Orizzonti di pace ha devoluto ogni mese sostegni alimentari e assistenza, arrivando ad aiutare più di 1500 poveri della zona. Nonostante tutto ciò, i nostri progetti erano osteggiati e bloccati: le richieste di permessi di soggiorno dei nostri operatori umanitari venivano puntualmente respinte. Come in Italia, anche in Bosnia Erzegovina era iniziata un'ampia campagna diffamatoria martellante, diffondendo gravi calunnie anche tramite la carta stampata. In pochi mesi la comunità ha ricevuto ben 36 ispezioni (spesso con le auto della polizia che arrivavano a sirene spiegate) che dovevano tutte portare alla chiusura del centro ma che non riuscivano nell'intento perché trovavano tutto in ordine. Dinnanzi a noi si svelava lentamente una trama di personaggi davvero incredibile, che stavano architettando di sottrarci il centro facendoci passare per una realtà "mafiosa" o "illegale", cercando di negarci i permessi per operare come associazione di volontariato, così da poterci poi accusare di essere là con altre finalità, insinuando che si trattasse di una copertura per riciclare denaro sporco o fare soldi con i pellegrinaggi, il tutto per arrivare al risultato finale di poter espropriare Nuovi Orizzonti della Cittadella Cielo. È stato un attacco più complesso e più ampio di quanto agli inizi avessimo potuto immaginare. Ci sono risvolti che evito di raccontare ma che sono davvero inquietanti, anche di collusione tra diverse istituzioni e giochi di potere a vari livelli.

In quello stesso periodo Chiara è stata convocata da tre dicasteri pontifici, dove l'allora vescovo di Mostar Ratko Peric aveva mandato un dossier con diverse accuse e un plico di presunte lettere raccolte da presunti testimoni in Bosnia Erzegovina. Di fatto ogni accusa era completamente infondata e i prefetti dei vari dicasteri, che ben conoscevano Chiara e la comunità di Nuovi Orizzonti, se ne sono subito resi conto, pur non comprendendo le motivazioni di un così violento attacco nei nostri confronti. Ero presente a uno di questi incontri e ricordo i volti molto imbarazzati e le frasi a mezza bocca, che volevano dire che l'incontro era un atto dovuto dinnanzi a una azione così forte da parte di un vescovo, ma che avevano ben compreso l'inconsistenza delle accuse. Le stesse accuse e lo stesso stile persecutorio continuavano con mail e lettere in Italia e in Bosnia Erzegovina, insinuando dubbi e infangando Nuovi Orizzonti.

Nonostante l'entità degli attacchi subiti, non ci siamo mai fermati, siamo andati avanti, anche se diversi nostri membri si sono persi lungo il cammino, accusando il colpo a causa di seri esaurimenti che li hanno portati ad abbandonare la missione all'estero. A un certo punto, quando tutte le strade sembravano chiuse ed eravamo stati isolati, abbiamo chiesto l'intervento dei massimi dirigenti dello Stato italiano e della Bosnia Erzegovina di quegli anni, tramite una lettera aperta di Andrea Bocelli firmata da 151 persone, tra cui dirigenti di testate giornalistiche, giornalisti e artisti di rilievo nazionale, cariche istituzionali e magistrati italiani. Il faro mediatico acceso dalla lettera ci ha permesso di attivare una delicata operazione portata avanti in sinergia con l'antimafia della Bosnia Erzegovina – SIPA (State Investigation and Protection Agency) – che ha portato all'arresto di sei individui, tra cui due alti funzionari del Servizio per gli affari degli stranieri della Bosnia Erzegovina, responsabili, tra l'altro, dei permessi di soggiorno. Siamo infatti riusciti a videoregistrare gli incontri con alcuni responsabili collegati a questa mafia e abbiamo potuto documentare le evidenti minacce, la campagna diffamatoria e le gravi tentate estorsioni di cui da mesi eravamo vittime. Sono stati così arrestati, grazie alle prove inconfutabili da noi fornite all'antimafia, il capo della polizia del cantone di Mostar, che aveva la giurisdizione per il nostro territorio, l'ispettore dell'Ufficio regionale servizio stranieri della Bosnia

Erzegovina di Mostar (sospettato anche di racket ai danni degli investitori stranieri a Medjugorje) e altre tre persone tra cui un imprenditore italiano che oggi è in Italia a piede libero, avendo ricevuto una condanna in Bosnia Erzegovina ma non nel nostro Paese. Gli altri hanno scontato le pene e hanno ora misure restrittive. Sono emersi legami che hanno svelato anche la connessione degli arrestati con le lettere e le mail diffamatorie mandate in Italia, che dopo gli arresti sono completamente cessate. Il 4 marzo 2014 il Tg1 ha dato la notizia dell'arresto che tanto attendevamo, dandoci un po' di sollievo. Le accuse nei loro confronti erano quelle di criminalità organizzata, abuso d'ufficio, diffamazione ed estorsione. La notizia è rimbalzata immediatamente in tutto il Paese, grazie ai telegiornali e ai quotidiani nazionali di Bosnia Erzegovina.

Dopo aver tirato un grande sospiro di sollievo, ci siamo resi conto che non era facile riprendere normalmente le nostre attività, perché questa triste e dolorosa vicenda lasciava numerosi strascichi. Purtroppo il vento delle calunnie ha continuato a soffiare a lungo anche dopo gli arresti e qualcuno ha sempre cercato di colpirci in qualche modo, manomettendo i siti, infiltrandosi nelle mail e nei nostri social, rubando le identità, disturbando il nostro operato. Si sono però fermate le mail diffamatorie mandate ai vescovi e ai giornalisti e sono arrivati finalmente i permessi di soggiorno, ma si è continuato a camminare in salita. La mafia cerca di isolarti, di fare terra bruciata intorno a te e soprattutto non dimentica. Molti dei nostri ne hanno risentito fisicamente, con diversi problemi di salute, ed è stato molto difficile ripartire. Lo è ancora a tutt'oggi. Come insegna la sapienza popolare: «Calunnia, calunnia, qualcosa resterà».

Le parole sono inadeguate per esprimere la durezza di quegli anni bui. La vita ti cambia completamente e anche se hai la protezione delle forze armate, hai la percezione di essere sempre in pericolo, a meno che tu non sia pronto a tutto, anche al peggio. Per me è stato difficile soprattutto dover portare il peso di una situazione così grave potendola condividere solo con poche persone in comunità e tenendo all'oscuro la mia famiglia, evitando di farmi troppo condizionare e continuando a svolgere tutti i miei impegni come se non ci fosse quella persecuzione in atto.

Per Chiara è stato un tempo difficilissimo, anche perché lei è stata al primo posto nel mirino della mafia. Ricordo alcuni giorni tremendi, quando davvero ho temuto per la sua vita.

Avevano provato a inserire un loro uomo a capo della nostra cooperativa sociale locale, noi ci eravamo ben guardati dall'accettarlo, senza scendere a compromessi. Quando un nostro ragazzo si era recato a Mostar per portare i documenti con i quali assumeva quel ruolo di direttore della nostra cooperativa (al posto della persona proposta da loro), la sua auto aveva preso improvvisamente fuoco, grazie a Dio mentre si trovava ferma a un semaforo rosso. Si è salvato per miracolo. Il filmato dell'auto in fiamme ha fatto il giro del web, ma la polizia locale non ha fatto alcuna indagine a riguardo, anzi ha finto di aver ricevuto messaggi minatori da parte nostra contro di loro, come se una associazione umanitaria estera possa permettersi di minacciare via sms la polizia. Se quell'incidente fosse avvenuto poco prima, tra le curve delle montagne, l'epilogo sarebbe stato tragico.

Pochi giorni dopo questo "incidente", Chiara era stata convocata dal capo della polizia locale, che poi è stato arrestato nel blitz della SIPA nel 2014. In quel frangente Chiara pensava finalmente di trovare aiuto e ascolto da parte delle autorità del luogo. Ma fin dall'inizio le cose non si erano messe bene. Le era stato negato il diritto di avere un proprio interprete, lasciandolo attendere fuori e consentendo solo al suo avvocato di starle accanto. In quell'occasione Chiara ha subito un lungo e violento interrogatorio, dove ogni domanda era un trabocchetto per poter accusare Nuovi Orizzonti. Il nostro avvocato sembrava contento di com'era andata, perché Chiara aveva fatto ben comprendere come ogni accusa non avesse nessun fondamento, spiegando come anche la piccola attività commerciale fosse volta unicamente a finanziare tutte le attività sociali, come fossimo sempre in rosso nei conti dovendo finanziare le opere sociali dall'Italia, come il progetto fosse primariamente umanitario e come fossimo ostacolati continuamente. Purtroppo abbiamo verificato che anche i verbali, poi arrivati via posta, erano stati manipolati e non c'è stato modo di confutare la polizia. In quell'occasione ci eravamo spaventati a tal punto da far rientrare Chiara il prima possibile in Italia e per diversi anni le è stato vivamente sconsigliato di tornare in Bosnia Erzegovina. Anche i nostri legali, pur facendo la loro parte, erano molto spaventati e più volte ci hanno ricordato di avere anche loro una famiglia e di temere per la propria incolumità.

Chiara mi ha insegnato a gioire di questi momenti, ricordandomi le parole: «Beati voi quando vi insulteranno, vi perseguiteranno e, mentendo, diranno ogni sorta di male contro di voi per causa mia. Rallegratevi ed esultate, perché grande è la vostra ricompensa nei cieli. Così infatti hanno perseguitato i profeti prima di voi»[22]. «Ricordatevi della parola che vi ho detto: un servo non è più grande del suo padrone. Se hanno perseguitato me, perseguiteranno anche voi»[23]. Ancora oggi subisco furti di identità nei social e di fatto dal 2012 a oggi periodicamente devo incontrare i carabinieri o la polizia postale per risolvere i problemi che vengono creati a me e a Nuovi Orizzonti. Sicuramente nulla è paragonabile a quei quattro anni e a vicende simili che Chiara aveva già vissuto in Colombia, sempre con una mafia locale, a Roma con sette sataniche o con chi spaccia e gestisce la prostituzione.

In questi anni diverse mafie o personaggi e realtà ambi-

22 Matteo 5, 11-12.
23 Giovanni 15, 20.

gue ci hanno preso di mira per interessi economici che, solo nel tempo, si sono svelati in fitte e complicate trame, grazie alle indagini delle forze dell'ordine. Raccontare certe situazioni, dinamiche e risvolti richiederebbe un libro a parte. Davvero si è rischiata la vita e l'incolumità fisica di diversi responsabili. I continui subdoli attacchi ti vogliono portare a sentirti solo, indifeso e disperato. C'è una vera e propria diabolica strategia che si avvale di forze e legami col potere. Di sicuro tutte queste vicende, vessazioni e continui attacchi sono stati per me importanti per crescere, anche se mi hanno lasciato segni e condizionamenti su cui devo vigilare perché mi hanno cambiato. Ho avuto conseguenze fisiche, come un'ernia iatale e altre problematiche per lo stress accumulato, ma ho avuto anche dei benefici. Ho imparato a non preoccuparmi troppo di cosa gli altri pensino di me, sapendo che quella che conta davvero è solo l'opinione di Dio ed essere coerente con la mia coscienza. Ho scoperto che in un istante potrebbe essermi tolto tutto e per questo devo puntare a curare l'interiorità e le relazioni importanti, ciò che resta e che può resistere alle intemperie della vita. Tutto ciò che ho vissuto mi ha purificato nelle intenzioni e mi ha forgiato interiormente. Non avrei mai pensato di trovarmi a ringraziare Dio per queste prove.

Scherzando a volte dico che d'ora in poi non chiederò più il dono dell'umiltà perché Dio ci prende sul serio nelle nostre richieste e risponde in modo inaspettato: preferisco rimanere orgogliosamente superbo… È anche vero che si diventa umili solamente passando per le umiliazioni. Tante azioni, anche le più nobili, nascondono dietro un po' di "ego" e queste prove mi hanno aiutato a rendermene conto, aiutandomi anche a liberarmi dalla dipendenza dal giudizio degli altri, crescendo in un amare sempre più puro e disinteressato, che punti ad "amare per amare". La vita è davvero un continuo lavoro su di sé e se ci si mette in cammino seriamente, non si può evitare la sofferenza di fare i conti con i propri lati oscuri. Certe crescite si raggiungono a caro prezzo, ma ne vale sempre la pena. Scrive bene sant'Agostino: «Quando si ama, non si fatica, o, se si fatica, questa stessa fatica è amata»[24].

Pensare è difficile.
Per questo la maggior
parte della gente giudica.
CARL GUSTAV JUNG

24 SANT'AGOSTINO, *De bono viduitatis*, 21, 26.

Conclusione

La vita è un mistero
che deve essere vissuto,
non un problema
da risolvere.
MAHATMA GANDHI

Nei titoli dei capitoli ho giocato un po' con le parole ma, al di là dei diversi titoli, nulla può catalogare ciò che è così inscindibile dal senso della vita stessa. La vera vocazione di tutti è fare brillare quella scintilla interiore che ci rende unici e irripetibili, puntando a fare della nostra vita un capolavoro, vivendo con intensità e amore ogni attimo presente. La vocazione siamo noi stessi, con tutto il nostro bagaglio di esperienze, e le varie sfaccettature di ogni chiamata non hanno nulla a che fare con la parte essenziale, perché per quanto un abito o un segno possano essere importanti, restano simboli esteriori che possono essere più o meno coerenti con la vita reale e intima di una persona. Fino all'ultimo giorno della nostra esistenza nessuno può dare per assodata e raggiunta la meta, perché la vocazione, essendo parte della vita, è una realtà sempre dinamica, che chiede di essere confermata nel "qui e ora", realizzandosi ogni giorno nella quotidianità, vero banco di prova delle nostre scelte.

Come ha scritto Blaise Pascal: «Non si deve misurare la virtù di un uomo dalla sua eccezionalità ma nel quotidiano». Alle radici interiori devono corrispondere sempre determinati frutti esteriori. È vero che certe tappe creano uno spartiacque nella nostra esistenza determinando un prima e un dopo, ma la differenza vera la fa l'ordinarietà, dove siamo tutti chiamati sempre a nuove sfide, costretti, volenti o nolenti, a fare scelte che possono confermare o meno la strada che stiamo percorrendo. Un elemento davvero importante è verificare spesso di andare nella giusta direzione, perché poco importa correre velocemente se si è sbagliata la destinazione.

C'è chi pensa di potersi accontentare, ma in realtà è come il pensare di restare in panchina: equivale a subire la vita anziché viverla, perdendo occasioni irripetibili in questa meravigliosa avventura che ci è stata donata. C'è chi teme di sbagliare, è comprensibile e per questo a volte si resta inermi ed eternamente indecisi, ma gli errori fanno parte della crescita di ciascuno e nessuna grande vetta viene conquistata senza fatica e dolore. Anche le crisi e le prove sono importanti: spesso ci rivelano ciò che vogliamo davvero, permettendoci di orientare nuovamente la bussola del cuore verso la giusta direzione. Due estremi possono danneggiare il cammino: idealizzare troppo e perdere la capacità di sognare in grande. Difendiamo e lottiamo per ciò che amiamo restando con i piedi ben piantati a terra ma con lo sguardo verso il cielo. Puntiamo davvero a non sprecare l'unica vita che ci è stata donata e affidata.

In questa condivisione di esperienze ho aperto un po' lo zaino della mia vita e spero che qualcosa possa essere utile a chi ha avuto la pazienza e la bontà di leggermi. La mia è una semplice offerta, non mi reputo più grande o capace di nessuno. Ripeto la frase che mio padre mi diceva tutte le volte che esibivo il mio orgoglio: «Cala, cala...», cioè «Scendi, scendi... Vola basso...». Papà lo diceva per evitare che mi gonfiassi come un pavone e faceva bene. Ogni tanto sento che mi sussurra queste parole nel vento che mi accarezza.

Ho cercato di fare risplendere alcune parole chiave, non omettendo le mie povertà che per tanto tempo ho faticato ad accettare e che oggi non mi spaventano più ma mi fanno sorridere di me stesso.

Molti nomi ed episodi che ho omesso sono comunque importanti e rileggendo queste pagine scorrono dinnanzi a me. Non so quanto emerga la complessità e la densità di una vita quotidiana sicuramente ricca di stimoli ma anche molto difficile. Sono davvero tante le persone incontrate, le confidenze raccolte, le laceranti sconfitte, le lacrime asciugate e versate. Quanta precarietà legata al vivere abbandonati alla Provvidenza. Quanti traslochi vissuti in pochi anni. Quanti anni viaggiando in continuazione, arrivando a cambiare letto ogni giorno. Quante esperienze diverse, catapultato ad esempio in un mondo molto lontano dalla mia sensibilità, come quello della comunicazione, dove ho cercato di seminare qualcosina di bene. Quale privilegio accompagnare Chiara in contesti internazionali e incontri pontifici. Che sorpresa ricevere il mandato come Missionario della misericordia[25], immergendomi in nuovi inferi. Quanti miracoli di rinascita per vite date per spacciate e quante brucianti sconfitte, vissute in situazioni davvero estreme. Quali emozioni vivere momenti unici come l'inaugurazione della Cittadella Cielo a Frosinone il 6 novembre 2016 e la visita di papa Francesco avvenuta il 24 settembre 2019, durante la quale il Santo Padre ha trascorso un'intera giornata in comunità, ascoltando i giovani, dialogando, pranzando e celebrando la messa con noi[26].

25 I Missionari della misericordia sono poco più di 500 sacerdoti selezionati da tutto il mondo che hanno ricevuto da papa Francesco facoltà di assolvere i peccati che sono di stretta competenza della Sede apostolica e uno speciale mandato come predicatori durante il Giubileo straordinario della misericordia, secondo quanto previsto dalla bolla pontificia *Misericordiae Vultus*. Il giorno 21 novembre 2016 il Santo Padre, con la lettera apostolica *Misericordia et misera*, ha prolungato questo ministero straordinario anche oltre l'Anno Santo, affidandolo alla cura del Pontificio consiglio per la promozione della nuova evangelizzazione.

26 In C. AMIRANTE, *Dio è gioia. Papa Francesco incontra Nuovi Orizzonti* (Piemme e Libreria Editrice Vaticana, 2020) si racconta la visita di papa Francesco alla comunità Nuovi Orizzonti con un'intervista inedita al papa, le sue riflessioni rivolte ai giovani e alcune sue meditazioni. Si tratta di un percorso spirituale alla scoperta della gioia con le testimonianze portate al Santo Padre da alcuni giovani accolti in comunità, gli interventi di amici di Nuovi Orizzonti presenti a questo lungo e significativo incontro (Nek, Andrea Bocelli, Matteo Marzotto, Fabio Fazio) e alcune condivisioni di Chiara Amirante su come vivere nella gioia piena anche nei momenti più difficili. Chiara Amirante condivide in questo libro un percorso alla scoperta della gioia piena per imparare a passare dalla tristezza alla pace interiore, gestire gli stati d'animo e i pensieri negativi, superare l'ansia e la rabbia, liberarsi dalle dipendenze, affrontare la sofferenza trasformando le difficoltà in opportunità.

Non sono mancate tante prove anche familiari e diversi lutti e difficoltà di parenti e amici che ti impongono di essere inerme dinnanzi all'ineluttabile. Non posso non ricordare gli ultimi giorni di vita della mamma di Chiara, partita per il Cielo il 4 febbraio 2017. Ho avuto il privilegio di vivere accanto a lei quei momenti. La sua dolcezza, la sua sapienza e il suo sorriso non sono mai venuti meno. La sera prima di morire, Mietta si era ripresa e stava bene, per cui eravamo tutti più sereni, pensando di averla scampata. Nei colloqui dei giorni prima, Chiara le aveva chiesto se avesse paura. Mietta aveva risposto che non aveva paura della morte, ma che era preoccupata solo del passaggio.

La mattina successiva Chiara si era recata in ospedale di corsa, molto presto, anche se non era orario di visite, perché in sogno aveva visto suo papà Silvano avvolto da una grandissima luce e mamma Mietta in piedi che la salutava radiosa dirigendosi verso di lui. Nel sogno non poteva seguirla, come se ci fosse un muro invisibile e invalicabile. Se Chiara non fosse arrivata in ospedale a quell'ora, non avrebbe saputo della crisi respiratoria che Mietta stava vivendo e non avrebbe fatto in tempo a fare arrivare i fratelli da Roma. In ospedale avevo proposto di pregare la coroncina della Divina Misericordia, ricordando le promesse di Gesù a santa Maria Faustina Kowalska: «Concederò grazie senza numero a chi recita questa corona. Se recitata accanto a un morente, non sarò giusto Giudice, ma Salvatore». Appena abbiamo concluso la preghiera, in quel preciso istante mamma Mietta ha esalato il suo ultimo respiro. Sono stati giorni dolorosi, ma anche luminosi. Al funerale erano presenti migliaia di persone e la diretta streaming ha superato le 250.000 visualizzazioni da varie parti del mondo.

Quanti altri doni, miracoli, grazie, vittorie e sconfitte, quanti nuovi amici e fratelli speciali che sono diventati per me rifugio, salvezza e strumento dell'amore di Dio… Quanti doni inaspettati che mi hanno travolto e sconvolto la vita rivelandosi svolte fondamentali e occasioni uniche per evolvere e cambiare… Se cerchiamo davvero di dare il massimo, da lassù veniamo sostenuti passo dopo passo e ci sono riservate soprese meravigliose.

Sono entrato a Nuovi Orizzonti quando la comunità era composta da Chiara e dai pochi che l'avevano seguita, insieme a una trentina di giovani accolti dal carcere, dalla strada, dalla prostituzione-schiavitù, dallo spaccio, da diversi inferi. Questa famiglia è cresciuta inaspettatamente in pochi anni, allargando i suoi orizzonti in vari Paesi del mondo per essere strumento di guarigione per tanti cuori feriti. Quanti piccoli e grandi silenziosi eroi ho incontrato. Quanti tasselli unici e irripetibili arricchiscono un mosaico che contemplerò nella sua interezza solo in Cielo, ma che percepisco già composto di tanti pezzettini meravigliosi, frutto della fantasia di Dio capace di far risplendere tutti e tutto di noi.

Ma la verità è una rete fatta di tanti fili intrecciati,
che sono le coincidenze, le occasioni mancate,
l'impossibilità di ricrearle, e il filo più vistoso,
quello che chiude la rete,
è la necessità di non raccontare tutto,
di tenere qualcosa per sé,
di lasciare delle maglie di silenzio.

MARGHERITA OGGERO

GHOST CHAPTER

Una *ghost track* è un contenuto di un album musicale la cui esistenza non viene menzionata all'interno delle informazioni nella pubblicazione. Chi è cresciuto ascoltando canzoni con i cd sa a cosa ci si riferisce e soprattutto ha presente quella sensazione di stupore e perplessità quando si arrivava al termine dell'ultima traccia e si scopriva che c'erano tracce musicali o discorsi nascosti. Spesso si trattava di canzoni slegate dal resto del lavoro che in qualche modo lo completavano pur non uniformandosi allo stile dell'album. Lo scopo era una comunicazione più intima attraverso un punto di contatto segreto che risultasse più prezioso tra il musicista e l'ascoltatore. Solo chi ascoltava per intero un disco, dunque con desiderio, pazienza e attenzione, poteva scoprire che non finiva con l'ultima traccia presente nella lista. Gli artisti che hanno utilizzato questa tecnica volevano parlare ai più attenti ascoltatori riservando solo per essi qualcosa di speciale.

A chi vorrà proseguire dedico questo "capitolo fantasma" dando spazio a riflessioni e pensieri, ma anche ad alcune provocazioni e inviti personali rivolti agli spiriti più avventurieri… per proseguire ancora un piccolo tratto di strada insieme.

Non conosco nulla al mondo
che abbia tanto potere quanto la parola.
A volte ne scrivo una, e la guardo,
fino a quando non comincia a risplendere.
EMILY DICKINSON

Figli del tempo

L'avvenire è una porta,
il passato ne è una chiave
VICTOR HUGO

La vita ci regala momenti magici e doni grandi, ma tutte le cose belle hanno un inizio e una fine. Virgilio nelle *Georgiche* descrive la condizione temporale dell'uomo con questi versi: «*Sed fugit interea fugit irreparabile tempus*» – "Ma fugge intanto, fugge irreparabilmente il tempo". Nessuno può fermare il tempo e anzi sarà lui un giorno a fermare noi. Oscar Wilde attraverso Lord Henry nel *Ritratto di Dorian Gray* ci ricorda che il mondo ci appartiene per una stagione e che sarebbe tragico sprecarla. Il tempo è un'entità immateriale che scandisce il nostro vivere quotidiano. A volte sembra correre troppo veloce, altre non passare mai. Il tempo è prezioso, ma mai come oggi l'uomo si è impegnato a riempirlo per anestetizzare una profonda inquietudine. Orazio scriveva: «*Carpe diem, quam minimum credula postero*» "Cogli l'attimo, confidando il meno possibile nel domani". Come qualificare al meglio il tempo? Non basta vivere l'attimo presente, bisogna anche riuscire nell'essere al posto giusto nel momento giusto, ovvero realizzare la propria *missione*. Si capiscono così le parole del Vangelo: «Molti sono i chiamati, ma pochi gli eletti» (Matteo 22, 14).

La caducità è inscritta nella realtà che ci circonda: le stagioni si susseguono, la natura sfiorisce, anche il cielo più nitido in un attimo si può oscurare. Proprio come bravi scalatori, dobbiamo imparare a scegliere con cura cosa portare nello zaino della nostra vita. Durante il percorso si è spesso costretti a decidere quale bivio prendere, come vestirsi in base al tempo e, con le dovute attenzioni, si dev'essere sempre pronti a rinunciare a qualcosa a discapito di altro, pur di arrivare alla meta. Certe scelte sono come dei ponti che, una volta crollati, non ci permetteranno di tornare indietro. Le belle esperienze vanno gustate come un fragile fiore di cui godere il più possibile, ma è certo che prima o poi appassiranno. Tutte le cose hanno un inizio e una fine. Quando questo avviene, a causa del dolore, spesso si rischia di restare incastrati nel passato, rimpiangendo ciò che è stato, oppure di rifugiarsi in altre vie, come lo stacanovismo, pur di provare a dimenticare. Se è vero che ogni fiore ha un ciclo vitale, è anche vero che ha anche uno scopo, una funzione e un significato specifici, grazie ai quali potrà arricchire il giardino dei nostri ricordi. Come scrive Gustav Mahler: «La tradizione è custodire il fuoco, non adorare le ceneri». Troppe volte ci chiudiamo in rimpianti sterili, anziché contemplare con gratitudine i doni ricevuti. La memoria grata è parte essenziale della lettura sapienziale. Nei sentieri della vita bisogna imparare a fare memoria restando con i piedi ben piantati nel presente, capaci così di rinnovare la scintilla originaria che, finché c'è vita, non ha ancora esaurito la sua creatività. La vita ci potrà sempre sorprendere se le daremo l'occasione.

C'è una frase di sant'Agostino che mi ha sempre impressionato: «*Timeo Domine transeunte*» – "Ho timore del Signore che passa". Dio passa nella vita di ciascuno più e più volte ma è proprio come un treno che possiamo prendere o perdere. Sicuramente Lui ci dona continue possibilità e torna sempre a bussare alla porta del nostro cuore, ma il tempo passa e le cose possono cambiare. Ogni attimo è unico e irripetibile. E se ci pensiamo bene, pur vivendo frastornati in una continua corsa frenetica senza una meta precisa, sappiamo che ogni nostra piccola o grande scelta, presa in un determinato attimo presente, orienta tutta la nostra vita in un determinato senso e prima o poi ne constatiamo sempre le conseguenze.

A volte davanti ai nostri errori ci è più comodo dare la colpa agli altri o alle circostanze avverse, ma in fondo siamo consapevoli che alla guida della nostra vita ci siamo noi e che la libertà che abbiamo non è infinita. La libertà è per il bene e non per il male.

Un caro amico, con il quale ho spesso dialoghi sui massimi sistemi e sugli aspetti più concreti delle nostre vite, richiamando la mitologia greca, ritiene che siamo figli del tempo. Per noi il tempo è quello che scorre sulle lancette degli orologi e quello atmosferico, ma per gli antichi Greci c'erano due termini distinti e chiari. *Chrónos* è il tempo che scorre, la durata, un concetto quantitativo. *Kairós* invece è un termine qualitativo: il momento giusto e opportuno da cogliere, il momento preciso, propizio, adatto, conveniente e stabilito, ovvero la situazione e l'occasione da non perdere, la circostanza, ma anche uno specifico periodo di tempo e il movimento stesso del tempo coincidente con l'eterno. Il tempo faceva parte della religiosità ellenica, stabilendo l'armonia nel rapporto tra l'uomo e la natura.

Per i Greci la vita aveva senso se vissuta solo nel modo giusto, opportuno (*kairós*), onorevolmente, al proprio posto, e non in senso assoluto come nel cristianesimo, dove ogni vita è degna di essere vissuta. Pensiamo quanto sia importante per Ulisse tornare a casa, perché la sua vita era inconcepibile altrove, sarebbe stato peggio della morte, non sarebbe stato *kairós*[1].

In un certo senso è così anche per noi. Se non cogliamo

1 La *Teogonia* (la nascita degli dei) composta dal poeta Esiodo intorno al VIII-VII secolo a.C. divinizza Krono come uno dei titani e, tra i numerosi figli di Zeus, elenca anche Kairós, che per i pitagorici era anche il nome con cui definivano il numero sette, un numero mistico importantissimo per tutte le civiltà e religioni, soprattutto nella scansione del tempo. Il tempo è sicuramente un elemento fondamentale, oggetto di tutti i campi disciplinari da sempre.

il nostro *kairós* possiamo essere vivi, ma siamo come morti dentro. Significa sbagliare bersaglio, avendo a disposizione tutte le ricchezze del mondo ma restando infelici. *Kairós* è trovare il nostro posto nel mondo, che può essere anche un luogo fisico, un ambiente o una persona con cui condividere la propria vita o una comunità, ma è anche qualcosa di più profondo, è trovare il proprio centro. Quando ci si sente al posto giusto al momento giusto, si è felici con ben poco, con gli affetti che ci circondano e stando bene con se stessi. È proprio vero che forse siamo figli del tempo e che solo nel nostro *kairós* ritroviamo noi stessi.

Siamo figli del tempo in modo duplice. Siamo figli del nostro *chrónos*, ovvero del tempo che ci ha preceduto e preparati, del tempo che ci ha forgiati e formati, del tempo che ci circonda condizionandoci e plasmandoci ogni giorno, del tempo concreto che abitiamo. Noi senza il tempo che ci ha preceduto e che abbiamo abitato fino a oggi, non saremmo ciò che siamo e molte determinazioni non sono che il frutto di un dono non meritato.

Siamo però anche figli del nostro *kairós*, da cogliere e centrare. Possiamo avere colto tanti *kairós* e aver faticato per essere dove siamo arrivati, ma ogni giorno siamo dinamicamente chiamati a cogliere l'attimo presente. Quante opportunità e quanta gratitudine dobbiamo avere per chi ha faticato prima di noi, quanta responsabilità nei confronti di chi non ha avuto le nostre stesse opportunità. Siamo figli del tempo e fratelli e sorelle della stessa umanità.

Interrogarci su tutto questo e riflettere è davvero importante. Spesso si giudica perché non si vuole fare la fatica di ragionare. Le premesse della nostra storia sono la chiave del futuro e l'indizio per risolvere gli enigmi del presente. Il tempo, la latitudine e la longitudine ci condizionano e ci definiscono, chiamandoci a fare la differenza per l'oggi.

La verità è relazionale

Ho imparato a non giudicare e a entrare in punta di piedi nelle vite altrui, forse perché ho vissuto tante esperienze diverse dovendo fare i conti con le mie contraddizioni. Non posso essere troppo assertivo, riconoscendo la profonda finitudine di ogni pensiero e di ogni esperienza. Questo non significa che possa esimermi dal dire come la penso, cercando però sempre il massimo rispetto nel dialogo.

Per me la verità non è relativa, bensì relazionale. Proprio per questo motivo amo dialogare e scoprire nuovi punti di vista, senza precludere a priori nuove conoscenze e nuove interpretazioni. C'è sempre qualcosa da poter imparare, spesso proprio grazie a chi è diverso da noi e la pensa in un altro modo. Essere pronti a cambiare idea significa essere saggi, non deboli. Essere disponibili a mettersi in crisi significa essere autentici cercatori della verità, non relativisti.

Gesù, come la maggior parte dei profeti, non è stato capito e accolto proprio da chi aveva fatto delle proprie idee una gabbia per sé e per gli altri, illudendosi di poter imprigionare l'infinito nel finito e di poter controllare l'imprevedibile agire di Dio, piegando il suo volere nei propri limitati orizzonti di comprensione. Gesù così descrive a Nicodèmo l'agire di Dio: «In verità, in verità ti dico, se uno non nasce da acqua e da Spirito, non può entrare nel regno di Dio. Quel che è nato dalla carne è carne e quel che è nato dallo Spirito è Spirito. Non ti meravigliare se t'ho detto: dovete rinascere dall'alto. Il vento soffia dove vuole e ne senti la voce, ma non sai di dove viene e dove va: così è di chiunque è nato dallo Spirito»[2]. Lo Spirito, come il vento, soffia dove e quando vuole.

Contrariamente a quanto molti credono, la Chiesa ritiene che in tutte le grandi religioni ci siano dei semi dell'unico Verbo[3] e che per questo siamo tutti chiamati a collaborare, e allarga questo invito anche ai non credenti. La Chiesa ha espresso questa visione attraverso documenti conciliari e pronunciamenti dei papi: tutti coloro che non per colpa propria non sono stati raggiunti dal Vangelo, possono salvarsi e conquistare la vetta della montagna, seguendo la propria coscienza – in cui comunque Dio parla – e vivendo rettamente[4].

2 Giovanni 3, 5-8.

3 Nel documento del Pontificio consiglio per il dialogo interreligioso (allora Segretariato per i non cristiani), *L'atteggiamento della Chiesa di fronte ai seguaci di altre religioni. Riflessioni e orientamenti su dialogo e missione*, 1984, n. 26, l'insegnamento conciliare è sintetizzato con queste parole: «Nelle tradizioni religiose non cristiane esistono "cose vere e buone" (*Optatam Totius*, 16), "cose preziose, religiose e umane" (*Gaudium et Spes*, 92), "germi di contemplazione" (*Ad Gentes*,11,15), "elementi di verità e di grazia" (*Ad Gentes*, 9), "semi del Verbo" (*Ad Gentes*, 11,15), "raggi della verità che illumina tutti gli uomini" (*Nostra Aetate*, 2). Secondo le esplicite indicazioni conciliari, questi valori si trovano condensati nelle grandi tradizioni religiose dell'umanità. Esse meritano perciò l'attenzione e la stima dei cristiani, e il loro patrimonio spirituale è un efficace invito al dialogo (cfr. *Nostra Aetate*, 2, 3; *Ad Gentes*, 11), non solo su elementi convergenti ma anche su quelli che divergono». In diversi documenti e discorsi i papi hanno usato l'espressione "semina Verbi" in riferimento alle religioni e alle culture; ne cito alcuni: Paolo VI in *Evangelii nuntiandi*, nn. 53. 80; Giovanni Paolo II in *Redemptoris missio*, nn. 11. 28. 56; *Veritatis Splendor*, n. 94, e in 18 discorsi ufficiali tenuti in varie circostanze; papa Francesco in *Evangelii gaudium*, n. 68, *Laudato sì*, n. 99 nota 80, *Amoris laetitia*, nn. 76. 77.

4 *Lumen Gentium* 16: «Infine, quanto a quelli che non hanno ancora ricevuto il Vangelo, anch'essi in vari modi sono ordinati al popolo di Dio. [...] Quelli che senza colpa ignorano il Vangelo di Cristo e la sua Chiesa ma che tuttavia cercano sinceramente Dio e coll'aiuto della grazia si sforzano di compiere con le opere la volontà di Lui, conosciuta attraverso il dettame della coscienza, possono conseguire la salvezza eterna. Né la divina Provvidenza nega gli aiuti necessari alla salvezza a coloro che non sono ancora arrivati alla chiara cognizione e riconoscimento di Dio, ma si sforzano, non senza la grazia divina, di condurre una vita retta. *Gaudium et Spes* 16: «Nell'intimo della coscienza l'uomo scopre una legge che non è lui a darsi, ma alla quale invece deve obbedire. Questa voce, che lo chiama sempre ad amare, a fare il bene e a fuggire il male, al momento opportuno risuona nell'intimità del cuore: fa questo, evita quest'altro. L'uomo ha in realtà una legge scritta da Dio dentro al cuore; obbedire è la dignità stessa dell'uomo, e secondo questa egli sarà giudicato. La coscienza è il nucleo più segreto e il sacrario dell'uomo, dove egli è solo con Dio, la cui voce risuona nell'intimità. Tramite la coscienza si fa conoscere in modo mirabile quella legge che trova il suo compimento nell'amore di Dio e del prossimo. Nella fedeltà alla coscienza i cristiani si uniscono agli altri uomini per cercare la verità e per risolvere secondo verità numerosi problemi morali, che sorgono tanto nella vita privata quanto in quella sociale».

Questo non significa che non si debba "evangelizzare", vivendo la missione come offerta di una testimonianza di vita *in primis* e di parola a quanti vogliano ascoltare. Da sempre sento una vocazione al dialogo e a essere aperto a tutti, unitamente a una spinta nel trasmettere in semplicità quanto ho vissuto, perché altri possano fare esperienza dell'amore di Dio, capace di donare una pace e una gioia che resistono alle violente tempeste della vita.

Tutti cercano la felicità. Tutti cercano Dio, anche senza esserne consapevoli.

Scrive Dostoevskij: «L'ateo assoluto sta sul penultimo gradino della più perfetta fede, mentre l'indifferente non ha più nessuna fede. [...] Vivere senza Dio è un rompicapo e un tormento. L'uomo non può vivere senza inginocchiarsi davanti a qualcosa. Se l'uomo rifiuta Dio, si inginocchia davanti a un idolo. Siamo tutti idolatri, non atei»[5]. L'uomo in quanto tale si configura come un essere credente. L'uomo deve per forza credere in qualcosa, sempre. Anche colui che si definisce non credente, in realtà crede in una realtà senza Dio e arriva a crearsi una sua "religione" nel senso più vero ed etimologico del termine, ovvero "legandosi" a propri principi, valori, schemi e riti quotidiani. I nostri gesti sono rituali metodici in ogni giornata, senza che spesso ce ne rendiamo conto. L'uomo per natura è un essere religioso e non può esimersi dal prendere una posizione, fosse anche quella di dire che non esiste alcun Dio.

L'uomo, rispetto agli altri esseri animati, è un essere credente, con un corpo e un'anima spirituale, capace di conoscere e amare gli altri e il proprio Creatore. Quando non è consapevole di ciò, è comunque attratto da ciò che è emanazione del Creatore, come la bellezza, il creato e le creature. La domanda sull'esistenza di Dio è ineludibile e tutti si trovano a doverla affrontare nella propria vita più e più volte.

L'uomo, in quanto persona, non è soltanto "qualche cosa",

5 F. Dostoevskij, *L'Adolescente*, Einaudi, 2013, formato ePub, p. 389.

ma "qualcuno" capace di conoscersi, possedersi, donarsi, relazionarsi e credere in qualcosa o in qualcuno. Ognuno di noi quotidianamente fa tanti atti di fede, riponendo la propria fiducia nelle proprie capacità, in altre persone, in alcune istituzioni o nell'affidabilità delle cose. L'esercizio della propria fiducia è un continuo atto di fede fatto su un calcolo di probabilità e ben poche certezze. Viviamo tutti continui atti di fiducia e di fede quotidiani, anche se atei o agnostici.

Per questo ritengo l'ateo una persona credente che esercita la propria facoltà di credere con un atto di fede sulla non esistenza di Dio. La posizione dell'ateo ha una debolezza: si basa solo sulla propria percezione e su nessuna evidenza della non esistenza di Dio. Un ateo può solo dire che Dio non esiste perché non ha prove della sua esistenza, ma non potrà mai fornire una prova della non esistenza. Un credente invece crede sempre sulla base di prove concrete che l'hanno convinto. Si potrebbe obiettare che si tratta di esperienze soggettive e personali. Ma questo non significa che siano di poco valore oppure che non abbiano significato. Ci sono eventi che non possono essere suggestione di massa perché attestati da molti distanti e non condizionabili tra loro: si pensi al miracolo del sole a Fatima, che si ritiene visto da una folla tra le 30.000 e le 100.000 persone, alcune anche a 40 chilometri di distanza, tra le quali c'erano non credenti, come il redattore capo di «O Século», quotidiano laico di Lisbona, che dedicò un'intera prima pagina il 15 ottobre 1917 a favore della veridicità dell'evento[6].

6 «COSE FENOMENALI! COME IL SOLE BALLÒ A MEZZOGIORNO A FATIMA [...] Il sole sorge, ma l'aspetto del cielo minaccia temporale. Nuvole nere si ammassano sulla folla di Fatima. [...] Alle dieci il cielo si oscura totalmente e non tarda a cadere una forte pioggia. [...] I fanciulli affermano che la Signora aveva parlato loro ancora una volta, e il cielo, prima caliginoso, comincia subito a schiarirsi in alto; la pioggia cessa e si presenta il sole che inonda di luce il paesaggio. [...] L'ora mattutina è la regola per questa moltitudine, che calcoli imparziali di persone colte e di tutto rispetto, punto rapite come per influenza mistica, contano in trenta o quarantamila creature... La manifestazione miracolosa, il segno visibile annunciato sta per essere prodotto – assicurano molti pellegrini... E si assiste a uno spettacolo unico e incredibile per chi non fu testimone di esso. Dalla cima della strada, dove si ammassano i carri e sostano molte

Una mentalità oggi imperante sostiene che è reale solo quanto è scientificamente sperimentabile, e su questa tesi si appoggia chi vuole negare Dio, dimenticandosi però di quell'enormità che sono i nostri affetti, le emozioni, i sentimenti, i traumi... Non sono misurabili empiricamente ma non per questo non esistono. L'amore tra due innamorati o tra una madre e un figlio è reale e tra i fenomeni più potenti al mondo, anche se non sono verificabili dai freddi strumenti di un laboratorio.

Le prove della non esistenza di Dio sono un puro atto di fede che si basa sull'assenza di prove che convincono chi si dice ateo. Le prove della sua esistenza hanno invece la forza dell'esperienza personale e trovano riscontro nel fatto che c'è chi è disposto a giocarsi un'intera esistenza, pagandone il prezzo. Esistono poi possibili prove, argomenti convergenti e convincenti, che permettono di raggiungere vere certezze come vie per avvicinarsi a Dio, avendo come punto di partenza la creazione, il mondo materiale e la persona umana. Si pensi solo al creato, alla fantastica complessità e alla perfezione dell'universo, del nostro mondo, dell'essere umano... Credere che tutto questo sia venuto all'esistenza *per caso*, è parecchio irrazionale. E per negare l'esistenza di un creatore, si finisce per andare contro la nostra stessa ragione.

L'agnostico si trova su una via più razionale e comprensibile, perché si dichiara incapace di pronunciarsi in modo

centinaia di persone, alle quali manca la voglia di mettersi nella terra fangosa, si vede tutta l'immensa moltitudine voltarsi verso il sole, che si mostra libero dalle nuvole, nello zenit. L'astro sembra un disco di argento scuro ed è possibile fissarlo senza il minimo sforzo. Non brucia, non acceca. Si direbbe realizzarsi un'eclissi. Ma ecco che un grido colossale si alza, e dagli spettatori che si trovano più vicini si ode gridare: «Miracolo, miracolo! Meraviglia, meraviglia!» Agli occhi sbalorditi di quella folla, il cui atteggiamento ci riporta ai tempi biblici e che, pallida di sorpresa, con la testa scoperta, fissa l'azzurro (cielo), il sole tremò ed ebbe mai visti movimenti bruschi fuori da tutte le leggi cosmiche, il sole "ballò", secondo la tipica espressione dei contadini» (Avelino de Almeida, «O Século», Lisboa, edição da manhã, 37, 12.876, 15 Out. 1917, p. 1 colonne 6-7; p. 2 col.1). «Miracolo, come la gente gridò? Fenomeno naturale, come gli esperti dicono? Per il momento, questo non mi riguarda. Io dico solo ciò che vidi. Il resto è materia di scienza e Chiesa» (Avelino de Almeida, «Ilustração Portuguesa» del 29 ottobre 1917).

assoluto sulla non esistenza di Dio, scegliendo di non esprimersi né pro né contro, scegliendo una dimensione intermedia prudenziale.

Ognuno è libero di pensarla come meglio crede (appunto, crede!), ma nessuno può astenersi dal prendere una posizione. Se il credere è una facoltà innata della persona, altra cosa invece è il dono della fede, frutto di grazia e di adesione personale, come esercizio della propria libertà. La fede cristiana in particolare è una adesione alla persona di Gesù Cristo, riconosciuto non solo come uomo o profeta, dato storico indiscutibile, ma come Signore, Figlio di Dio incarnato, morto e risorto. La fede cristiana coinvolge tutta la persona e le sue facoltà, chiamando in causa la ragione che, in quanto creata da Dio, è capace di coordinare cuore e mente per prendere una posizione interiore, leggendo i segni captati e arrivando a proprie conclusioni, a volte sul piano della logica e altre volte a costo di salti oltre gli ostacoli che il cammino spirituale comporta.

Oggi più che mai tutto questo è importante. Viviamo un momento storico particolare, con grandi sfide che ci chiamano a unire le forze per costruire un mondo migliore, cambiando noi stessi. Ogni giorno crescono la rabbia, l'indifferenza, la diffidenza, l'odio, il razzismo e sembriamo regredire e non meritarci di vivere questo tempo e questo pianeta, che stiamo lentamente uccidendo. Abbiamo smarrito la via, abbiamo rinnegato le nostre origini, abbiamo minato le fondamenta della nostra stessa casa, senza accorgercene. Forse è davvero giunto il tempo annunciato dall'"uomo folle" di Nietzsche. Oggi più che mai abbiamo bisogno di riappropriarci della nostra anima, unendo le forze per una nuova antropologia che rimetta al centro la spiritualità e i valori fondamentali. Abbiamo bisogno di un nuovo umanesimo.

Se ci guardiamo attorno è evidente che stiamo vivendo un tempo esplosivo. Non esiste più un'etica condivisa e non è più l'etica a ispirare la politica nei processi economici, ma è un'economia sregolata a guidare la politica creando un'etica di convenienza o procedendo senza alcun riferimento etico. Non esiste il concetto di verità, perché ci si accontenta del verosimile, potendo così manipolare menti e cuori. Stiamo assistendo a una lenta disgregazione sociale e culturale. Ciò che più mi spaventa è come manchi una coscienza critica capace di ascoltare, dialogare e crearsi una propria opinione fondata. Dobbiamo aiutare le persone a pensare, a ragionare, a rimettere al centro la spiritualità e a vivere in modo solidale e sussidiario le relazioni tra singoli, tra popoli e nazioni. Ogni struttura di male si può convertire creando strutture di bene, perché dietro ogni realtà ci sono sempre le persone a fare la differenza. Prendiamoci tempo per pensare e pregare, mettiamoci in discussione, facciamo rete. Dobbiamo essere all'altezza delle sfide del nostro tempo. La storia un giorno ci giudicherà. Cerchiamo di aprire mente e cuore per armonizzarli con responsabilità. La posta in gioco è troppo alta. Diventiamo figli di questo tempo, cogliamo i nostri *kairós*.

Il peso specifico dell'anima

L'ambito spirituale è essenziale e fondamentale perché ci rende unici e irripetibili. Un uomo senza lo spirito è un cadavere. L'anima è personale, libera di scegliere il bene e il male, immortale, ci fa essere ciò che siamo ed è legata a un'idea-progetto di amore tutto da scoprire e tutto da scrivere. Chi ha già fatto un'autentica esperienza di Dio può testimoniare che più ci si immerge in Lui, più si aprono orizzonti di senso ed eternità inaspettati. Tutto cambia. Nulla può essere come prima perché lo Spirito di Dio dilata le nostre facoltà, svelandoci la nostra parte più profonda e intima. A volte si vive una vita intera ignorandone l'esistenza, ma l'incapacità di contattare questa parte del nostro "io" non significa che essa non esista. Pierre Teilhard de Chardin parla del "Punto Omega" per descrivere il massimo livello di conoscenza e complessità verso il quale l'universo tende nel suo continuo e inesorabile evolversi. Secondo lo scienziato gesuita francese il Punto Omega coincide con il *Logos* cristiano. Giustamente Platone nell'*Apologia di Socrate* scrive: «So di non sapere». Sapere di non sapere è l'inizio del vero sapere. Questo vale ancora di più riguardo Dio, per cui san Paolo scrive: «L'uomo naturale però non comprende le cose dello Spirito di Dio; esse sono follia per lui, e non è capace di intenderle, perché se ne può giudicare solo per mezzo dello Spirito»[7].

7 1 Corinzi 2, 14.

C'è una domanda importante che Chiara Amirante pone nel percorso di Spiritherapy: «Quale senso vuoi dare alla tua vita?». Tra i tanti e diversi esercizi che propone, ce n'è uno che mi ha aiutato molto: individuare cinque obiettivi che si vorrebbero realizzare supponendo di avere solo pochi anni di vita davanti. Con questo esercizio sono arrivato alla consapevolezza di punti importanti e a realizzare uno di questi obiettivi all'anno, prendendomi grandi soddisfazioni. Anche questo libro era uno dei miei obiettivi.

La vita è una sola, non possiamo sbagliare nell'individuare ciò che davvero ci rende felici e realizzati in pienezza. Il tempo della nostra vita non è infinito. Questa è una certezza e il Vangelo ci provoca sempre: «Che giova all'uomo guadagnare il mondo intero, se poi si perde o rovina se stesso?»[8]. Riflettiamoci: a che giova correre, raggiungere mete, affannarsi, se poi perdiamo noi stessi, la nostra anima, la nostra vita, il nostro essere? C'è una missione, o più missioni, che tutti abbiamo ed è parte costitutiva di noi.

Quando sono stato in missione in Brasile ho imparato a fare una domanda ai bambini di strada: «*Meniño*[9], qual è il tuo sogno?». Bambini senza prospettive, che vivono in strada o in favelas con le fogne a cielo aperto, bambini vittime di narcotraffico, violenze inaudite e prostituzione minorile. Grazie a questa domanda ho visto riaccendersi tante volte una luce nei loro occhi e mentre questi brillavano mi hanno dato risposte inaspettate: «Da grande voglio fare l'assistente sociale, così porterò via tutti questi bambini come me dalla strada»; «Io vorrei fare il giudice per difendere i piccoli come me dal male che ho ricevuto». Fermati un attimo su questa semplice domanda: qual è il tuo sogno? Se tu ci credi, è possibile realizzarlo, ma prima devi riappropriarti dei tuoi sogni. Come scriveva Goethe: «Qualunque cosa tu possa fare, qualunque sogno tu possa sognare, comincia».

8 Luca 9, 25.
9 In portoghese significa "bambino" o "ragazzo".

Oggi abbiamo perso la capacità di sognare. Non solo non sogniamo più, ma stiamo uccidendo questa facoltà in chi è accanto a noi. Non credendo più ai nostri sogni, neghiamo ad altri la possibilità di sognare. Stiamo privando tanti della ricerca della felicità e, peggio ancora, se qualcuno realizza il suo sogno, anziché gioirne, ci sentiamo derubati di qualcosa. Siamo diventati incapaci di gioire per le gioie altrui, pieni di invidia, rabbia e rancore. Abbiamo tutto e siamo così infelici. Avremmo tanti motivi per sorridere ogni giorno perché siamo nati nella parte più fortunata del pianeta, senza essercelo meritato, eppure ci trasciniamo nella nostra esistenza. C'è chi nel mondo si sveglia con il solo pensiero di come poter sopravvivere, dovendo combattere con la fame, la violenza, le devastazioni climatiche, le guerre o i soprusi. Forse siamo i più poveri dei poveri, incapaci di sognare, incapaci di gioire, incapaci di amare. Se alzassimo lo sguardo dal nostro ombelico e iniziassimo a cambiare, potremmo diventare persone migliori, capaci di aiutare chi è accanto a noi a scoprire il sogno di Dio su di loro. Se ci svegliassimo dal nostro torpore, potremmo vivere una delle più belle vocazioni possibili: essere scopritori, collaboratori e realizzatori di sogni.

Come essere sicuri di realizzare il sogno di Dio su di noi? C'è una via maestra che tutti possiamo percorrere e per la quale mai avremo rimpianti. C'è una via migliore di tutte che Gesù ha consigliato e che san Paolo ha descritto in modo autentico nel testo conosciuto come *Inno alla carità* o *Inno all'amore*:

> «Se anche parlassi le lingue degli uomini e degli angeli, ma non avessi l'amore, sarei come un bronzo che risuona o un cembalo che tintinna. E se avessi il dono della profezia e conoscessi tutti i misteri e tutta la scienza, e possedessi la pienezza della fede così da trasportare le montagne, ma non avessi l'amore, non sarei nulla. E se anche distribuissi tutte le mie sostanze e dessi il mio corpo per esser bruciato, ma non avessi l'amore, niente mi gioverebbe. L'amore è pa-

ziente, è benigno l'amore; non è invidioso l'amore, non si vanta, non si gonfia, non manca di rispetto, non cerca il suo interesse, non si adira, non tiene conto del male ricevuto, non gode dell'ingiustizia, ma si compiace della verità. Tutto copre, tutto crede, tutto spera, tutto sopporta. L'amore non avrà mai fine. Le profezie scompariranno; il dono delle lingue cesserà e la scienza svanirà. La nostra conoscenza è imperfetta e imperfetta la nostra profezia. Ma quando verrà ciò che è perfetto, quello che è imperfetto scomparirà. Quand'ero bambino, parlavo da bambino, pensavo da bambino, ragionavo da bambino. Ma, divenuto uomo, ciò che era da bambino l'ho abbandonato. Ora vediamo come in uno specchio, in maniera confusa, ma allora vedremo a faccia a faccia. Ora conosco in modo imperfetto, ma allora conoscerò perfettamente, come anch'io sono conosciuto. Queste, dunque, le tre cose che rimangono: la fede, la speranza e l'amore; ma di tutte più grande è l'amore!»[10].

È la via dell'amore vero! Un amore che siamo chiamati «a vivere a fatti e nella verità»[11]. Un amore che ha il suo modello sublime nel modo in cui Gesù ci ha amati, un amore che non ci tradirà mai. La comune vocazione dell'essere umano è l'amore! La via della pienezza delle felicità è l'amore! Qualsiasi strada diversa che si può percorrere per rispondere a questo infinito bisogno di amore inscritto nel cuore dell'uomo di ogni tempo e di ogni luogo, non disseterà mai il nostro bisogno di infinito.

La Spiritherapy parte proprio da quest'amore e dal presupposto che *ciò che ci distingue da tutte le altre creature è la nostra capacità di amare, la nostra dimensione spirituale*. Scrive Chiara Amirante: «Il bisogno fondamentale di ogni essere umano è amare ed essere amato. Personalmente sono fermamente convinta che siamo creati a immagine e somiglianza di un Dio che è Amore infinito e che è impressa nel

10 1 Cor 13, 1-13. Alla versione del testo CEI 1974 ho sostituito "amore" a "carità".
11 Cfr 1 Gv 3, 18.

nostro cuore una sete di amore infinito. Solo se rispondiamo a questo bisogno potremo essere persone felici e realizzate. Conoscendo migliaia di persone, con fedi diverse o atee, ho constatato che siamo tutti accomunati da una stessa esperienza: solo quando impariamo a donare e ricevere amore riusciamo a sentirci appagati e nella gioia. Pensa ai momenti della tua vita in cui ti sei sentito profondamente felice. Scoprirai che sono spesso caratterizzati da esperienze in cui ti sei sentito amato veramente, per ciò che sei, con tutte le tue fragilità. Se tu guardi l'orizzonte eternità, tutto ciò che ti appare importante si relativizza e tutto ciò che è veramente fondamentale riacquista il giusto posto. Se vuoi essere felice, preoccupati di fare felice chi hai accanto. Ama chi è accanto a te, amalo domandandoti cosa farebbe Gesù adesso al tuo posto, come Lui amerebbe. Inizia là dove sei ad amare e a essere amore. Cerca di fare ciò che ami e quando non ti è possibile cerca di amare ciò che fai! Cerca sempre la volontà di Dio perché anche il più grande sogno che possiamo avere sulla nostra vita è nulla in confronto al grande sogno di Dio su di noi. Vuoi davvero essere felice? Ama!»[12].

C'è una frase famosa di sant'Agostino spesso travisata: «Ama e fa' ciò che vuoi». Vorrei proporla nel contesto da cui è tratta: «Una volta per tutte, dunque, ti viene imposto un breve precetto: ama e fa' ciò che vuoi. Sia che tu taccia, taci per amore; sia che tu parli, parla per amore; sia che tu corregga, correggi per amore; sia che perdoni, perdona per amore; vi sia in te la radice dell'amore, poiché da questa radice non può procedere se non il bene»[13]. Agostino ci invita a mettere amore in tutto ciò che facciamo, non a fare come ci pare chiamando amore ciò che amore non è. L'amore vero è anche sacrificio.

Nella ricerca del nostro posto nel mondo, la vita ci dona diverse provocazioni per aiutarci a capire cosa vogliamo davvero, ma può capitare di perdersi dietro alle luci al neon

12 Cfr. *www.chiaraamirante.it.*
13 Sant'Agostino, *Commento alla prima lettera di Giovanni*, 7, 8.

che ci ammaliano e ci offuscano la vista. Le nostre paure, le nostre ferite, ciò che gli altri si aspettano da noi, ciò che gli altri pensano di noi oppure più semplicemente la mentalità comune, possono spingerci fuori strada e portarci lontano da ciò che realmente desideriamo.

Ogni vocazione è una chiamata posta da qualcuno ed esige una risposta. Tutti noi siamo chiamati a qualcosa. Il problema è riuscire ad ascoltare questa voce. Alcuni non si pongono nessuna domanda, altri sono in balia delle onde, alcuni seguono semplicemente il flusso della vita e c'è chi invece si lascia guidare dai segnali ma poi li ignora. La chiamata resta comunque ineludibile e irrevocabile. Quella che può sembrare una mancata risposta, in realtà è una scelta con tutto il peso delle sue conseguenze. Il Vangelo paragona il Regno dei Cieli a una perla preziosa di inestimabile valore: «Il regno dei Cieli è simile a un mercante che va in cerca di perle preziose; trovata una perla di grande valore, va, vende tutti i suoi averi e la compra»[14]. La vocazione dovrebbe seguire questo dinamismo: una volta scoperta la perla preziosa, si lascia tutto senza più voltarsi indietro.

Se avessimo perso la via o fatto errori che ci sembrano oramai irrimediabili, ricordiamoci che è troppo tardi solo quando si è morti. Per chi è cristiano si può sempre ripartire con la grazia di un sacramento speciale che Gesù ha istituito, il sacramento della riconciliazione. E per chi avesse altri credo o non fosse credente, esistono altre vie valide per tutti indicate dalla Parola di Dio: «La carità copre una moltitudine di peccati»[15]; «Le sono perdonati i suoi molti peccati, poiché ha molto amato. Invece quello a cui si perdona poco, ama poco»[16]. Anche per ripartire l'amore resta la via migliore di tutte. Ciò che importa è non rinviare a domani ciò che possiamo fare oggi. Viviamo il presente. Il futuro non esiste.

14 Matteo 13, 45-46.
15 1 Pietro 4, 8.
16 Luca 7, 47.

Agostino ritiene che il peso specifico dell'anima sia l'amore, mettendoci in guardia da ciò che può avvelenarla piano piano. L'amore ci attrae al nostro centro gravitazionale, avvicinandoci a Colui che è l'Amore. L'amore opera nell'anima come il peso nei corpi: «Il nostro riposo è il nostro luogo. Là ci solleva l'amore, e il tuo spirito buono eleva la nostra bassezza, strappandola alle porte della morte. Nella buona volontà è la nostra pace. Ogni corpo a motivo del suo peso tende al luogo che gli è proprio. Il fuoco tende verso l'alto, la pietra verso il basso, spinti entrambi dal loro peso a cercare il loro luogo. L'olio versato dentro l'acqua s'innalza sopra l'acqua, l'acqua versata sopra l'olio s'immerge sotto l'olio, spinti entrambi dal loro peso a cercare il loro luogo. Fuori dell'ordine regna l'inquietudine, nell'ordine la quiete. Il mio peso è il mio amore, esso mi porta dovunque mi trovo. Il tuo dono ci accende e ci porta verso l'alto. Noi ardiamo e ci muoviamo. [...] Là collocati dalla buona volontà, nulla desidereremo, se non di rimanervi in eterno»[17]. «Quanto l'animo è rapito verso l'alto da un amore giusto e santo, altrettanto è sprofondato negli abissi da un amore ingiusto e immondo. Accade a ciascuno di essere portato là dove ha da portarlo il proprio peso, cioè il proprio amore»[18].

Se davvero vogliamo essere felici, decidiamoci per il bene e tagliamo con ciò che ci fa male.

Se ami certe cose devi anche imparare a proteggerle. Bisogna avere chiaro cosa vogliamo realmente e fare delle scelte di campo. Dobbiamo scegliere chi vogliamo essere.

La vera libertà non consiste nel fare ciò che si vuole. Non è essere liberi di scegliere e riscegliere sempre all'infinito. Una libertà così non esiste nella realtà ma solo nel mondo delle idee. Questa sì che è una favola e una finzione a cui abbiamo tutti abboccato. Ogni scelta, anche il non scegliere astenendosi, è sempre una scelta che ci definirà portando

17 SANT'AGOSTINO, *Le Confessioni* XIII 9-10.
18 SANT'AGOSTINO, *Discorsi*, 65A.

precise conseguenze. La libertà autentica si esprime quando si sceglie qualcosa o qualcuno. Decidere significa decidersi per qualcosa escludendo automaticamente le alternative. Decidere significa sempre anche recidere. Tenere aperte tutte le porte non è mai la soluzione giusta e in realtà determina il fatto che prima o poi si chiudano tutte. Sicuramente bisogna valutare bene, farsi consigliare da persone fidate, sperimentarsi con prudenza, ma anche prima o poi scegliere. Si sbaglierà. Questa è una certezza, ma nella vita chi osa fa qualcosa, chi non osa non fa niente. La vita è una e vale la pena di spenderla per qualcosa di grande, non subendo le situazioni ma scegliendo chi vogliamo essere.

Ogni giorno abbiamo l'occasione di decidere chi essere. I latini avevano ragione quando dicevano: «*Agere sequitur esse*» – "L'agire segue l'essere". Oggi trascuriamo così tanto l'essere da rischiare di vivere in balia delle onde e dei venti del momento. Decidiamoci di essere e definiamo chi vogliamo essere. Ognuno di noi è proprio come un pennello nelle mani di Dio. Ci vuole umiltà per lasciarsi condurre e far operare l'Artista. Il ruolo del pennello non è affatto secondario ma se qualcuno si sentisse sminuito e decidesse di essere "artista" anziché "pennello", allora il quadro sarà completamente diverso e quel preciso progetto di Dio non si realizzerà mai. Serve docilità per assecondare l'Artista, serve umiltà per restare al proprio posto e così, a colpi di volontà, imparare a insistere nel dettaglio. Bisogna fidarsi dell'Artista che dà le indicazioni perché è il solo ad avere lo sguardo d'insieme. Servono pazienza e animo contemplativo per restare fermi e non fare sbavature quando arriva la stanchezza. Serve perseveranza per continuare anche nelle tinte scure che solo alla fine, e spesso solo cambiando prospettiva, sapremo comprendere. Un giorno preciso vedremo come quel colpo di nero si rivelerà fondamentale nel capolavoro che Dio vuole firmare con noi. Dio ci vuole artisti e pennelli insieme, nessuno con Lui è comparsa.

Essere “soli”

I nostri corpi possono incontrarsi grazie ai cinque organi di senso, ma ci sono altri modi con i quali si può arrivare a conoscersi, legandosi reciprocamente più in profondità. Si tratta di incontri di cuori e a volte di anime, che creano qualcosa di speciale che può portare a essere uniti anche se distanti, ritrovandosi dopo tanto tempo come se non ci si fosse mai lasciati, attivando sensi spirituali in noi troppe volte sopiti o utilizzati male e inconsapevolmente.

In queste pagine ho aperto parte della mia anima e per chi avrà accolto seriamente questo dono da oggi scaturirà un’unità nello spirito che va al di là dello spazio e del tempo. Da oggi in qualche modo siamo uniti nello spirito. Dopo la mia conversione, con papà e mamma eravamo soliti salutarci con un segno di croce sulla fronte che ci facevamo reciprocamente e firmando i messaggi con queste parole: «Uniti nello spirito». La preghiera può unire al di là dello spazio e del tempo.

Non esiste una vita perfetta, esiste la propria vita, tutta da scrivere e da vivere. Le imperfezioni sono originalità per chi sa guardare dalla giusta prospettiva.

Fidati di Dio. Non avere paura. Qualunque cosa Dio ti chieda, fidati perché Lui conosce il tuo cuore meglio di quanto tu stesso lo possa conoscere. È Lui che ti ha creato e pronunciando il tuo nome ti ha amato dal primo istante, chiamandoti alla vita. Non avere mai paura di dire il tuo “sì” a Dio, qualunque cosa ti chieda. Davvero Dio non si lascia mai vincere in generosità. Apri il tuo cuore e la tua mente all'orizzonte eternità puntando a vivere una vita in pienezza e a realizzare il progetto di Dio su di te.

A volte smettiamo di credere in Dio. Altre anche in noi stessi. Ma Dio non smette mai di credere in noi. Fidiamoci. Non è tanto importante se sarai sacerdote o suora, padre o madre, qua o là, ciò che conta è che ti lasci guidare da Lui e là dove sei vivi al massimo delle tue possibilità. La vita davvero è una e non esiste un replay. A volte abbiamo paura che Dio possa toglierci qualcosa, invece Dio ci chiede il nostro niente per darci il suo tutto.

Se nel tuo cuore si è accesa la speranza di poter realizzare il sogno di Dio sulla tua vita, ti invito a dire ora con tutto il tuo cuore un "sì" incondizionato al suo amore e alla sua volontà. Dio prende sul serio i nostri propositi e vedrai che davvero prenderà la tua mano e ti accompagnerà passo dopo passo. Dio però è un galantuomo e non forza mai la nostra libertà, pertanto dipenda da te ora. Puoi provare a tendergli la mano oppure pensarci e farlo quando ti sentirai di farlo. Il mio consiglio però è di fare questo atto di consegna veramente con tutto il cuore, perché così facendo potrai lasciargli davvero compiere miracoli nella tua vita.

Non importa se non sai quale sia la tua vocazione, a cosa sei chiamato oppure se hai fallito un progetto di vita o ti senti in questo momento smarrito, Dio è eterno presente e per Lui conta chi decidi di essere ora, in questo preciso attimo presente. Nulla ti impedisce di dire a Dio:

> «Signore, eccomi qui, tu sai chi sono realmente e come sono fatto. Tu conosci le mie fragilità, le mie contraddizioni, le mie aspirazioni, i miei sogni, il mio cuore. Ti consegno tutto di me e ti chiedo di fare di me ciò che vuoi tu. Signore, mi fido di te e voglio che tu guidi i miei passi e la mia vita. Realizza il tuo disegno su di me, aiutami a capire quale sia e quali passi fare e dammi la forza di com-

pierli. Io confido in te. Nelle tue mani Signore affido tutto di me, nelle tue mani affido il mio spirito. *In Manus Tuas Domine*».

Se te la senti, rileggi e personalizza questa preghiera. Se vuoi ora ti propongo un altro passo: essere, da oggi, luce per tutti coloro che incontrerai, affidandoti a Maria. «Tutto è stato fatto perché voi diventiate come altrettanti soli cioè forza vitale per gli altri uomini. Siate luci perfette dinanzi a quella luce immensa. Sarete inondati del suo splendore soprannaturale. Giungerà a voi, limpidissima e diretta, la luce della Trinità, della quale finora non avete ricevuto che un solo raggio»[19].

Ti invito a diventare un "Cavaliere della Luce". Non si tratta né di una setta né di un tesseramento associativo, ma di una adesione di cuore che produrrà effetti nella tua anima. I Cavalieri della Luce sono persone che possono anche appartenere o meno a un movimento, associazione o realtà ecclesiale diversa, ma che vogliono essere unite spiritualmente nel portare la rivoluzione del Vangelo nel mondo, assumendo alcuni impegni precisi: essere degli innamorati della Verità; nutrirsi della Parola di Dio, proclamarla vivendola con grande radicalità e alla lettera, senza alcun compromesso o interpretazione di comodo; andare nelle strade nelle piazze, sui tetti ad annunziare con forza la buona notizia del Vangelo; immergersi negli inferi del mondo per colorarli di Cielo.

La missione dei Cavalieri della Luce è portare l'Amore in un mondo che sta morendo per mancanza d'Amore. Non si tratta di essere capaci di fare tutto questo, ma semplicemente di desiderare di essere strumenti della Luce, affidandosi completamente a Dio e chiedendo a Lui la grazia. Ispi-

19 San Gregorio Nazianzeno, *Discorso 39 per il Battesimo del Signore*, pp. 36. 350-351. 354. 358-359.

rato al Vangelo di Giovanni 15, 9-13[20], il motto dei Cavalieri della Luce è: «E gioia sia!».

L'affidamento a Maria diviene un sigillo nelle mani di Colei che ci è stata donata come Madre. Come scrive San Massimiliano Maria Kolbe, in lei possiamo avere un aiuto ineguagliabile: «Nessun dubbio che la volontà di Maria è la stessa volontà di Dio. Consacrandoci a lei, diventiamo nelle sue mani strumenti della divina misericordia, come lei lo è stata nelle mani di Dio. Lasciamoci dunque guidare da lei, lasciamoci condurre per mano, tranquilli e sicuri sotto la sua guida. Maria penserà a tutto per noi, provvederà a tutto e allontanando ogni angustia e difficoltà verrà prontamente in soccorso alle nostre necessità corporali e spirituali»[21].

20 «Come il Padre ha amato me, così anch'io ho amato voi. Rimanete nel mio amore. Se osserverete i miei comandamenti, rimarrete nel mio amore, come io ho osservato i comandamenti del Padre mio e rimango nel suo amore. Questo vi ho detto perché la mia gioia sia in voi e la vostra gioia sia piena. Questo è il mio comandamento: che vi amiate gli uni gli altri, come io vi ho amati. Nessuno ha un amore più grande di questo: dare la vita per i propri amici».

21 Scritti di Massimiliano M. Kolbe, traduzione italiana, Vol. I, Firenze 1975, pp. 44-46, 113-114; in Ufficio delle letture della Liturgia delle ore del 14 agosto.

Cavalieri della Luce

Nella Pasqua 2006 Chiara Amirante è tornata da Gerusalemme dopo un tempo d'intensa preghiera nei luoghi santi. Al termine di una notte al Santo Sepolcro, ha sentito di proporre a tutti di diventare Cavalieri della Luce. Oggi siamo oltre 700.000, impegnati a portare speranza negli angoli più bui della società e nella quotidianità in tutto il mondo.

Chiudo la mia storia con la lettera e le preghiere scritte da Chiara al ritorno da quel viaggio, così potrai decidere anche tu se camminare insieme uniti anche a distanza, cercando di essere Cavalieri della Luce.

> «Tanti profeti di menzogna continuano a entrare con prepotenza nelle case (attraverso i mass media) e seducono con le proposte di facili paradisi artificiali una moltitudine di persone; ti propongono una felicità a basso costo, che sembra lì a portata di mano di tutti e in realtà ti spingono a percorrere con estrema superficialità vie di morte.
> Quanti ne sono rimasti ingannati e proprio quando si erano illusi di aver afferrato l'ebbrezza di quella felicità tanto attesa e spacciata in maniera così convincente si sono in realtà riscoperti imprigionati in trappole infernali che non perdonano, che tarpano le ali all'anima, la imprigionano fino a ucciderla?!
> È la storia di tanti di noi: abbiamo cercato la Gioia, l'Amore, la libertà, la verità e abbiamo pensato di arrivarci

attraverso il piacere, il successo, il denaro, il potere, il sesso… ma di fatto ci siamo ritrovati poi incapaci di amare e di accogliere l'amore, sempre più insoddisfatti, soli pur se in mezzo a tanti, con una nausea e un'angoscia tagliente nell'anima, un vuoto incolmabile, prigionieri di dipendenze che distruggono tutto quanto di bello la vita ti regala.
Veniamo da esperienze di vita molto differenti (chi ha avuto successo, chi una vita apparentemente normale ma senza colore, chi è finito nella prigione mortale della droga, chi nella sesso-dipendenza, chi nell'anoressia, nella depressione, nell'alcolismo, nella solitudine… chi nelle esperienze più estreme e varie…) ma siamo tutti accomunati da una stessa meravigliosa scoperta: Colui che è L'Amore è venuto ad abitare in mezzo a noi per donarci il segreto della pienezza della Gioia, per rivelarci la Verità che ci rende liberi, per regalarci la Pace, la Sua Pace che non è di questo mondo! Il Signore della storia è entrato nella nostra storia per trasfigurarla e dischiuderci nuovi meravigliosi orizzonti di eternità, ha ridonato ali al nostro spirito, ha aperto i nostri "sepolcri" per donarci la vita in abbondanza. L'Amore degli amori ha fasciato le piaghe dei nostri cuori spezzati, si è inabissato nel nostro inferno e lo ha colorato di Cielo!!! Sì, il Verbo si è fatto carne, è venuto ad abitare in mezzo a noi e abbiamo visto la Sua Gloria: dalla Sua pienezza abbiamo ricevuto Grazia su Grazia!!! Abbiamo scoperto che l'Amore è l'unica forza capace di riaccendere la speranza là dove c'è solo disperazione e il Vangelo vissuto è l'unica rivoluzione capace di salvare un mondo che sta "morendo" per mancanza di amore.
Abbiamo così deciso di lasciarci arruolare da Gesù Cristo nel suo esercito dei Cavalieri della Luce per portare la Sua meravigliosa rivoluzione in tutto il mondo. Vogliamo provare a vivere il Vangelo con radicalità, convinti che se uniamo le nostre piccole forze con impegno e generosità, potremo contrapporre alla follia del terrorismo, delle so-

stanze stupefacenti, della violenza dilagante, delle stragi di innocenti, del mercato del sesso, della prostituzione, della schiavitù... una silenziosa ma inarrestabile rivoluzione. L'Amore che Gesù è venuto a insegnarci, la rivoluzione del Vangelo, ha già illuminato e cambiato la storia personale di tutti noi che abbiamo deciso di diventare "Cavalieri della Luce" e siamo certi che potrà cambiare il corso della storia.
Desideriamo percorrere i "deserti" del mondo e ascoltare il grido di chi non ha più voce, raccogliere il dolore di chi è disperato, certi che anche le lacrime, raggiunte dal raggio dell'Amore, possono risplendere di Luce divina nel firmamento dell'eternità e trasformarsi in splendidi arcobaleni che illuminano le nostre città. Sempre Uniti nel portare la Rivoluzione del Vangelo in tutto il mondo!!!».

La preghiera dei Cavalieri della Luce

Grazie Gesù, perché Tu come Luce sei venuto nel mondo per strapparci da quelle gelide tenebre che avevano imprigionato la nostra anima in un abbraccio mortale. Grazie per essere "sceso negli inferi del nostro cuore". Grazie per averci amato così pazzamente da prendere su di te ogni nostra piaga, angoscia, morte, dolore, tristezza... per donarci guarigione, Pace, Resurrezione, Amore, la pienezza della tua Gioia.

In Te e solo in Te abbiamo trovato la Sorgente d'Acqua Viva capace di dissetare la sete del nostro cuore sempre inquieto. Da questo abbiamo conosciuto l'Amore: Tu hai dato la tua vita per noi[22] e anche noi vogliamo donarti la nostra vita perché Tu possa renderci strumenti della tua Luce. Vogliamo fare parte dell'esercito dei Cavalieri della Luce che

22 Cfr. 1Giovanni 3, 16.

Tu e la Mamma state suscitando per portare l'Amore in un mondo che sta morendo per mancanza d'Amore.

Sì, Gesù, vogliamo lasciarci arruolare da Te nel tuo esercito di Cavalieri valorosi, generosi, eroici e ci impegniamo a:

- lasciarci infiammare, forgiare dal Fuoco del tuo Amore;
- rivestirci della tua armatura, perché possiamo spegnere i dardi infuocati che il maligno con tutte le sue legioni[23] e i figli delle tenebre continuano a scagliare contro l'umanità, avvelenando le menti e i cuori;
- essere degli innamorati della Verità. Non stancarci mai di nutrirci della tua Parola, di proclamarla vivendola con grande radicalità ed eroismo, alla lettera, senza misura, senza alcun compromesso o interpretazione di comodo;
- attingere alla Sorgente del tuo cuore per fare fiorire i deserti del mondo; andare nelle strade, nelle piazze, sui tetti e annunziare con forza la tua Parola di Vita sino agli estremi confini del mondo;
- immergerci con Te negli "inferi" dell'umanità per colorarli di Cielo;
- mettere tutto il nostro impegno perché tanti decidano di fare parte del tuo esercito di Cavalieri della Luce.

Quanto pazzamente ci hai amato Gesù, donaci di amarti pazzamente!!!

La consacrazione al Cuore Immacolato di Maria

Madre della gioia, Stella del mattino, Rifugio dei peccatori, Consolazione di tutti coloro che si sentono disperati e soli, ci consacriamo in modo specialissimo al tuo Cuore Immacolato. Insegnaci Tu a portare l'Amore a chi non ha cono-

23 Cfr. Efesini 6, 11-17.

sciuto l'Amore, l'Unità là dove c'è divisione e solitudine, la Gioia della risurrezione dove c'è morte, il Cielo dove regna l'inferno. Rendi puri il nostro cuore, la nostra anima, i nostri pensieri e proteggici dagli attacchi del maligno. Vogliamo imparare da Te la perfetta umiltà perché sul silenzio del nostro io possa parlare il Verbo. Maria, Regina della Pace, insegnaci a essere portatori di Pace, strumenti dell'Amore, sempre attenti alla voce dello Spirito Santo. Madre dell'Amore, insegnaci Tu il pieno e perfetto abbandono alla Volontà del Padre, perché possiamo imparare a ripetere sempre il nostro *fiat*, il nostro "Eccomi"!

Il male dell'uomo moderno è l'aver fatto
della ricerca della felicità il proprio dio
dimenticando che Dio è la felicità.
CHIARA AMIRANTE

Costruiamo insieme un mondo migliore

«Ho iniziato ad andare in strada di notte nelle zone più "calde" di Roma spinta dal desiderio di entrare in punta di piedi nelle storie di tanti ragazzi che vivono situazioni di grave disagio. Volevo mettermi in ascolto del grido lancinante, anche se inascoltato, di tanti, raccogliere le loro lacrime. Allora non immaginavo davvero di incontrare un popolo così sterminato di giovani soli, emarginati, sfregiati nella profondità del cuore e della dignità, vittime dei terribili tentacoli di piovre infernali e della più infame delle schiavitù.»

L'avventura di Nuovi Orizzonti inizia nel '91 quando Chiara Amirante decide di recarsi di notte alla stazione Termini per incontrare tanti giovani in situazioni di grave disagio che hanno fatto della strada la loro "casa".

La storia di Nuovi Orizzonti

«Quante ragazze vendute come schiave e costrette a svendere il loro corpo a gente senza scrupoli.

Quanti giovani distrutti, quanti ragazzi ingannati, defraudati della loro innocenza.

Quanta disperazione, rabbia, violenza, devianza. Quante mani tese alla ricerca disperata di aiuto, quanta sete di amore, proprio là, nella profondità delle tenebre degli inferi della strada e... quanta, troppa indifferenza!!!

Ho ascoltato la disperazione di giovani bellissimi ridotti a "morti viventi" nell'illusione di un paradiso artificiale che ha rubato loro l'anima; ho abbracciato meravigliosi bambini abbandonati nelle strade, che elemosinavano solo un po' di tenerezza. Il grido di questo popolo sterminato di piccoli e di poveri ha trafitto in profondità il mio cuore e mi sono chiesta: "Ma io che posso fare?".

Mi sentivo troppo piccola, fragile, impotente dinnanzi al terribile grido del popolo della notte. Poi un raggio di luce ha inciso a fuoco nella mia anima una certezza: l'amore è più forte, l'amore tutto può.

L'amore rende l'impossibile possibile, rende luce ciò che è tenebra, fa fiorire i deserti. L'amore può ridare speranza a chi, colpito dalle terribili sferzate della vita, giace prostrato nella disperazione. L'amore ha vinto la morte! L'amore vince tutto! L'amore fa miracoli perché Dio è amore!

Mi è venuta l'idea di cercare una casa per accogliere i ragazzi che incontravo in strada e proporre a tutti un percorso di conoscenza di sé e guarigione del cuore basato sul Vangelo, su l'Arte di amare ed è iniziata così la prima comunità di accoglienza Nuovi Orizzonti. La risposta dei tanti ragazzi accolti è stata al di là di ogni aspettativa. Loro stessi, dopo avere riscoperto la gioia di vivere ed essersi liberati dalle catene che avevano imprigionato il loro volo, hanno voluto percorrere i tanti "deserti" delle nostre metropoli, andare nelle strade, nelle scuole, nei luoghi di aggregazione giovanile per testimoniare a tanti che l'Amore ci dischiude sempre nuovi meravigliosi orizzonti di speranza, di gioia, di vita, di pienezza, di libertà.»

Nel marzo del '94 Chiara apre a Trigoria la prima comunità di accoglienza Nuovi Orizzonti, dove centinaia di giovani, provenienti da esperienze estreme, iniziano a ricostruire se stessi attraverso il programma terapeutico riabilitativo da lei ideato.

La risposta dei ragazzi accolti è fin dal primo momento davvero sorprendente ed entusiasmante.

Nel maggio del '97 si apre a Piglio una casa di formazione e di accoglienza che diverrà la sede centrale di Nuovi Orizzonti.

Dal 1998 in Italia si moltiplicano le comunità di accoglienza, i centri di formazione e di reinserimento, i progetti sociali e le iniziative di promozione umana, mentre dal 2000 iniziano le attività all'estero, in Brasile e poi in Bosnia.

«Il loro entusiasmo e il loro desiderio di aiutare altri giovani ha "contagiato" tanti e in pochi anni abbiamo visto il miracolo del moltiplicarsi dei centri e di mille iniziative a sostegno di chi è più in difficoltà».

Nuovi Orizzonti oggi

- 231 centri (di accoglienza, di formazione al volontariato, di ascolto, orientamento e prevenzione, famiglie aperte all'accoglienza).
- 700.000 Cavalieri della Luce impegnati nel portare nel mondo la rivoluzione dell'Amore.
- 6 Cittadelle Cielo in via di realizzazione (due in Brasile, una in Bosnia e tre in Italia).
- 1020 équipe di servizio impegnate nelle strade, nelle carceri, negli ospedali, in progetti in via di sviluppo, nell'animazione e nello spettacolo, nella prevenzione, nel sociale a tutti i livelli, nell'utilizzazione dei media e new-media per riaccendere la speranza nelle notti di molti.

«Ho visto poi sorgere tante piccole città di luce, sparse in tutto il mondo come fari luminosi diretti verso il cielo, perché chiunque fosse colpito da quei raggi potesse lasciarsi incantare dalla bellezza del firmamento e decidere di tornare a brillare e a cantare insieme alle altre stelle.»

Dal sogno di Chiara

«Il progetto Cittadella Cielo nasce dal desiderio di realizzare dei piccoli villaggi dove chiunque è solo, emarginato, disperato possa sentirsi accolto, sostenuto, amato.

Le Cittadelle Cielo sono anche dei centri di formazione al volontariato dove tanti che desiderano impegnarsi concretamente possono venire a formarsi per realizzare poi nuove iniziative e progetti nella propria realtà locale.

Le Cittadelle Cielo rendono così possibile il moltiplicarsi di Centri di accoglienza, di sostegno, di ascolto, di prevenzione, di formazione al volontariato internazionale, case famiglia, centri per ragazze madri, bambini di strada, malati terminali, équipe di servizio e di mille iniziative a sostegno di chi è più in difficoltà.

È stupendo scoprire gli orizzonti sempre nuovi che l'Amore dischiude e questa avventura la vogliamo vivere insieme a tanti che vogliono continuare a credere nella forza della solidarietà. Abbiamo bisogno anche di te per poter rispondere al numero sempre crescente di persone che bussano alle porte della comunità in cerca di aiuto. Il tuo contributo è prezioso per colorare di cielo gli inferni di molti.»

Le Cittadelle Cielo
prevedono la realizzazione di

- Case di accoglienza per volontari in formazione che si impegneranno nei vari settori lavorativi, terapeutici e gestionali, in numerosi corsi formativi e in varie iniziative sociali nell'ambito della prevenzione, del sostegno, dell'orientamento, del contatto con il territorio e i servizi pubblici, del lavoro di strada, della sensibilizzazione.
- Un piccolo villaggio di Accoglienza alla vita per l'accoglienza e il sostegno delle ragazze madri e dei bambini in difficoltà, le Comunità Agape, che accolgono i bambini abbandonati.
- Un Centro Studi e Comunicazione per la produzione di materiale informativo e divulgativo, in collaborazione con i mass-media, con particolare attenzione a tematiche di prevenzione.
- Un Centro di formazione per artisti che consenta di metterne a frutto i talenti al fine di realizzare eventi artistici (musica, teatro, filmati, design ecc.) che siano socialmente significativi e che incidano nella prevenzione del disagio sociale.
- Un Centro di formazione per operatori di strada.
- Un Centro di pronta accoglienza per coloro che si trovano in situazione di grave difficoltà per accompagnarli e orientarli all'inserimento nelle apposite strutture di accoglienza e di sostegno della Comunità Nuovi Orizzonti o di altre Associazioni.
- Un Centro di spiritualità e di preghiera.
- Un Centro di accoglienza per giovani malati di aids e malati terminali.
- Équipe di strada che si impegnano nelle zone calde, nelle scuole, nelle carceri, nei luoghi di aggregazione giovanile.
- Cooperative sociali per la creazione e l'offerta di opportunità lavorative per persone socialmente svantaggiate.
- Centri di ascolto e di orientamento.
- Gruppi di sostegno.
- Un Centro polifunzionale di aggregazione giovanile, e altro.

Sembrava un sogno impossibile ma oggi, grazie al contributo e alla solidarietà di molti, ciò che sembrava impossibile sta diventando una meravigliosa realtà.

È una grande gioia assistere ogni giorno al miracolo di persone che arrivano in comunità con la disperazione nel cuore e grazie all'Amore diventano poi a loro volta testimoni di speranza.

COME SOSTENERCI

Le offerte deducibili sono ammesse in deduzione dal reddito imponibile dalle persone fisiche e giuridiche con il limite del 10% del reddito stesso fino a un massimo di 70.000 euro annui.

5x1000 dell'Irpef
Riporta nella tua dichiarazione dei redditi il codice fiscale della nostra associazione: 96218850582. Non comporta nessun costo o tassa aggiuntiva per te!

Una semplice donazione
Per chi desidera sostenere le nostre attività con donazioni *una tantum*, per sostenere in modo specifico il progetto Cittadella Cielo indicare nella causale: "PRO CITTADELLA CIELO".

Un piccolo evento locale di beneficenza a favore di Nuovi Orizzonti per il progetto Cittadella Cielo
Per chi desidera mettere a frutto la propria fantasia e creatività per organizzare un piccolo evento locale per questo grande progetto d'Amore (ad esempio: organizzare cene di beneficenza, piccole lotterie, diffusione di libri e iniziative varie). Scrivere a *cittadellacielo@nuoviorizzonti.org* indicando i dettagli dell'evento che si desidera realizzare e la cifra che si ritiene di poter raccogliere.

Cittadottiamo
"Cittadottiamo" è la proposta di "adottare" il progetto Cittadella Cielo con un contributo di 15 euro al mese.

1. Disponi un bonifico continuativo/periodico di 15 euro al mese, per il periodo di un anno o più su uno dei conti sotto riportati.
2. Indica nella causale: "CITTADOTTIAMO + (nome, cognome, data di nascita)".
3. Invia una mail a *cittadellacielo@nuoviorizzonti.org* con allegata copia del primo bonifico o semplicemente dichiarando la tua volontà di aderire al progetto.

INFO E DONAZIONI ONLINE

Sul sito
www.nuoviorizzonti.org

Versamento su C/C bancario
(donazioni deducibili)
INSIEME VERSO NUOVI ORIZZONTI ODV
BANCA MEDIOLANUM
IBAN IT81N0306234210000001706177
SWIFT MEDBITMMXXX

Versamento su C/C bancario
(donazioni non deducibili)
APIDF NUOVI ORIZZONTI
BANCA MEDIOLANUM
IBAN IT31K0306234210000001706182
SWIFT MEDBITMMXXX

Versamento su C/C postale
(donazioni deducibili)
C/C POSTALE N° 59604009

Indice

VOC-AZIONE

PROVOCAZIONI

POST-VOCAZIONE